Altijd een preek op zak

Altijd een preek op zak

HONDERD JAAR PREKENSERIE MENIGERLEI GENADE

PIET SCHELLING & AARNOUD JOBSEN

uitgeverij KOK

Eerste druk 2014

Ontwerp
Garage BNO, Kampen

ISBN 978 94 019 0252 6
E-book ISBN 978 94 019 0253 3
NUR 700

FSC
www.fsc.org
MIX
Papier van verantwoorde herkomst
FSC® C110751

www.kok.nl

Inhoudsopgave

Woord vooraf

In 2013 verscheen de laatste jaargang van *Menigerlei Genade* (in het vervolg MG). Een gewone en tegelijkertijd een bijzondere jaargang. Gewoon: de opzet van de uitgave was dezelfde als de jaren daarvoor. Bijzonder: het was de honderdste jaargang! Door veranderingen in de kerken – fusies, minder kerkdiensten, alternatieve invulling van diensten bij afwezigheid van een predikant enzovoorts – was het aantal abonnementen de laatste decennia gestaag verminderd. Het leek ons na de honderdste uitgave een passend moment om die lange geschiedenis van onze prekenserie af te sluiten.

We zijn er trots op dat dit tijdschrift een eeuw lang de kerken van dienst is geweest. We willen de jubilaris niet stilzwijgend met pensioen laten gaan. Daarom voegen we een extra jaar toe, en dat met een speciaal jubileumboek. Zoals de uitgever het zei: '*Menigerlei Genade* is met haar duizenden preken een monument. Dit monument verdient het om bij stil te staan. Er zijn weinig bestaande kerkelijke tijdschriften die in 2013 kunnen zeggen dat zij aan het begin van de vorige eeuw zijn ontstaan.'

Als redactie zijn we blij met dit gebaar van de uitgever. Graag werken we mee aan deze jubileumbundel. Het geeft de redactie voldoening dat zij hierbij voluit betrokken is.
Kijkend naar al die redacties van de afgelopen eeuw – u vindt ze achter in het boek – zijn wij beiden vervuld van dankbaarheid dat wij gedurende de laatste kwarteeuw in het spoor van oprichters aan het begin van de vorige eeuw mochten treden en in dat van redactieleden na hen.

In deze jubileumbundel blikken we via uiteenlopende invalshoeken terug op die stroom van preken. U treft onder meer aan: een historische schets, mijmeringen over geliefde bijbelteksten, ervaringen van en met preeklezers, het verschijnsel preeklezen in de kerken, een uitwerking van het motto van de prekenserie, een aantal nieuwe preken, aandacht voor geliefde teksten, preken op feestdagen. Kortom, een kleurrijke bundel met natuurlijk de preek als centrum.

De titel *Altijd een preek op zak* is een knipoog naar al die preeklezers die er steeds rekening mee hielden dat de predikant niet kwam opdagen en zij dan klaar moesten staan om voor te gaan. Velen hadden letterlijk de preek in de binnenzak van hun zondagse pak zitten. Klaar voor gebruik. De laatste decennia kwam de vrouwelijke preeklezer ten tonele. Voor haar zou beter 'Altijd een preek in de tas' passen.

Deze jubileumuitgave is allereerst bedoeld voor de abonnees op MG, de preeklezers. Zij treffen er niet alleen nieuwe preken voor leesdiensten aan. Ook willen we met tal van uitstapjes rondom het preken hun de loftrompet toezwaaien voor hun inzet om bij afwezigheid van de predikant kerkdiensten en vieringen te doen slagen.
Evengoed hebben we de gemeenteleden op het oog. Meer dan eens waren zij er in hun gemeente getuige van dat de preeklezer de dienst leidde. De meesten van hen hebben geen idee wat daar allemaal voor komt kijken. Zij zullen na het lezen van dit boek verrast zijn over wat er in en achter het begrip 'preeklezen' schuilgaat.
We denken ook aan de voorgangers die de preken hebben geleverd. Zonder hen zou MG niet bestaan hebben. De meesten van hen zijn niet meer in ons midden; hun stem is er via hun verkondiging nog wel. De collega's die deze bundel lezen, zullen hier en daar misschien iets herkennen van hun eigen bijdragen; op enkele daarvan gaan we vergelijkenderwijs in. Dank aan die vele honderden voorgangers!
Eveneens geeft het boeiende en leerzame stof voor predikanten. Preken is voor de meesten een van de hoofdtaken. Hier treffen zij reflecties op en voorbeelden van verkondiging aan waarmee zij die belangrijke taak kunnen verdiepen.
Tot slot denken wij dat de eeuw MG veel materiaal biedt voor toekomstige onderzoekers. Zij vinden in deze bundel verwijzingen naar een rijke bron met vooral gereformeerd gedachtegoed.

Wij wensen u veel leesplezier en wij danken allen die direct of indirect inhoudelijk hebben bijgedragen aan de totstandkoming van *Altijd een preek op zak*. Wij denken natuurlijk aan de drie collega's van wie een nieuwe dienst is opgenomen in de hoofdstukken 3, 4 en 5. Maar evengoed aan de preeklezers en hun omgeving, die ons verhalen over de praktijk van het preeklezen toevertrouwden.
Dat onze prekenserie niet meer verschijnt, stemt ons weemoedig; dat we afscheid nemen van haar als 'eeuweling', stemt ons dankbaar.

Januari 2014,
Aarnoud Jobsen en Piet Schelling

1 Een onuitputtelijke bron

In 1911 verscheen de eerste jaargang van *MG* en in 2013 kwam de honderdste en laatste uit. Jaar in jaar uit schreven predikanten preken voor plaatselijke kerken. Hoe dat door de jaren heen is gegaan en in welk historisch perspectief we die vele preken mogen plaatsen, zien we in het vervolg.

In dit hoofdstuk mijmeren we wat over de ruim vijfendertighonderd preken die gedurende die eeuw zijn verschenen. Jawel, vijfendertighonderd! Wat een schat aan informatie aangaande bijbelteksten en geloofsinhoud! We overdrijven niet als we zeggen dat we met deze honderd jaargangen 'preekstof' een goudmijntje bezitten waarin veel materiaal voor theologische bezinning verborgen ligt.
Deze preken – de laatste decennia spraken we over 'diensten', wat tot uitdrukking brengt dat er meer aandacht kwam voor de liturgie – zijn gemaakt door ongeveer elfhonderdvijftig auteurs. Zij zorgden ervoor dat er voor elk wat wils is te vinden. Dat is ook gebleken: de meeste preeklezers kiezen voor preken van hem of haar met wie zij zich qua geloofsbeleving verbonden voelen en die aansluiten bij de gemeente.
Die twee componenten – zoveel preken, zoveel predikers – bieden een kleurrijk kerkelijk en theologisch landschap. Immers, elke preek onthult iets van de ligging van de schepper ervan. Dat wil zeggen: elke preek geeft enig inzicht in de theologische accenten van de prediker[1], zijn wijze van interpreteren van de tekst, zijn visie op het gemeente-zijn en in hoe hij zich verhoudt tot de wereld. Wanneer wij ons willen verdiepen in het denken en geloven van het protestantisme (vooral van de Gereformeerde Kerken in Nederland, sinds 2004 opgegaan in de Protestantse Kerk in Nederland) van de afgelopen honderd jaar, kunnen we hier ons hart ophalen. Nu we terugblikken op het bestaan van *MG* realiseren we ons pas echt goed wat deze prekenserie heeft betekend voor gemeenten en voor mensen. Onvoorstelbaar!

---

1 Wij hanteren in het vervolg meestal de hij-vorm bij woorden als predikant, prediker, preeklezer, hoewel de laatste decennia ook vrouwen subject zijn.

Theologie

Wie theologische ontwikkelingen in kaart wil brengen gedurende de laatste eeuw, vindt in de schoot van deze honderdjarige een overvloedige bron.

Stel dat we informatie willen verzamelen over de invloed van dogma's op predikers en daardoor ook op gemeenten in een bepaald tijdvak. Deze bron zal ons niet teleurstellen. Of het nu het leerstuk van de drie-eenheid of van de voorzienigheid is, we krijgen er een beeld van. Willen we weten hoe de verzoeningsleer is verwerkt en verstrengeld met de Schriftuitleg? Welnu, als we bijvoorbeeld de preken bestuderen die jaarlijks in de lijdenstijd zijn verschenen, dan reikt *MG* heel wat aan. Zijn we nieuwsgierig naar de plaats van Christus als het vleesgeworden Woord (de incarnatieleer) – de honderden preken over advent en Kerstmis geven daar zicht op. Gaan we op zoek naar de betekenis van de opstanding voor het geloofsleven? De vele preken paaspreken wijzen zeker een richting. Zoeken we inzicht in het gedachtegoed van de predikanten over de heilige Geest, de pinksterpreken en de preken over teksten die de werkzaamheid van de Geest benoemen, bieden een stroom van informatie.

Liturgie en homiletiek

In onze tijd is er aangaande de kerkdienst heel wat in beweging. Laten we ons hier beperken tot enkele opmerkingen over de liturgie en de homiletiek (de preekkunde).

Er wordt in de theologische opleiding meer dan voorheen nagedacht over de liturgie: Waarom doen we zoals we het doen? Welke keuze maken we, en waarom? We spreken over hoogkerkelijke en laagkerkelijke liturgie. In tal van gemeenten vinden discussies plaats over de rol van de muziek en het lied in de dienst; we zagen dat recentelijk bij de verschijning van het nieuwe liedboek. Welke lieddichters spreken ons aan, kan alles gezongen worden? Hoe verhoudt zich de plaats van orgelmuziek ten opzichte van andere muziek? Hoeveel ruimte geven we elkaar en waar trekken we grenzen?

Een essentieel onderdeel van de eredienst is de preek. Over de inhoud en vorm van de preek is veel gaande. Binnen de theologische scholing geniet de preek grote aandacht en in de plaatselijke gemeenten is de preek nogal eens onderwerp van gesprek. Belangrijk zijn daarbij thema's als het overbrengen van de tekst in verstaanbare taal, de interactie tussen voorganger en gemeente en het verbinden van de bijbelse boodschap met de actualiteit. Met andere woorden: hoe brengt de verkondiger de betekenis van de tekst zo over dat deze landt in het bestaan van de hoorder? Later komen we hier uitvoerig op terug.

Bij de bezinning op alles wat met de eredienst van doen heeft, kan MG wellicht een rol spelen. In deze verzameling van diensten treffen we heel wat informatie over inhoud en vorm van preken aan. Naarmate we verder teruggaan in de tijd, zullen de verschillen met de 21e eeuw groter zijn. Laten we een voorbeeld geven.

In het ontstaansjaar van ons tijdschrift verzorgt P.A.E. Sillevis Smitt een preek over Genesis 32, over de zogenaamde worsteling van Jakob. Honderd jaar later treffen we over deze tekst een bijdrage aan van Astrid Gouma. Als we die twee diensten naast elkaar leggen, ontwaren we – en dat zal niemand verbazen – enorme verschillen.

De kenmerken van de dienst van Sillevis Smitt zijn onder meer: de preek wordt leerrede genoemd; de preek heeft een omvang van ongeveer zesduizend woorden, om en nabij een preektijd van een uur; hij kent een opbouw van vijf aandachtspunten (het zogenaamde preken in punten); hij heeft als thema 'Jacobs Worsteling'; de gemeente zingt uit vier psalmen zeven coupletten; de vertaling van de tekst komt uit de Statenvertaling; de liturgie is zeer sober.

De dienst van Gouma laat onder meer dit zien: zij kondigt zich aan met haar voornaam, wat vroeger ondenkbaar was en iets onthult van haar kijk op het predikantschap; het aantal woorden van de preek bedraagt ruim zestienhonderd woorden, een duur van ongeveer een kwartier; het motto van de dienst luidt: 'Ga, mijn kind, de zon gaat over je op!'; de gemeente zingt zeven liederen (geen psalmen), in totaal eenentwintig coupletten, afkomstig uit twee liedbundels; er is een rijke liturgie met symboliek en uitgewerkte gebeden.

Een wereld van verschil. En dan hebben we het niet eens over de uitleg, de theologie, het taalgebruik en het inspelen op levensvragen. Het past ons niet een beoordeling te geven. Wij willen hier slechts aanstippen dat er op het gebied van liturgie en homiletiek een gigantische ontwikkeling heeft plaatsgehad. En dat het de moeite waard is daarvan weet te hebben.

Levensvragen

In deze tijd rijst geregeld de vraag in hoeverre preken actueel dienen te zijn. Die vraag wordt niet alleen in de theologische opleiding en nascholing gesteld, ook in de praktijk van de plaatselijke gemeente. Op het moment dat een vacante gemeente een profiel voor de toekomstige predikant opstelt, geniet de preek in de regel veel aandacht. Vaak spitst die aandacht zich toe op de vraag in hoeverre de beoogde predikant in staat is om het bijbelverhaal en de verhalen uit het dagelijks leven vruchtbaar bij elkaar te brengen. In de daarna verschijnende advertentie vinden we dat aandachtspunt in een of andere vorm terug: men zoekt een predikant die in zijn of haar verkondiging inspeelt op de actualiteit, zodat bijbelverhalen en verhalen van het dagelijks bestaan bij elkaar komen. De wenselijkheid om de tekst en wat er in de wereld gebeurt op elkaar te betrekken is er altijd geweest. Dat zien we ook terug in die vele preken van de honderdjarige. We zullen nog apart aandacht schenken aan de tijdsbeelden in de preken. Nu zeggen we: deze honderd jaargangen bevatten een schat aan preekstof die het verdient om opgedolven te worden, wanneer we ons verdiepen in de verhouding tussen tekst en levensvragen. Hoe gingen de predikers in hun verkondiging om met ethische, maatschappelijke en politieke kwesties? Wat kunnen we van onze voorgangers leren?

Pareltjes

De eeuweling draagt talloze pareltjes met zich mee. Ontsproten aan het gedachtegoed van die honderden voorgangers. Gedachtegoed dat weer ontsproten is aan de bijbeltekst en de dagelijkse ervaringen in het werk van de voorganger. We zien hen in gedachten zitten in hun werkkamer, gebogen over de Schrift, met de pen in de hand en later met de vingers over het toetsenbord. Het gevecht met de tekst, de inspanning om de bevindingen goed op papier te krijgen. Maar ook horen we meer dan eens het 'eureka', in het ogenblik dat de spade op een schat stuit en men weet en voelt: dít is het! We zien onze voorgangers, zwoegend en zwetend om het verhaal boven water te krijgen. We zien hen verrukt over de vondsten die zij op het spoor komen.

Achter hen zien we de preeklezers zwoegen om die teksten eigen te maken en door te geven. En achter hen zien we een niet te tellen schare gemeenteleden die in banken of op stoelen de preek heeft aangehoord. De redactie ontving meer dan eens reacties op de uitgave van de preken. Daaruit maakte zij op dat al dat geploeter van de predikers niet voor niets is geweest. Echter, wat die duizenden preken werkelijk teweeg hebben gebracht in de harten en levens van mensen, weten we niet. Dat blijft bewaard in de schoot van de geschiedenis en in de herinnering van de Eeuwige.

Motto van de eeuweling
1 Petrus 4:10

door Piet Schelling, Hanny Langebeeke,
Koos Staat en Fini van Zoelen

2 Veelkleurig en veelstemmig

Om en nabij een kwarteeuw geleden vroeg de redactie zich af of de titel *Menigerlei Genade* nog te begrijpen was voor mensen aan het eind van de 20e eeuw. Het was de tijd waarin de kerken het Grote Verhaal meer en meer met eigentijdse woorden wilden uitdragen. Dat de redactie de toen vijfenzeventig jaar oude titel ter discussie stelde, paste in die dagen. Toch hebben we de naam gehandhaafd. Eenvoudigweg omdat we geen geschikt alternatief wisten te bedenken; alles wat we te berde brachten legde het af tegen die oude titel.
Achteraf zijn we blij dat we de naam niet hebben veranderd. Vooral ook omdat die titel in veel kerken een begrip was. *Menigerlei Genade* stond ergens voor. En dat niet iedereen meteen verstond waar die woorden voor staan, werd een pluspunt: zij riepen daardoor iets geheimzinnigs op. Een predikante, behorend tot de Vereniging van Vrijzinnige Protestanten in Nederland, schreef ons later: 'Het doet me een genoegen dat u die oude naam handhaaft.' Voor haar duidde de naam iets authentieks, iets groots aan. Dat juist zij, die niet tot de traditie van *MG* behoorde, dit liet weten, bevestigde dat we er goed aan hebben gedaan met de vertrouwde naam verder te gaan.

Graven in de naam

Een naam zegt veel, maar niet alles. We weten het: belangrijker dan de naam van een mens, is de mens zelf. Wie achter de naam schuilt, dát is uiteindelijk wat telt. 'What's in a name?' laat William Shakespeare Juliet in *Romeo and Juliet* zeggen. Zij zegt dit omdat hun rivaliserende families de liefde tussen haar en Romeo dwarsbomen. Hun namen zouden niet bij elkaar passen. Wat is een naam! roept ze uit. Het gaat toch niet om de naam maar om wie de naamdrager is?

Menigerlei Genade is een naam. Een prachtige naam. Hij heeft stijl en in die naam klinkt een lange traditie door. Maar belangrijker is te kijken wat er achter de naam schuilt. Om dat op het spoor te komen, gaan we delven, en wel in een tekst uit de Bijbel. De titel van onze prekenserie treffen we aan in 1 Petrus 4:10.
De Statenvertaling heeft daar staan:

Een iegelijk, gelijk hij gave ontvangen heeft,
alzo bediene hij dezelve [= ze] aan de anderen,
als goede uitdelers der menigerlei genade Gods.

In de NBG-vertaling uit 1951 staat:

Dient elkander, een ieder naar de genadegave,
die hij ontvangen heeft,
als goede rentmeesters over de velerlei genade Gods.

De Willibrordvertaling 1995:

Dien elkaar,
als goede beheerders van Gods veelsoortige genade,
met de gaven zoals ieder die heeft ontvangen.

De Nieuwe Bijbelvertaling vertaalt met:

Laat ieder van u de gave die hij van God gekregen heeft,
gebruiken om de anderen daarmee te helpen,
zoals het goede beheerders van Gods veelsoortige gaven betaamt.

We zetten enkele vertalingen naast elkaar om te laten zien hoe het 'menigerlei genade' van de Statenvertaling door na haar komende vertalingen wordt weergegeven. In de schoot van deze tekst, oorspronkelijk in het Grieks geschreven, gaan we spitten, en we hopen iets van de verborgen schat te ontdekken.

Dat doen we in dit hoofdstuk, maar ook in de hoofdstukken hierna, met daarin drie presentaties van diensten rondom 1 Petrus 4:10. Deze diensten zijn bruikbaar voor preeklezers.
Interessant is dat er drie diensten met drie preken over dezelfde tekst naast elkaar staan. Hiermee maken we zichtbaar dat elke predikant een tekst anders benadert en anders uitwerkt. De predikant neemt zijn eigen geschiedenis, omstandigheden, context en visie mee bij de interpretatie van een tekst. En dat alles werkt door bij het maken van de preek. Daardoor zien preken over een en dezelfde tekst er verschillend uit.
Even interessant is het voor de gebruikers, de preeklezers. Vermoedelijk zal niet elke preek iedereen aanspreken. Welke preek meer of minder aanspreekt, hangt af van de geschiedenis, visie, omstandigheden en context van de preeklezer. Het beeld van de makers en gebruikers van preken is kleurrijk. Zij zijn als de gemeente zelf: veelkleurig en veelstemmig.

De rode draad
In 1911 koos de redactie bij de start van *MG* de tekst uit de eerste brief van Petrus als motto van de prekenserie. Wat heeft haar ertoe aangezet om deze tekst te kiezen? Jammer genoeg zijn daarover geen gegevens bekend. We hebben wel een vermoeden. In de eerste jaargang – in de tweede wordt dat bevestigend herhaald – schrijft de redactie in het Voorwoord dat het blijvende doel van de prekenserie is 'om de gemeente des Heeren te bouwen op de bodem van het Verbond der genade'. Het was haar te doen om de veelkleurigheid, de breedte en diepte van Gods genade door te geven en uit te dragen.
Eigenlijk is die rode draad gedurende die duizenden preken zichtbaar gebleven. Zeker, de laatste decennia waren inhoud en vorm van de preken heel anders dan in de eerste decennia. Maar steeds ging het hierom: mensen deelgenoot maken van het goede van de hemel voor alle mensen.

Nieuwjaarsdag 1963
Een halve eeuw geleden, in januari 1963, verscheen de vijftigste jaargang. De nieuwjaarspreek ging over 1 Petrus 4:10 en staat op naam van K. Dijk. Het is de enige preek over deze tekst in de honderd jaargangen. Dijk koos bewust voor deze tekst: 'In verband met deze "gouden serie" is als tekst gekozen voor het Schriftwoord, dat de titel gaf voor alle vijftig prekenbundels.'

Het motief van de keuze van deze tekst op nieuwjaarsdag ligt voor Dijk in twee vragen: wat zal het komende jaar ons brengen voor volk en land? En: hoe zal het gaan met de kerk van Jezus Christus? Hij gaat uit van vertrouwen en dienstbaarheid. Vertrouwen: zoals een vader zich ontfermt over de kinderen, zo zal God zich in 1963 ontfermen over hen die Hem vrezen. Dienstbaarheid: God roept ons ook in dit jaar tot de dienst van Hem en van elkaar. Vooral die dienstbaarheid werkt hij uit, omdat we na nieuwjaarsdag de roeping daartoe zo snel vergeten. Dienen door 'goede en trouwe rentmeesters te zijn over de velerlei genade Gods'. En dat leidt tot het motto van de preek: de dienst van ons rentmeesterschap over Gods genade. Hij werkt dit uit in twee richtingen: de Here roept ons tot de dienst én God roept ons tot zijn dienst.

We mogen dienen. Dienaar te zijn is een eretitel. Maar, zo vraagt hij, kunnen we wel dienen? Want wie echt wil dienen moet toch iets hebben waarmee hij dient. Om daar antwoord op te geven gaat hij te rade bij de apostel Petrus. Deze schrijft aan de verstrooide christenen en aan ons

dat wij veel van God hebben gekregen om mee te dienen. Wij hebben genadegaven van Hem ontvangen, 'wij mogen rentmeesters zijn over de velerlei genade Gods'.
'Rentmeesters over Gods genade. Als ge die woorden hoort wordt ge even stil. Wat is dat overweldigend rijk. Neen, dit verstaan we terstond, die genade is niet de gunstige gezindheid in God Zelf, Zijn liefde en welbehagen, want die kunnen wij niet beheren, maar deze genade is de veelheid der *genadegaven*, die als een diepe stroom in deze wereld over de gemeente is uitgestort.'

Wij, de gelovigen, zijn rentmeesters over deze genadegaven. Hoe die eruitzien? Wel, die genade en die gaven zijn veelkleurig. Dijk:
'*Menigerlei* staat in de Statenvertaling, en in het oorspronkelijke gebruikt de apostel een woord, dat *veelkleurig* betekent; zoals de wijsheid Gods veelkleurig is (Efeze 3:1) vertoont ook Zijn genade een wondere veelheid van tinten en kleuren, en het ene licht der ontfermende genade Gods breekt in een menigte van stralen, die elk een eigen kleur vertonen. Hierin schittert de klare kleur van het *geloof* en zijn geloofskracht. Hierin is de tere tint van de *liefde* en haar toewijding. Hierin ziet ge ook de schone schittering van de christelijke *vreugde*, en de ene straal is nog blijder dan de andere. Hierin is geen beperking; het is alles zo ruim en wijd en breed. We kunnen wel blijven opsommen, en met verwonderende ogen de gaven der vertroosting, der opbeuring, der mededeelzaamheid, der vermaning, der onderwijzing, der bemoediging, der kennis, der volharding en der godsvrucht beschouwen, en dan zijn we nog niet klaar. Onze Here Jezus Christus heeft Zijn kerk niet in armoede op aarde gelaten. Hij stort over haar Zijn gaven uit. De Geest Gods giet stromen uit op het droge.'

Dijk tekent de gemeente in een schitterende veelkleurigheid. Het taalgebruik mag dan een halve eeuw oud zijn, de inhoud is modern. Als we zijn boodschap in de taal van onze tijd zouden overzetten, zien we een boodschap die in tal van hedendaagse gemeenten actueel is. In hoeveel gemeenten is er niet de discussie over hoe we dienen om te gaan met verscheidenheid? Welke gemeente heeft geen moeite een balans te vinden tussen onderlinge verbondenheid en onderlinge verschillen? De basis van het gesprek daarover is het diepe besef dat ons velerlei genadegaven zijn toevertrouwd. Dat besef opent ons de ogen voor die ander: die ander naast of tegenover mij heeft evenals ik deel aan die gaven. Alleen, er is durf voor nodig om daar de consequentie uit te trekken. Als ik die ander met Gods gaven zie, word ik uitgedaagd ruimte voor hem of haar

te scheppen. En samen – die ander en ik, wij allen – zullen met die gaven dienstbaar zijn. Aan elkaar, aan het wordende koninkrijk van God. Elk jaar, zegt Dijk op deze nieuwjaarsdag, is het 'jaar van Zijn dienst'. Anders gezegd, met de laatste woorden uit zijn nieuwjaarspreek:
'Neem mijn leven, laat het, Heer, toegewijd zijn aan Uw eer!'

Ruim vierduizend woorden had K. Dijk nodig om op de eerste dag van het nieuwe jaar 1 Petrus 4:10 uit te leggen en toe te passen. De drie predikanten die in de volgende hoofdstukken aan het woord komen, zullen diezelfde tekst ontvouwen met een aanzienlijk aantal minder woorden. Maar de opdracht is voor hem en voor de drie predikanten gelijk: vertellen wat de 'menigerlei genade' betekent en teweegbrengt in ons leven. Van Dijk hebben we intussen zijn hoofdgedachten gelezen; we zijn benieuwd hoe de drie predikanten dat vijftig jaar later doen.

Kanttekeningen bij 1 Petrus 4:10

Maar voor we hun diensten gaan beleven en beluisteren, plaatsen we eerst enkele kanttekeningen bij de tekst van 1 Petrus 4:10. Deze tekst staat niet op zichzelf. Hij wordt gekleurd door de brief, het literaire genre, waar hij onderdeel van is. En die brief wordt weer gekleurd door de geadresseerden en hun leefomgeving.
De schrijver introduceert zich als apostel van Jezus Christus. Vaak is betwist of de brief van Petrus' hand is. Want hoe kan deze visser zulk mooi Grieks, de oorspronkelijke taal van de brief, voortgebracht hebben. Bovendien is er zo veel verwantschap met Paulus' gedachtegoed dat we eerder moeten denken aan een auteur uit de kring van Paulus. En als Petrus de auteur is, waarom ontbreken dan in de brief persoonlijke herinneringen aan Jezus; we zouden toch verwachten dat Petrus iets zou delen uit die tijd dat hij met Jezus optrok? Het zijn begrijpelijke argumenten om Petrus' auteurschap in twijfel te trekken. Anderzijds, het ontbreekt aan harde gegevens om die twijfel om te zetten in waarheid.
Hij schrijft vanuit Babylon (5:13), vermoedelijk een metafoor voor Rome. In elk geval is de afzender een mens die leefde uit de liefde van God, de vrede van Christus en de kracht van de Geest. En dát verbindt hem met de geadresseerden.

Wie zijn de eerste lezers? Christenen die verspreid wonen in een gebied dat overeenkomt met het huidige noordelijk Turkije. Vreemdelingen worden zij genoemd. Dat hoeft niet te betekenen dat zij afkomstig zijn van andere streken en daar zijn komen wonen en daarom als allochtonen worden gezien. Eerder zullen zij zich als vreemdelingen 'gevoeld'

hebben in hun eigen omgeving, omdat zij in hun leven een weg zijn ingeslagen die afweek van de weg die de meesten gingen. Daardoor vielen zij op, werden zij buitenbeentjes, keek men hen misnoegend en misprijzend aan. Hoon en laster waren hun deel. En dat louter door hun levenswijze die, gevormd door Christus, hen ervan weerhield niet met alles mee te doen in hun omgeving. Het gevolg is dat zij het niet gemakkelijk hadden. Het bestaan viel hen zwaar.
Het heeft ervan weg dat iemand een rondreis heeft gemaakt door dat uitgestrekte gebied en daar waar een gemeente was de brief heeft voorgedragen. Dat zal omstreeks het jaar 65 van onze jaartelling zijn geweest.

De inhoud van de brief heeft de vroege kerk aangesproken en zij heeft er gezag aan toegekend. Zo kon de brief een plaats krijgen in het Nieuwe Testament en is hij tot de volgelingen van Christus blijven spreken tot op de dag van vandaag.
Met deze brief wil Petrus de mensen een hart onder de riem steken. Meer dan eens is dit geschrift als 'een brief van de hoop' geduid. De schrijver wil zijn medechristenen hoop geven. Die hoop wordt ingegeven door de aanwezige vrede, liefde en genade van de hemel. Zij hoeven niet machteloos toe te zien, maar zij zullen kracht vinden door zelf mensen van vrede, liefde en genade te zijn. Hoe? Wel, door de woorden die zij spreken, door de daden die zij doen en door de keuzes die zij maken. Tegen die achtergrond lezen en interpreteren we 1 Petrus 4:10.

Voor ons springen in deze tekst twee zaken in het oog. Natuurlijk, er valt meer over te zeggen en hoe dieper we in de tekst en zijn context spitten, hoe meer rijkdom zichtbaar wordt. We beperken ons tot deze twee.
Ten eerste laat Petrus weten dat God velerlei gaven aan zijn mensenkinderen heeft gegeven. Kijkend naar die verschillende gemeenten die hij aanschrijft, ziet hij een grote schare van mensen. En zij hebben allemaal een of meer gaven ontvangen. Allemaal! Anders gezegd: ieder gemeentelid bezit minstens één gave. Niet iedereen heeft dezelfde, er is verscheidenheid. Wat bepaalt welke gave iemand krijgt, weten we niet. Dat is een geheimenis die ligt verborgen in de schoot van de gever. Wel weten we dat er diverse gaven zijn. De Statenvertaling noemt dat 'menigerlei' en de Nieuwe Bijbelvertaling heeft het over 'veelsoortige'. In het Grieks staat een woord dat dingen als veelvuldig duidt: er zijn er diverse van. Zo horen we van allerlei kwalen (Mar. 1:34), allerlei beproevingen (Jak. 1:2; 1 Petr. 1:6), allerlei vreemdsoortige leerstellingen (Hebr. 13:9). En onze tekst heeft het over allerlei gaven. We zien dus dat God een veelheid aan gaven uitdeelt en daarin wordt de kleurrijkheid van de Eeuwige zicht-

baar. We zien vervolgens die veelkleurigheid terug in de gemeente, waar de verschillende gaven zijn uitgestrooid over de mensen. Petrus neemt twee hoofdgroepen gaven waar: het spreken en het dienen. Mond en hand gaan samen. Aan elk van die twee kunnen diverse gaven ontspruiten (Rom. 12; 1 Kor. 12).
Ten tweede roept de schrijver de gemeenten op goed om te gaan met die ontvangen gaven. Goed wil zeggen: de gaven herkennen en erkennen én uitdelen. Ze zijn bedoeld om ermee aan de slag te gaan. Het woord dat in de grondtekst staat wordt vaak vertaald met rentmeester of beheerder. En terecht. Op andere plaatsen in de Bijbel doelt het woord onder meer op de beheerder van een akker, van een huis, van geheimenissen en van stadsfinanciën. De gelovigen die Petrus aanspreekt zijn beheerders van de aan hen geschonken gaven. Dat impliceert dat die gaven niet louter voor henzelf bestemd zijn. Ze horen ten goede te komen aan de gemeenschap. Primair aan de gemeente, om deze op te bouwen, maar ook aan de wereld waar Gods goedheid zich evenzeer naar uitstrekt.

Kernachtig is dit vers door G.H. ter Schegget[2] onder woorden gebracht: 'De gemeente is een samenspel van charismata. Daarvan noemt Petrus er maar twee: spreken en dienen. Er zijn er echter veel meer, die door Paulus genoemd worden: profetie, het leren kennen en vermanen, het wijsheidswoord, de talen en de uitlegging. Dat vat Petrus samen in het begrip: woord. Verder zijn er volgens Paulus: de gave der genezing, de wonderkracht, de armenhulp en het leidinggeven. Petrus noemt het: dienst. Hij heeft die hele staalkaart van talenten voor zich en zegt: samen met elkaar vorm je die gemeente. Laat die charisma's dan ook tot hun recht komen; dat komen ze alleen als je op elkaar let, naar elkaar luistert zoals in een orkest. Dan maak je er een klinkende symfonie van. Als iemand spreekt laten het woorden van God zijn, en als iemand dient, laat het in de kracht van God zijn. God wordt gekend in het profetische en evangelische verhaal: zo is God, als hij daarin naar voren komt. Laat het allemaal in overeenstemming zijn daarmee.'

Hoop

We wezen er eerder op dat de eerste brief van Petrus vaak als brief van hoop is geduid. Een van de tekenen van de hoop is dat gelovigen aangeraakt zijn met een of meer gaven van de hemel. In die gaven is de Eeuwige aanwezig. De dragers ervan zijn partners van God. Zij staan er niet al-

2 *Zachtmoedig leven*, Baarn 1992, pag. 59-60.

leen voor, zij worden gedragen door een kracht groter dan zijzelf. Dat was hoopvol in die wereld van de eerste eeuw, toen de christelijke gemeenten het zwaar hadden. Dit verhaal van hoop verdient het om door te geven. Dat was de intentie van *Menigerlei Genade* bij de eerste uitgave in 1911 en die intentie is voelbaar in de laatste editie in 2013. En die intentie is er ook in de preken over 1 Petrus 4:10 in de volgende hoofdstukken.

3 Dienst 1: Als de heer van huis gaat...

Een dienst rondom 1 Petrus 4:10,
*door ds. Hanny Langebeeke**

ORDE VAN DIENST

(De gekozen liederen komen uit het *Liedboek. Zingen en bidden in huis en kerk*)

Voorbereiding

Zingen: Aanvangspsalm 149:1 en 3

Zingen: 'Klein Gloria'

Stil gebed

Aanvangswoord
Onze hulp is in de naam van de Heer,
die hemel en aarde gemaakt heeft
en trouw houdt tot in eeuwigheid
en niet laat varen het werk van zijn handen.

Groet
Genade zij ons en vrede
van God onze Vader,
door Jezus Christus onze Heer
in de gemeenschap met de heilige Geest. Amen.

Gebed om vergeving
Heer, onze God, heilige God, God van eeuwigheid af, Heer van alle mensen,
zo verschillend als wij zijn, ieder met zijn eigen geschiedenis
van vreugde en geluk, van moeite en zorg, maar ook van fouten en falen.

* Gegevens auteur: ds. Hanny Langebeeke, Umefors 16, 3124 RD Schiedam; e-mail: hlgk61@gmail.com; telefoon: 010-7612219.

Heer, wij zijn hier gekomen als mensen, en als mensen verbonden ook met elkaar. Ook sámen hebben we een geschiedenis, een band, levens verweven met elkaar, soms tegen wil en dank. Soms komen er in die geschiedenis grootse karaktertrekken boven, maar soms wisten wij niet dat er zoveel kwaad in een mens kan huizen.
Here God, wat zijn wij ver van een leven naar uw wil. Wat verlangen wij naar heelheid, genezing, vergeving, naar leven uit uw Geest.
En niet alleen voor onszelf hopen we dat, maar voor heel uw wereld. Voor mensen overgeleverd aan geweld en onderdrukking, aan bedrog en de macht van het geld, aan zonde en ziekte.
Heer, onze God, U vindt ons hier samen op deze bijzondere morgen, uw dag, dag van de opstanding, een feestdag voor mensen.
Alleen als Gij ons zegent, zal het goed zijn. Amen.

Zingen: Lied 213:1 (= Gezang 289, *Liedboek voor de Kerken*)

Woord van vergeving: Romeinen 8:14-17

Zingen: Lied 213:2

Woord om naar te leven: Romeinen 13:8-10

Zingen: Lied 213:3

Dienst van het Woord

Gebed bij de opening van de Bijbel
Here God, Schepper van alle leven,
zend uw Geest in ons midden, blaas uw Geest op ons, opdat wij herleven.
Zie ons voor U staan met onze twijfels en vragen, geloof en geluk.

Kom in onze verwarde harten, in ons bestaan met al zijn vreugde en verdriet,
zend uw heilige Geest en schenk ons de kracht om te geloven.
Beziel en herschep ons om gezanten van uw heil in de wereld te kunnen zijn.

Zend ons uw Geest van vrede,
zodat wij ook zelf goedheid en vergevingsgezindheid uit mogen stralen.
Open onze oren en ons hart voor uw Woord dat leven geeft.
Kom, Schepper Geest, en herschep ons voor een nieuw begin. Amen.

Lezing uit het Oude Testament: Genesis 9:18-19

Zingen: Lied 163 A of B (de keuze is mede afhankelijk van de organist en de gemeente)

Kinderen aanspreken en/of naar voren laten komen

Vooraf:
Dierenknuffels laten meenemen. Ark van Noach maken met knuffeldieren.
In de week voor de zondag is door de leiding van de kindernevendienst gevraagd aan de kinderen om een knuffeldier mee te brengen.

In de dienst:
Als de kinderen hier naar voren komen en knuffeldieren hebben meegenomen dan is het belangrijk om daarmee een relatie te leggen.
Verhaal van Noach met de ark vol dieren is welbekend. Weten de kinderen ook hoe de zonen van Noach heten en dat van hen alle mensen op aarde afstammen? Afhankelijk van de leeftijd kunt u op de kindernevendienst verder praten/ kleuren/ tekenen over Noach, de dieren in de ark en de geschiedenis van de slavernij. U kunt eventueel ter voorbereiding informeren naar verwerkingsmateriaal op school. Ook kunt u zoeken op internet.

Kinderen gaan naar de nevendienst

Lezing uit het Evangelie: Matteüs 25:14-30

Zingen: Lied 975:1, 2, 3

Lezing uit het Nieuwe Testament: 1 Petrus 4:10-11

Zingen: Lied 339a, b of c (de keuze is mede afhankelijk van de organist en de gemeente)

Verkondiging – naar aanleiding van 1 Petrus 4:10

Zingen: Lied 974

Kinderen komen terug uit de nevendienst

Gebeden en gaven

Voorbeden, stil gebed, gezamenlijk 'Onzevader'

Sterke, liefdevolle God,
hoe verbaast het ons altijd weer dat Gij ons mensen in uw dienst wilt nemen,
wij die U zo weinig de ruimte willen geven in ons leven, ruimte die U toekomt.
En hoe beschaamt het ons altijd weer, want wie zijn wij dat Gij uw gaven aan ons schenkt, dat U zoveel vertrouwen in ons hebt en ons een talent geeft, dat eigene dat ons allemaal tot een uniek, onvervangbaar mens maakt.

Wij danken U dat Gij ons begin zijt, onze inspirator, degene die groeikracht geeft, die richting wijst, die voltooit. Geprezen zijt Gij, Heer; dag aan dag draagt Gij ons leven.

Sterke, liefdevolle God, alles wat ons in de weg staat om een mens van U te zijn, om ons talent ongebruikt te laten, wéér dat van ons af: angst, wantrouwen, tegenwerking – laat niets of niemand ons verhinderen om in alle vrijheid U en elkaar van dienst te zijn.
Zegen al het werk dat gedaan wordt, in onze gemeente, in de kerken, in de plaats waar we wonen, in onze wereld. Dat dit mensen helpt om te groeien, om ruimte te krijgen, om hun talent te ontdekken en te benutten.

God, onze Bondgenoot, wij brengen voor uw aangezicht allen die gefrustreerd worden in het werken met hun gave, allen die het slachtoffer worden van hen die kwaad in de zin hebben, van politieke spelletjes, van machtsmisbruik en onwil.

We brengen voor uw aangezicht allen die door armoede en onrecht klein en afhankelijk gehouden worden, voor wie er geen mogelijkheden zijn om uit te botten, open te bloeien.
En voor allen die door ziekte naar lichaam of geest gekweld worden, Heer, bidden wij U uit alle macht: want wat kost zoiets veel tijd, veel kracht en veel uithoudingsvermogen, soms zoveel dat er geen enkele ruimte overblijft voor meer dan volhouden en niet ondergaan.
We bidden U ook, goede God, voor... [hier kunt u de actualiteit noemen]

In de stilte, God, leggen we voor U open waar ons hart vol van is...

God, onze Bondgenoot, help ons onze verantwoordelijkheid te zien,
voor mensen dichtbij en veraf
omwille van Jezus Christus, onze Heer,
en maak ons door uw Geest voluit medewerkers van U, die
leven met uw Koninkrijk voor ogen.

En op weg naar dat Koninkrijk bidden wij het gebed dat Jezus ons leerde: Onze Vader...

Collecten

Wegzending en zegen

Slotlied: Lied 971 (= Gezang 320, *Liedboek voor de Kerken*)

Wegzending
We mogen gaan in vrede en ontvangen de zegen van de Heer.

Zegen
De genade van Jezus Christus
en de liefde van God
en de gemeenschap van de heilige Geest
is met ons allen.

Zingend antwoord door de gemeente: Lied 415

Preek naar aanleiding van 1 Petrus 4:10

Gemeente van onze Heer Jezus Christus,

Het Koninkrijk van de hemel zal zijn als met een man...
Wat een mysterieus begin van die gelijkenis van Jezus.

Jezus gebruikt dat verhaal om iets te zeggen tot mensen in alle tijden. Ook de tijd waarin Hij niet meer onder ons is in lichamelijke gestalte, geloven wij. Hij vergelijkt zichzelf met een man die op reis ging. Tenminste, wij denken dat we het verhaal op die manier het beste kunnen begrijpen.

Drie dienaren krijgen iets. Elk een ander aantal van iets wat 'talent' wordt genoemd.
Twee van de dienaren gaan direct aan het werk met wat ze ontvangen hebben, ze gaan handeldrijven.
Spannend!
Wat zou je krijgen, en ook een beetje eng, want wat te doen met wat je gekregen hebt? Heel veel keuzes en mogelijkheden? Toch geweldig, dat die heer iets van zichzelf uitdeelt? Of, zoals er in het verhaal letterlijk staat, alles van zichzelf uitdeelt. En niet alleen zoals in de Nieuwe Bijbelvertaling staat: 'zijn geld'. Mysterieus.

We weten dus helemaal niet of degene met twee talenten nu iets van minder waarde gekregen heeft dan degene die er vijf gekregen heeft. We zijn wel geneigd dat te denken, maar dat komt vermoedelijk hierdoor: óns maatschappelijk leven is zo ingericht en wij verbinden talenten toch vaak met geld. En dan is vijf meer dan twee.

Wat te doen met die talenten, wat hebben die te maken met het Koninkrijk van de hemel?
In de gelijkenis weten de twee dienaren te gaan handelen en zo hun talenten te verdubbelen.
De heer is zeer tevreden over hun inzet en het resultaat, wat blijkt als hij terugkomt.

Het Koninkrijk van de hemel kunnen we misschien het beste opvatten in de zin van 'het domein, het gebied, de invloedssfeer van God'.
Een gebied dat voor de een zo wijd als de wereld zal zijn, maar voor de ander een bepaald geheiligd afgesloten gedeelte in de vertrouwde omgeving.
In de gelijkenis lijkt het, zoals al gezegd, om geldbedragen te gaan. Maar

wij verstaan onder talenten in onze taal meestal ook andere dingen: iemand kan een talent hebben om piano te spelen bijvoorbeeld. Of om taarten te bakken of te tuinieren. Of je kunt heel goed zijn in een bepaalde sport zoals fietsen of badminton. En wat je ermee kunt doen, wordt verteld in de verzen die we lazen in 1 Petrus 4. Daar is sprake van Gods veelsoortige gaven om elkaar te helpen.

Wij hebben misschien te veel het idee dat het om uitzonderlijke gaven gaat. Als we het bij het werk in de kerk houden, zou je kunnen denken aan bijvoorbeeld het werk van predikanten.
Maar gemeenteleden kunnen samen meer van de inhoud van de christelijke leer gaan begrijpen door tekeningen van een getalenteerde schilderes in de gemeente of door de dames die prachtige kunstwerken van bloemen maken met het liturgisch bloemschikken. Evenzo kan een gewoon gemeentelid bijzondere gaven hebben om met jongeren inspirerende themadiensten te maken.

Zo kunnen wij elkaar helpen te geloven en gestalte geven aan wat in vers 11 beschreven staat: alles doen tot eer van God, en wij kunnen dat dankzij Jezus Christus aan wie alle eer en macht toekomt. Zo is het wellicht ook in de gewone maatschappij: degene die bij Rijkswaterstaat werkt en de weg aanlegt en bij nacht en ontij het wegdek asfalteert is even belangrijk als de bankier die over dat asfalt door een chauffeur naar zijn werk wordt gereden.

Naast de twee dienaren die meteen aan de slag gingen, misschien mogen we wel zeggen: die meteen enthousiast aan de slag gingen, was er nog een derde dienaar. De eerste twee waren blij met de mogelijkheden, maar naar de overwegingen van de derde dienaar blijft het in eerste instantie gissen.

Is hij ontrouw? Of lui of egoïstisch? Denkt hij alleen aan zijn eigen belang? Moeten we het zondig noemen of is hij angstig?
Zijn overwegingen om wat hij gekregen heeft te verstoppen worden later duidelijk. Het heeft te maken met het ontbreken van een goede vertrouwensrelatie van de dienaar met de heer.
Hij wil zich niet inzetten voor de heer en zijn zaken. Het zijn niet zíjn plannen en zíjn doelen. Hij wil daar zijn handen niet aan vuilmaken.
Daarom kan hij eigenlijk ook maar beter vertrekken...

In die drie dienaren heeft de christelijke gemeenschap het zó beleefd

door de tijd heen, dat iedereen een gave gekregen heeft.
Een buitengewoon vervelend probleem is dat mensen die gaven gingen invullen en dat ze dat vaak deden met een bijbelse onderbouwing.

Laten we eerst nog het vervolg uit Genesis 9 lezen, over de zonen van Noach. We hoorden hoe zij de ark moesten verlaten en de nieuwe wereld weer bewoonbaar gingen maken. En dan gaat het verhaal als volgt (Genesis 9:18-27):

'De zonen van Noach, die samen met hem uit de ark waren gekomen, heetten Sem, Cham en Jafet; Cham was de vader van Kanaän. Met de drie zonen van Noach begon de verspreiding van de mensheid over de hele aarde.
Noach was landbouwer en legde als eerste een wijngaard aan. Hij dronk van de wijn, werd dronken en ging in zijn tent liggen, zonder kleren aan. Toen Cham, de vader van Kanaän, zag dat zijn vader naakt was, vertelde hij dat aan zijn twee broers, die buiten waren. Daarop namen Sem en Jafet een mantel, legden die over hun schouders, liepen achteruit de tent binnen en bedekten het naakte lichaam van hun vader, met afgewend gelaat, zodat zij hem niet naakt zagen. Toen Noach uit zijn roes ontwaakte en te weten kwam wat zijn jongste zoon hem had aangedaan, zei hij:

"Vervloekt zij Kanaän,
knecht van zijn broers zal Kanaän zijn,
de minste van alle knechten.
Geprezen zij de HEER, de God van Sem;
knecht van Sem zal Kanaän zijn.
Moge God ruimte geven aan Jafet,
hem laten wonen in de tenten van Sem;
knecht van Jafet zal Kanaän zijn."'

Vreemd genoeg wordt Cham niet genoemd, maar zijn zoon Kanaän. Mysterieus eigenlijk.
In later tijd wordt toch over Cham gesproken. Met Cham die zijn broers zou moeten dienen – dat zou zijn specifieke gave zijn – wordt de slavernij onderbouwd. Via allerlei cirkelredeneringen en buitenbijbelse verhalen wordt Cham zwartgemaakt. Letterlijk ook, hij krijgt in de geschiedenis een zwarte huid, terwijl dat in de Bijbel helemaal nergens zo vermeld is. Ook het feit dat hij zijn vader uitlachte gaf hiervoor aanknopingspunten.

Wat als een bepaalde vreemde interpretatie wordt bedacht om het eigen voordeel mee te verdedigen? Deze interpretatie heeft vreselijke gevolgen gehad die tot op de dag van vandaag haar sporen heeft getrokken. Ook vandaag is er nog volop slavernij, denk bijvoorbeeld aan het winnen van de metalen voor technologische producten.

Dat iedereen geschapen is naar het beeld van God en dat je dus in iedereen God kunt ontmoeten, dat Christus kwam om te dienen en niet om gediend te worden, dát is toch aardig ondergesneeuwd.

Steeds moeten we kritisch onderzoeken of we met onze veelkleurige gaven God en anderen dienen. Of we meebouwen aan het Koninkrijk van de hemel óf bouwen aan ons eigen koninkrijk? En of we anderen de mogelijkheid geven om mee te bouwen net als wij? En kan vers 10 uit 1 Petrus 4:

> 'Laat ieder van u de gave die hij van God gekregen heeft, gebruiken om de anderen daarmee te helpen, zoals het goede beheerders van Gods veelsoortige gaven betaamt.'

wel zonder vers 11?

> 'Voert u het woord, laat dan Gods woorden doorklinken in wat u zegt. Helpt u anderen, doe dat dan vanuit de kracht die God u geeft. Want zo doet u alles tot eer van God, dankzij Jezus Christus, aan wie alle eer en macht toekomt, voor eeuwig.'

Amen.

4 Dienst 2: Eerst de gave, dan de opgave

Een dienst rondom 1 Petrus 4:10,
*door ds. Koos Staat**

ORDE VAN DIENST

(De gekozen liederen komen uit het *Liedboek voor de Kerken*; zo niet, dan wordt dat vermeld)

Voorbereiding

Zingen: Aanvangspsalm 66:3 en 5, gevolgd door 'Klein Gloria'

Stil gebed

Votum en groet

Onze hulp is in de naam van de Heer,
die hemel en aarde gemaakt heeft.
Die trouw houdt tot in eeuwigheid
en niet laat varen de werken van zijn handen.

Genade voor ons en vrede van God de Vader die boven ons is,
God de Zoon die naast ons is
en God de Geest die in ons is. Amen.

Verootmoedigingsgebed

Drie-enige God, U brengen we lof, eer en glorie, om wie U bent, bezit en doet. Wij prijzen uw naam, U die ons denken verre te boven gaat in macht en majesteit en ons tegelijk zeer nabij bent in Christus en door uw Geest.

Zoals U als Vader, Zoon en Geest in liefde samenleeft, zo behoren wij mensen, naar uw beeld geschapen, dat ook te doen. Wij blijken telkens, van de vele gaven die Geest ons toevertrouwt, matige en halfslachtige beheerders. Wij gebruiken ze gemakkelijker voor onszelf dan voor de

* Gegevens auteur: ds. Koos Staat, Middenweg 6, 1619 BL Andijk,
e-mail: j.staat@mac.com; telefoon: 010-7612219.

dienst aan uw Koninkrijk. We schamen ons daarvoor en bieden onze excuses aan.

Wij bidden U, vergeef ons onze zonden en maak een nieuw begin met ons.
Door genade alleen. Amen.

Zingen: Psalm 86:2

Woord van vergeving: 1 Petrus 1:3

Zingen: Psalm 86:5

Woord om naar te leven: 1 Petrus 1:13-20

Zingen: Psalm 86:4

Dienst van het Woord

Gebed bij de opening van de Bijbel
Vader in de hemel,
Christus navolgen in liefde en dienstbaarheid is waartoe U ons als gemeente roept.
We weten dit allemaal, en we willen het ook allemaal.
Maar we zijn vaak traag en afgeleid. We lopen zo langzaam. Of zelfs de verkeerde kant uit.

We bidden dat we in deze kerkdienst worden gestimuleerd om elkaar te dienen en om de gaven die de Geest ons aanreikt daarvoor te gebruiken.
Open door de kracht van uw Geest de ogen van ons verstand en de oren van ons hart, zodat we de blijde boodschap van het evangelie horen en gehoorzamen.
Zo bidden wij U, door Jezus Christus, onze Heer. Amen.

Gesprekje met de kinderen
Er waren eens vier dieren die een band wilde beginnen. De beer speelde gitaar, het luipaard zat achter het keyboard, de zebra stond bij de bas en de aap bespeelde de drums.
'Laten we beginnen!' zei de beer, die zich als bandleider had opgeworpen.

Helaas klonk het vals en lelijk.
'Stop!' riep de aap. 'We zitten verkeerd, laat mij vooraan zitten.'
En zo gebeurde het. Maar toen ze gingen spelen klonk het nog steeds vals.
'Ik weet het,' zei de zebra, 'we moeten de versterkers harder zetten!'
Maar ook toen was het geen gehoor. Hoe ze ook de onderlinge opstelling veranderden, of hoe vaak ze aan de knoppen draaiden van de geluidsinstallatie, het werd nooit een succes.
Totdat het luipaard een heldere ingeving kreeg: 'Als we nu eerst eens gaan afspreken wát we gaan spelen...' En toen ze allemaal dezelfde bladmuziek voor zich hadden, begon het langzaam harmonieus te klinken.

In de kerk zijn we allemaal verschillend. Zo heeft God ons gemaakt. En de heilige Geest geeft ons allemaal onze eigen talenten. We spelen allemaal ons eigen instrument. Zo wil God dat ook. Maar het moet niet vals gaan klinken. Daarom moeten we goed letten op elkaar en de muziek van de liefde spelen. Jezus is onze dirigent die ons leren wil hoe we dat kunnen doen.

Zingen met de kinderen: Lied 422 of 428, uit de *Evangelische Liedbundel*

Lezingen uit het Nieuwe Testament: Johannes 13:12-15 en 1 Petrus 4:7-11

Zingen: Gezang 330:1 en 2 (= Lied 315, *Liedboek. Zingen en bidden in huis en kerk*)

Preek – naar aanleiding van 1 Petrus 4:10

Zingen: Gezang 242:3 en 6 (= Lied 672, *Liedboek. Zingen en bidden in huis en kerk*)

Gebeden en gaven

Voorbeden, stil gebed, gezamenlijk 'Onzevader'

Bidden wij tot God die ons geroepen heeft tot een dienstbaar leven in zijn naam.

Schenk ons, Heer, de gaven uw Geest, in grote variatie en verscheidenheid. Leer ons om die aan te wenden in dienstbetoon aan de naaste dichtbij en ver weg.

Laat ons oog hebben voor de nood van anderen en geef ons de wil en de kracht om mee te werken aan hun geluk. Schenk ons het verlangen om van uw liefde uit te delen op de plaatsen waar wij komen. Vervul ons zo met het goede, dat wij het goede doen en het verkeerde nalaten. Wij bidden dat onze liefdevolle gerichtheid op anderen iets zichtbaar maakt van uw grote toekomst als U alle dingen nieuw maakt.

Wij bidden U voor de wereld van vandaag. In het bijzonder noemen wij... [zelf in te vullen, al naar gelang de actualiteit].

In stilte leggen wij onze persoonlijke dank en beden aan U voor.

Wij bidden samen: 'Onze Vader...'

Collecten

Wegzending en zegen

Slotlied: Gezang 257

Wegzending
Laten we ons openstellen voor Gods zegen.

Zegen
De genade van onze Heer Jezus Christus, en de liefde van God de Vader, en de gemeenschap van de heilige Geest mogen zijn met ons allen. Amen. [Amen uitgesproken of gezongen door de gemeente]

Preek naar aanleiding van 1 Petrus 4:10

Gemeente van onze Heer Jezus Christus,

Niemand van zijn lezers zal er vreemd van hebben opgekeken dat Petrus hen in zijn brief aanspoort tot een leven van dienstbaarheid en naastenliefde. Als wij tweeduizend jaar later dezelfde aansporingen voorgelezen krijgen, dan horen wij er evenmin van op. Liefde en dienst horen bij christenen zoals haren op een hoofd of bloemen in een tuin. Dat weten we allemaal. Wordt het dus een saaie preek? De spannendste film wordt voorspelbaar als je hem maar vaak genoeg ziet. Wéér een preek

over naastenliefde – dat weten we nu wel...
Of Petrus onze verzuchting voorvoelt! Hij blijft weliswaar van mening dat de aanmoedigingen tot een dienstbaar leven niet gemist kunnen worden. Ook al weten zijn lezers er alles van. En dus schrijft hij over liefde, over vergevingsgezindheid, over gastvrijheid en hulpvaardigheid. Allemaal bekend. Waarmee hij ons echter verrast, is de 'motivering' om een dergelijk leven te leiden. Het mag vanzelfsprekend zijn dat christenen uitblinken in naastenliefde, maar waarom eigenlijk? Wat is de drijfveer daartoe?

Het zou voor de hand liggen om te wijzen op het voorbeeld van Jezus zelf. Juist van Petrus hadden we dit kunnen verwachten. De apostel zal nooit zijn belevenissen in de bovenzaal vergeten, waar hij en zijn collega's geheel tegen het protocol met ongewassen voeten plaatsnamen aan tafel. Niemand bleek bereid om de ander de voeten te wassen. Dat is immers slavenwerk. En ook Petrus dacht: ik ben jullie sloofje niet! Onverwacht stond Jezus op en waste de voeten, waaronder die van Petrus. De koning verruilde zijn mantel voor een handdoek. De baas werd knecht. De toelichting van Jezus was glashelder: 'Ik heb jullie een voorbeeld gegeven, wat ik voor jullie heb gedaan, moeten jullie ook doen.' De noodzaak tot naastenliefde wordt in dit geval dus christologisch gemotiveerd. We moeten doen zoals Jezus deed. Hij heeft het ons voorgedaan. Maar omdat zijn lezers dat allang weten, gooit Petrus het over een andere boeg.

Als het vanzelfsprekende op niet-vanzelfsprekende wijze wordt gemotiveerd, zullen we misschien met des te meer ernst werk maken van die basale opdracht tot dienstbaarheid. Petrus wijst niet op wat Jezus ons heeft voorgedaan, maar op wat Jezus voor ons heeft gedaan. 'Laat ieder van u de gave die hij van God gekregen heeft, gebruiken om de anderen daarmee te helpen, zoals het goede beheerders van Gods veelsoortige gaven betaamt.' Anders gezegd: de opgave tot dienstbaarheid is uitvoerbaar! En wel omdat God zelf ons de gaven daarvoor schenkt. Dat is een belangrijk gezichtspunt. Met een lege theepot is het moeilijk een kopje te vullen. De opdrachten om te helpen kunnen ons zwaar op de maag liggen. Maar hoe verrassend: elke opgave laat God voorafgaan door een gave. Er is dus veel mogelijk!

Eerst de gave, dan op opgave. Gaven zijn cadeaus van de heilige Geest. Opmerkelijk genoeg deelt de Geest deze geschenken in grote variatie uit. De gaven zijn veelsoortig: 'Menigerlei genade'. We hoeven dus niet allemaal hetzelfde te doen en al helemaal niet op dezelfde manier.

Verschil mag er zijn. Niet alleen in de schepping, maar ook in de herschepping. We mogen in de manier waarop wij werkzaam zijn in Gods Koninkrijk dicht bij ons zelf blijven. Kramp is niet nodig. We hoeven niet na te doen wat anderen doen. Ieder mag dienstbaar zijn op de wijze die past bij zijn of haar mogelijkheden. Wie niet muzikaal is hoeft geen kerkorganist te worden. Wie echter kan spreken, laten het woorden zijn als van God. Wie kan helpen laat hij dat doen met de krachten die God verleent. En zo voort.

Het verfrissende van dit gezichtspunt is dat we ter vervulling van onze christenplicht niet op zoek hoeven te gaan naar eigen krachten en eigen wijsheden, maar naar 'gegeven' krachten en 'gegeven' wijsheden. Die kunnen we opdiepen en gebruiken. De Geest van God voorziet ons dus van de mogelijkheden om aan de eisen van het Koninkrijk te voldoen. De geestesgaven liggen voor het grijpen. Vandaar de oproep: 'Laat ieder van u de gave die hij van God gekregen heeft, *gebruiken* om de anderen daarmee te helpen, zoals het goede beheerders van Gods veelsoortige gaven betaamt.' Een goede beheerder van de veelsoortige gaven laat die niet in de la liggen. Dat zou werkelijk zonde zijn.

Goed. Petrus motiveert zijn lezers dus tot een leven in dienstbaarheid. Hij doet dat door niet te wijzen op het voorbeeld van Jezus, maar op de gaven van de heilige Geest. Maar bij wijze van 'verrassing' spreekt Petrus zijn lezers aan door over de naderende eindtijd te beginnen. Waarmee hij naast Jezus en de Geest ook de derde persoon van de drie-eenheid ter sprake brengt, namelijk God de Schepper en Voleinder van alle dingen. Tamelijk onverwacht, letterlijk tussen de regels door, lezen we: 'Het einde van alle dingen is nabij.' Was Petrus tot nu toe misschien voorspelbaar, dan is hij dat hiermee zeker niet. Want wat is het verband tussen 'de eindtijd' en (zijn eigenlijke onderwerp) 'naastenliefde'? Ondertussen klinkt de vaststelling dat het einde dichtbij is niet erg stimulerend. Waarom iets ter hand nemen als alles zo goed als voorbij is? Het lijkt op de droevige mededeling van een arts die tegen een patiënt zegt: 'We kunnen niets meer voor u doen. U moet u voorbereiden op het einde.' Wie gaat dan nog solliciteren? Vandaag horen wij zeggen: 'Het einde van alle dingen is nabij. Bereidt u daarop voor!' Hoe dramatisch dit ook klinkt, het bericht lijkt ons nauwelijks te beroeren. Niemand hier trekt wit weg, loopt rood aan of vliegt naar huis om dringend bepaalde zaken te regelen. Het einde van alle dingen is nabij. En wij blijven gewoon zitten...

De verklaring voor onze onbewogenheid is dat we de urgentie niet inzien. Wij duiden de betekenis van 'nabij' namelijk als 'ooit'. Is één dag bij de Heer geen duizend jaar bij ons? Maar daarmee verwijderen we de angel uit deze woorden. Namen we ze letterlijk, dan komt ons leven onder hoogspanning te staan. Als het einde werkelijk nabij is, dan tellen slechts de dringende zaken. De rest wordt bijzaak, want onze tijd is kort. Je gaat alleen doen wat moet.

Het einde is nabij, zegt Petrus. Van 'alle' dingen. De maatschappij en de natuur gaan voorbij. Maar ook de relatie met ons gezin, de verhoudingen met onze vrienden en de betrekkingen op ons werk – het eindigt allemaal. Maar waarom begint Petrus daarover? Hoe kan dit einde, wat klinkt als het verdwijnen van alles wat wij als waardevol en belangrijk ervaren, ons extra motiveren om 'christelijk' te leven? Niet.
Maar over zo'n einde heeft Petrus het ook niet! Het gebruikte woord voor einde betekent namelijk 'einddoel', vervulling. Het einde van alle dingen is niet de vernieling van alles wat we verrichten, maar de restauratie en het herstel van alle dingen. Wat voor de deur staat, is dat God de wereld en ons leven op zijn bestemming brengt. Wat krom is maakt God recht. Alles komt eindelijk op zijn pootjes terecht. De wereld is immers sinds het begin schepping van God. En God laat niet varen de werken zijner handen. Hij brengt de schepping naar het einddoel, door haar te herscheppen. 'Ik maak alle dingen nieuw.' Let wel, God maakt geen nieuwe dingen. Hij maakt alle dingen nieuw. Alles wat we doen en wie we zijn – het blijft bestaan, maar dan vernieuwd. Herschapen, zonder gebrokenheid, zonder pijn, zonder zonde.

Dat alles staat te gebeuren. God de Schepper doet de nieuwe tijd aanbreken. En Petrus wil maar zeggen: zoals het straks gaat worden – daar moeten we vandaag op vooruit grijpen. Door nu al met elkaar te leven op de wijze die op de nieuwe aarde normaal wordt: in liefde en dienstbaarheid. De Geest die ons met zijn 'menigerlei genade' begiftigt, is al met de herschepping begonnen. We krijgen als gemeente daarom die vele gaven. Aan ons de taak daarmee aan de slag te gaan om zichtbaar te maken in deze wereld waar het straks op uitdraait: alle dingen nieuw.

Al met al was het onderwerp 'naastenliefde' bekende stof. Maar denkend vanuit het einde gaan we er toch weer mee aan de slag. Een wereld vol van Gods liefde – hoe meer we daar nu al van zien, hoe beter het is.
Amen.

5 Dienst 3: Als veelkleurige stenen

Een dienst rondom 1 Petrus 4:10,
*door ds. Fini van Zoelen**

ORDE VAN DIENST

(De gekozen liederen komen uit het *Liedboek. Zingen en bidden in huis en kerk*; zo niet, dan wordt dat vermeld)

Intrede

Zingen: Aanvangspsalm 118:1, 7, 8

Stil gebed

Aanvangswoord
Onze hulp is in de Naam van de Heer,
die hemel en aarde gemaakt heeft.
Die trouw blijft tot in eeuwigheid
en niet laat varen de werken van zijn handen.

Groet
Genade, barmhartigheid en vrede zij ons van God onze Vader
en van Jezus Christus de Heer. Amen.

Gebed om ontferming
Heer van ons hart,
Hier zijn wij voor uw Aangezicht, uw kinderen, getekend met het licht van Pasen zolang wij leven. Laat uw liefde in ons wonen, uw Geest ons verwarmen opdat wij de moed niet verliezen, maar voortgaan van kracht tot kracht.

Laat onze stem steeds weer het instrument zijn waarmee wij U loven en waarmee wij tot U roepen om ontferming. Voor onszelf en voor onze wereld waar zoveel gebeurt wat wij niet kunnen bevatten. Prachtige,

* Gegevens van de auteur: ds. Fini van Zoelen, Hemmingstraat 1, 7207 RL Zutphen; e-mail: j.zoelen56@upcmail.nl; telefoon: 0575-844328.

maar ook verschrikkelijke dingen.

Heer, wees sterker dan alles wat ons beklemt of angstig maakt. Alles wat ons beschadigd heeft. Uw trouw zullen wij ons te binnen zingen, de lofzang om het leven, ons gegeven door Jezus Christus, onze Heer. Amen.

Glorialied: Lied 869:1, 2, 3, 7 (= Gezang 431, *Liedboek voor de Kerken*)

Dienst van het Woord

Gebed bij de opening van de Bijbel

O Heer,
leg zegenend uw handen op ons hoofd,
dat onze gedachten helder en heilig zijn.
Leg zegenend uw handen op ons hart,
dat daar de liefde voor U en mensen ontvlamt.
Leg zegenend uw handen over onze handen,
dat wij in de wereld uw werk doen, velen tot zegen. Amen.
(uit: *Zeggen en zwijgen, oecumenisch gebedenboek voor alledag*)

Verhaal voor de kinderen

Op een dag zei de hand tegen de voet: 'Wij doen alles, maar we krijgen nooit iets terug. De mond en de buik, die krijgen alles. We zouden eigenlijk moeten staken...' Het hoofd hoorde het en hij schrok. En hij riep iedereen bij elkaar.

Zo zaten ze allemaal in een grote kring: de keel, de stem, de tong, die nooit stil kon zitten, de ogen, de oren, de neus, de pink en de duim, de grote teen, de tanden. Ook heel onbekende waren erbij: de longen, de nieren, de blinde darm, de maag. En op een grote zetel zat het hart en aan het hoofd natuurlijk het hoofd.
'Beste vrienden,' begon het hoofd, 'we moesten maar eens met elkaar praten, want we kennen elkaar niet eens goed. Dat heb ik gemerkt. Daarom heb ik jullie allemaal bij elkaar geroepen. Van harte welkom. Iedereen van jullie mag dadelijk zeggen hoe hij heet en wat hij doet. Luister goed naar elkaar.'
De hand stak het eerst zijn vinger op en begon: 'De hele dag ben ik in de weer. Overal moet ik een handje helpen. Alles moet ik pakken en weer afgeven.' En de vingers knikten allemaal van ja. 'Precies,' zei de voet, 'wij lopen

de hele dag, brengen jullie overal naartoe, en wat doen jullie?' 'Dat zal ik je vertellen,' zei het oog, 'ik ben de lamp, zodat jullie niet struikelen.'

En zo vertelde iedereen wie hij was. Allemaal zaten ze ademloos te luisteren. De stem deed haar verhaal, het oor, de longen... Ook het wijze hoofd vertelde wat hij allemaal deed en hoe vervelend het is als mensen iets doen waar ze hun hoofd niet bij hebben. 'En,' vroeg het hoofd, 'is het niet prachtig dat we allemaal verschillend zijn? We werken allemaal samen en doen allemaal wat.'
'Dat klopt,' zei het hart, dat al die tijd nog niets had gezegd, 'En ik zal ervoor zorgen dat jullie bij elkaar blijven. Ik klop in jullie allemaal. Voel maar eens. Ik ben altijd bij jullie.'
Toen zeiden ze allemaal: 'Oké! We werken allemaal samen, want we zijn één lichaam. Elk deel heeft z'n taak en het hart houdt ons bij elkaar.'
(Naar een verhaal uit *Basiscatechese*, Bart Robbers)

Kinderen gaan naar de kindernevendienst

Lezingen: Exodus 20:24-25 en 1 Petrus 2:4-6

Zingen: Gezang 327, uit het *Liedboek voor de Kerken*

Preek – naar aanleiding van 1 Petrus 4:10

Zingen: Lied 154b

Gebeden en gaven

Voorbeden

Trouwe God en Vader,
Nooit genoeg kunnen wij U danken omdat U er bent.
U houdt de draden van ons leven genadig in uw hand
en U weet wat we vandaag of morgen zullen doen of moeten doormaken. U bent het hart en de waarheid van ons leven.
Maak ons weer warm voor de schat die bij U te vinden is en zet ons op nieuwe wegen.
Zo bidden wij: Heer, ontferm U!

We danken U voor het veelkleurige kleed van uw genade.
Altijd weer nieuw, altijd weer anders, maar nooit afgemeten of benauwend.

Bij U is een niet te meten ruimte; deel ons iets van die ruimte mee, zodat ook ons leven erdoor gekenmerkt wordt. Een hart zo wijd als de wereld.
Zo bidden wij: Heer, ontferm U!

Vergeef het ons als wij elkaar de maat nemen;
als onze haan koning wil kraaien;
als wij al te snel met ons oordeel klaarstaan en ongenadig zijn voor elkaar.
Geef ons de gezindheid om U en elkaar in vreugde te dienen.
Zo bidden wij: Heer, ontferm U!

Wees met allen die ontmoedigd zijn;
die met de rug tegen de muur staan,
met ieder die een moeilijke weg gaat.
Wij bidden U voor .... [hier kan de voorganger actuele gebedsonderwerpen noemen].

Hoor ons in de stilte van dit ogenblik...

Hoor ons aan, als wij samen bidden: 'Onze Vader...'

Collecten

Wegzending en zegen

Slotlied: Lied 315 (= Gezang 330, *Liedboek voor de Kerken*)

Wegzending
Ga heen in de vrede van de Heer, Gods Koninkrijk tegemoet.

Zegen
De vrede van God die alle verstand te boven gaat, zal onze harten en gedachten behoeden in Christus Jezus, onze Heer. Amen.

Verkondiging naar aanleiding van 1 Petrus 4:10

Geliefde gemeente van onze Heer Jezus Christus,

De mythologie van de oude Grieken vertelt het verhaal van Procrustes. Procrustes had een herberg ergens buiten Athene. 's Avonds kwamen vermoeide en bestofte reizigers erlangs en de herbergier stond in de deur en nodigde hen allerhartelijkst binnen. De argeloze bezoeker ging blij op de uitnodiging in. Procrustes bood hem een bed als rustplaats aan en zelf ging hij de gast voor naar het slaapvertrek. Daar stonden twee bedden, een klein en een groot exemplaar. Met kennersblik mat Procrustes de maat van zijn gast. Was deze klein van stuk, dan stopte hij hem in het grote bed en rekte hem net zolang uit totdat hij met een wrede lach constateerde dat de gast precies in het bed paste. Kwam een forse en grote man zijn herberg binnen, dan legde hij hem op het kleine bed en hakte alles wat er aan ledematen uitstak, af.

Een bizar verhaal en toch misschien niet zo bizar als op het eerste gezicht lijkt. Zulk soort verhalen willen ons iets duidelijk maken en houden ons een spiegel voor. Eigenlijk zijn het plaatjes van ons eigen leven. Ook wij nemen elkaar de maat en willen elkaar nog weleens in een keurslijf persen. Neem bijvoorbeeld de kerkdienst. Ouderen vinden soms dat jonge mensen zich maar moeten aanpassen en jongeren vinden nog weleens dat ouderen maar eens goed naar hen moeten luisteren. Wij willen de ander kneden en vormen naar onze ideeën. Eigenlijk zijn we dan op dezelfde manier bezig als Procrustes. Zo niet letterlijk dan toch figuurlijk. Wij vinden dat wij het bij het rechte eind hebben, en de ander moet zich dan maar naar ons schikken.

Exodus 20 spreekt een heel andere taal. Het gaat daar over het altaar waarop de Israëlieten de offers moeten brengen. De HERE God zegt tegen Mozes: Als jullie een altaar van stenen voor Mij bouwen dan mag je dat niet doen met stenen die met een beitel zijn bewerkt. Je mag mijn altaar alleen maar bouwen met stenen zoals je ze gewoon in de bergen of langs de kant van de weg vindt. Ga er niet aan hakken en beitelen. Ze zijn goed zó, zoals je ze aantreft.
Allereerst zegt dit iets wezenlijks over de HERE God. Wij worden door Hem niet op een Procrustesbed gelegd om uitgerekt of afgeknot te worden; wij mogen bij Hem komen en dienst doen zoals we zijn. Hij dwingt ons niet in een keurslijf.
Zacheüs de tollenaar is daar een mooi voorbeeld van. Zacheüs lag eruit.

Hij kon rekenen op woede en minachting waar hij zijn gezicht liet zien. Bij Jezus niet. Die haalde nu precies hem uit de boom en wilde bij hém te gast zijn. Zonder het belerende vingertje. En dán gaat er ook van alles gebeuren. Zacheüs gaat staan, zijn hart barst bijna van geluk, en hij roept:

> 'Heer, de helft van mijn bezit geef ik aan de armen en als ik iemand iets heb afgeperst dan geef ik het hem viervoudig terug.'

Zo gaat de Heer met mensen om en je ziet wat daarvan het resultaat is... De Bijbel gebruikt daarvoor het woord 'genade', menigerlei genade. God vindt altijd wel een weg tot ons hart, omdat Hij van ons houdt. Oneindig vindingrijk is Hij, nooit voor één gat te vangen. Met vele pijlen op zijn boog. Een overvloedige fontein van vreugde en goedheid. Niemand valt erbuiten, niemand wordt buitengesloten. God heeft onbegrijpelijk veel geduld met ons, zodat zelfs de meest bevroren ziel wel moet ontdooien.

Als God zó met ons omgaat, ons niet de maat neemt, ons niet met de beitel bewerkt, maar ons gebruikt zoals we zijn voor zijn altaar, voor zijn dienst, dan is dat de manier om ook met elkaar om te gaan. Laten we een beetje genadig voor elkaar zijn. Al begint het maar met te luisteren, elkaar serieus te nemen en de bereidheid om onze vooroordelen thuis te laten.

In de eerste Petrusbrief gaat het ook over stenen. De apostel schrijft: 'en laat je ook zelf als levende stenen gebruiken voor de bouw van een geestelijk huis'. Daar heb je ze weer; die levende stenen. Petrus beschrijft de gemeente als een bouwwerk. Als je kijkt naar de huizen zoals ze in onze tijd gebouwd worden, dan kun je nauwelijks spreken van levende stenen: het is allemaal fabriekswerk, prefab. De ene steen is precies gelijk aan de andere.
Petrus denkt ongetwijfeld aan andere stenen: stenen zoals je ze tegenkomt in de ongerepte natuur. Met alle mogelijke kleuren, maten en vormen. Met ronde of juist hoekige en puntige vormen, grote en kleine, mooie en lelijke.
Ze worden gebruikt en gebouwd tot een huis ter ere van God.

Het aardige is dat er geen enkele steen bij is die niet gebruikt kan worden. God heeft er altijd wel een plekje voor.
Stenen met hoekige punten: gemeenteleden die niet gemakkelijk zijn en zich moeilijk kunnen invoegen, een beetje dwars en eigenzinnig.
Kleurrijke stenen: creatievelingen die altijd flitsende ideeën hebben.
Stevige stenen waar je op kunt bouwen: de mensen die er gewoon altijd zijn en op wie je nooit tevergeefs een beroep doet.

Kleine steentjes die mooi gebruikt kunnen worden om tochtgaten op te vullen: gemeenteleden, die niet graag op de voorgrond treden maar op hun bescheiden manier belangrijke samenbindende krachten vormen.
Stenen, met de scherpe kantjes eraf gesleten: ouderen, die door het leven gekneed en gevormd zijn, mild en wijs geworden, die veel begrijpen en goed kunnen luisteren.
Elke steen weer anders; elke steen een uniek mensenkind, ontsproten aan de hand van onze creatieve Schepper. Allemaal zijn we bruikbaar en belangrijk.

We hebben er moeite mee om elkaar zo te zien en te respecteren, als waardevolle stenen van het huis van God, die elkaar opbouwen hoe verschillend ze ook zijn. Het gaat in de gemeente lang niet altijd liefdevol toe; we kunnen ons ergeren en we hebben weleens de neiging om maar thuis te blijven. Laten we dan eens proberen te kijken naar de gemeente als een bonte verzameling stenen die door Gods veelkleurige genade zijn samengevoegd tot een huis dat Hem lief is. En hoe heerlijk het is dat wij daarbij mogen horen, want zeg nu zelf: zo perfect zijn wij ook niet! We mogen meebouwen, ons leven heeft zin. Wij zijn al gevonden. We zijn niet alleen in een zinloos en zwijgend heelal. Wat een voorrecht!

Petrus zegt: je hoeft er niet aan te twijfelen dat God jou wil gebruiken voor de bouw van zijn huis, maar de vraag is of wij het willen.
God laat ons de keuze en dwingt ons niet. Hij stelt zich kwetsbaar op. Hij dingt naar onze hand. Hij wil dat wij uit liefde en in vreugde voor Hem kiezen, maar nooit zet Hij ons het mes op de keel. Als wij niet komen en geen levende steen willen zijn, staat God met lege handen. Maar bedenk dan wel dat een steen alleen ook maar een eenzaam ding is.

Gods Geest wil niets liever dan ons samenbinden tot een levende gemeenschap, een bonte verzameling van veelkleurige genadegaven waarmee we elkaar kunnen verrijken.
Het is niet zo'n keurig gebouw, het is ook niet af. Want levende stenen passen nooit helemaal op elkaar. Het tocht er af en toe flink, door de kieren heen, maar dat betekent ook dat de Geest van God er kan waaien, dat de vlam van het geloof en van de liefde telkens opnieuw aangewakkerd kan worden. Totdat wij eenmaal voorgoed verzameld zullen worden en thuis mogen komen bij God, van aangezicht tot aangezicht.
Want alles is uiteindelijk tot eer van Hem,
de Enige, de Allerhoogste, ons Licht en ons Leven. Amen.

Honderd jaar
Menigerlei Genade
Een wereld van verschil

door Aarnoud Jobsen

6 De eeuw van onze voorgangers

Wie honderd tot honderdvijftig jaar teruggaat in de tijd en een kijkje neemt in de diensten van de Gereformeerde Kerken van destijds merkt talloze verschillen op. Van een liturgie is nauwelijks sprake. Er worden psalmen gezongen uit de berijming van 1773. Het aantal te zingen psalmverzen blijft gering. In de morgendienst wordt soms 'De Wet' gelezen, een aanduiding voor de Tien Geboden uit Exodus 20:1-17. Soms speelt ook de Apostolische Geloofsbelijdenis een rol in de liturgie. Uit die wet wordt duidelijk hoe groot de zondeschuld is die elke kerkganger draagt. In een 'verootmoedigingsgebed' kan dat tot uiting gebracht worden. Geleidelijk aan ontstaat een trits van 'verootmoediging', 'genadeverkondiging' en 'regel der dankbaarheid'. Maar dat is honderd jaar geleden nog geen regel. Soms leest een voorlezer de Wet voor, soms ook andere Schriftgedeelten. Nooit zal een vrouw deze taak op zich nemen.

De preek duurt lang. Als de omvang van de preken uit *MG* een maatstaf is, dan duurt een preek een uur. Na ruim een halfuur wordt de preek onderbroken door een 'tussenzang', een psalmvers dat soms een verbinding slaat tussen het meer thematische en exegetische gedeelte in de preek en de toepassing die daarna volgt. In het tweede gedeelte van de preek ligt de nadruk nog meer op de verbinding met het persoonlijk geloofsleven. Vermaning krijgt het zwaarste accent, maar vermaning en vertroosting kunnen elkaar soms opvolgen. Wie er zeker van is een kind te zijn van God, kan Gods genade in en door het verzoenend lijden en sterven van Jezus Christus als een bron van troost en vreugde beschouwen. Er blijft veel onzekerheid. Alleen bekeerde mensen zijn ervan verzekerd dat ze zich Gods heil mogen toe-eigenen en dat ze deel uitmaken van het verbond. Teksten uit het Oude Testament komen vaak voor. Vooral teksten uit de profeten kunnen de mensen doordringen van hun zondige staat. Voor de predikant is het dan de kunst om uiteindelijk toch op een nieuwtestamentische wijze uit het Oude Testament te preken, zoals op dat moment de norm is. De gemeente vereenzelvigt zich met het Israël uit het Oude Testament. Tegelijkertijd is Christus de spil waar het ook in het Oude Testament om draait.

Van de hoorders wordt een grote mate van bijbelkennis verwacht. Er wordt in één preek vaak op verschillende teksten gezinspeeld. Het leven van de hoofdpersonen uit de Bijbel wordt als bekend verondersteld. Zonder onderwijs in de 'Bijbelse Geschiedenis' op de 'School met den Bijbel', zonder de catechese, zonder de bijbellezing aan tafel thuis – soms meer keren per dag – is een preek in de Gereformeerde Kerken van die tijd niet te volgen.

Kwesties rond de kansel

Er zijn gemeenteleden die een antenne hebben ontwikkeld voor allerlei nuances in de prediking. Jonge, maar ook oudere predikanten hebben het niet gemakkelijk. Deze gemeenteleden, die soms ook deel uitmaken van de kerkenraad, sparen hun kritiek niet. Wat in de ene gemeente nog wel kan, kan in een andere gemeente niet. De 'ligging' van een gemeente verschilt soms van dorp tot dorp. Die ligging heeft vaak ook te maken met de recente kerkgeschiedenis van een plaatselijke gemeente.
Sommige kwesties blijven spelen. Mag je ervan uitgaan dat de hoorders in de kerk deel uitmaken van één verbond? Maar hoe kan dat als in één kerk bekeerde en onbekeerde mensen door elkaar heen zitten? Moet je die op dezelfde manier aanspreken? Is bekering een mogelijkheid voor veel mensen in de gemeente, of blijft de groep van bekeerden betrekkelijk klein? In de theologie van die tijd wordt wel onderscheid gemaakt tussen het 'uitwendig' verbond en het 'inwendig' verbond. Tot het inwendig verbond behoren alleen de bekeerde mensen. Die bekering biedt de vaak voorzichtig en nederig uitgesproken zekerheid een kind van God te zijn, te behoren tot de groep 'uitverkorenen', mensen die God bij voorbaat al uitgekozen heeft om deel uit te maken van zijn genadeverbond. Ze zullen uiteindelijk 'behouden' blijven. Voor wie dat niet kan zeggen, voor wie daaraan twijfelt, blijft de last van de zonde zwaar wegen. Ze lopen de kans dat ze bij hun sterven buiten het heil van God staan. Dat wordt nog schrijnender als het om kinderen gaat. Kindersterfte komt in de 19e eeuw vaak voor. Ook sterven moeders in het kraambed. Tot ver in de 20e eeuw komt sterfte onder kinderen en jonge mensen veel vaker voor dan nu het geval is. De Spaanse griep, de tuberculose vooral onder jongeren, en sommige nu vrij eenvoudig te behandelen infectieziekten, maken vele slachtoffers. Is je gestorven kind dan 'bij de Here Jezus', of komt bij alle verdriet om je overleden kind ook nog de twijfel dat het 'voor eeuwig verloren zou gaan'?

De dogmatische oplossing die vooral door Abraham Kuyper wordt verdedigd, die van de 'veronderstelde wedergeboorte', waarbij men mag aan-

nemen dat elk gedoopt kind een kind van God is totdat het tegendeel zal blijken, heeft wellicht ook een pastorale motivering. Vanuit deze gedachte trouwens worden kinderen al heel jong gedoopt. Vaak direct de volgende zondag na de geboorte, terwijl de moeder nog in het kraambed ligt.
Voor anderen is de 'oplossing' van de veronderstelde wedergeboorte weer te gemakkelijk. Men is bang dat mensen minder ernst zullen maken met hun persoonlijke weg van bekering.
Het voert te ver om deze zaak helemaal uit te werken. Maar het is een uiterst belangrijke zaak: 'behouden worden' of 'verloren gaan'. Tot op het laatst van iemands leven wordt soms gewacht op een 'laatste woord' van de stervende waaruit kan blijken dat hij of zij wedergeboren is.

Bij afwezigheid van de dominee
Het is niet regel dat in elke kerkdienst een predikant voorgaat. Sommige gemeenten zijn eigenlijk te klein om het traktement voor een predikant en zijn jonge gezin op te kunnen brengen. Ze blijven soms jaren vacant. En als een 'kandidaat' zich dan laat beroepen, dan vertrekt deze veelal na enkele jaren: een grotere gemeente biedt hem en zijn gezin meer financiële armslag. Daarnaast is de positie van een jonge predikant vaak ook eenzaam. Men is niet altijd opgewassen tegen de uitgesproken en vaak onuitgesproken verwachtingen van de gemeente en vaak ook niet tegen de gezagvolle stemmen van ouderlingen die decennialang een stempel op de gemeente kunnen drukken.
Het moet voor een predikant van die tijd niet gemakkelijk geweest zijn te horen dat er gemeenteleden zijn die liever 'thuis' blijven lezen. Ze maken doorgaans gebruik van prekenbundels van de 'Oude Schrijvers', de in de Nadere Reformatie toonaangevende predikanten als Teellinck, Smytegelt, Van der Groe, Brakel en Koelman. De preken van de rechtzinnige hervormde predikant A.P.A du Cloux worden ook geruime tijd gelezen. Tot op de dag van vandaag. Verder kan de orthodoxe baptist J.C. Philpot genoemd worden. Preken van Engelse puriteinse predikanten staan in hoog aanzien. Daarnaast is er veel lectuur over bekeringsgeschiedenissen, juist van 'gewone' of 'eenvoudige' mensen. Wie een hagiografie van een in de Rooms-Katholieke Kerk geliefde heilige vergelijkt met deze geschriften, ziet soms opmerkelijke overeenkomsten.

Er speelt nog veel meer. In de 19e eeuw is het niet altijd gebruikelijk dat een predikant academisch geschoold is. Hij beschikt dan over 'singuliere gaven', of 'hij is van God zelf geleerd'. Soms gaat aan zijn predikantschap een periode vooraf waarin hij als oefenaar in verschillende gemeenten rondpreekt. Bij bepaalde gemeenteleden heeft een oefenaar een streepje voor. Dit zijn 'van God doorgeleide mensen'. De oefenaars zijn tot en met thuis in de 'tale Kanaäns', de geloofstaal met als bron de Statenvertaling, een taal die verder is ontwikkeld in de prediking van de Nadere Reformatie. Deze taal kan fungeren als een 'codetaal', een taal waarin de staten en standen van het persoonlijk geloofsleven worden benoemd. De staten en standen worden ook wel 'stukken en brokken' genoemd. Deze codetaal wordt ook gebruikt in plaatselijke gezelschappen, bijeenkomsten van mensen die de pretentie hebben 'wedergeboren' te zijn. Als een predikant langs de meetlat van zo'n gezelschap wordt gelegd, wordt hij vaak als te licht bevonden. Wee de predikant die vooral 'voorwerpelijk' preekt. Een min of meer objectieve uitleg van de Schriften is veel te weinig. Als de predikant dan zich al te geleerd of te academisch opstelt, is dat nog meer een reden om eraan te twijfelen, of hij zelf wel bekeerd is. Een diep doorleefde, 'bevindelijke' prediking is bij verschillende gemeenteleden geliefd. Bijvoorbeeld de grote Abraham Kuyper heeft ooit in Beesd zijn Pietje Baltus als critica gehad. Deze ontmoeting heeft legendarische trekken aangenomen. Pietje Baltus was een van de velen, waar een predikant tijdens zijn pastoraat mee te maken kreeg. Mensen die soms niet bij hem in de kerk wilden komen... Voor ervaren predikanten is het een erezaak als een preek in druk verschijnt. Vaak gebeurt dat met afscheidspreken. Soms is een predikant zo befaamd dat een uitgever er brood in ziet zijn preken uit te geven. Zulke prekenbundels bieden ook materiaal aan de vele preeklezers. Daarnaast zijn er periodieken waarin preken worden uitgegeven. Christelijke afgescheiden predikanten geven de zogenaamde stuiverspreken uit. Ze hebben grote diensten bewezen in de afgescheiden gemeenten. Zo leest men de preken van Donner, Dosker, Gispen en Beuker. In 1886 komt uit de hoek van de dolerenden de prekenserie *Uit de diepte* uit. Talloze mogelijkheden dus voor een preeklezer. Maar voor een vacante gemeente kan de persoonlijke voorkeur van een preeklezer, vaak de hoofdonderwijzer van de School met den Bijbel, weleens storend werken. Kerkenraden moeten hierop toezien. Het vinden van een 'geschikte preek' is dus niet altijd eenvoudig in een kerkelijk klimaat, waarin de weerklank van de verschillende stromingen waaruit de Gereformeerde Kerken zijn samengekomen, nog duidelijk te horen is. Het verschil in gemeenten van A (afscheiding) of B (doleantie) en in een enkele plaats nog meer aanduidende letters, die in één plaats lang naast elkaar blijven bestaan, duidt de spanningen maar ten dele aan.

Wegen scheiden

Er zijn verschillende data van belang. In 1892 het samengaan van de

christelijke gereformeerde gemeenten afkomstig uit de sfeer van de Afscheiding van 1834 en daarna, en de dolerende gemeenten van 1886, waaraan de naam van Abraham Kuyper in het bijzonder verbonden is. Dat is het ontstaan van de Gereformeerde Kerken in Nederland.
De christelijke gereformeerde gemeenten waren plaatselijk vaak al voortgekomen uit fusies met kruisgezinde gemeenten. Die fusie vindt plaats in 1869: het ontstaan van de Christelijke Gereformeerde Kerk.
Andere kruisgezinde gemeenten gaan een min of meer losse samenwerking aan met de ledeboeriaanse gemeenten. In de periode 1836-1907 ontstaan er losse gemeenten waarvan er een aantal wordt bearbeid door Ledeboer. In Zeeland zijn het Van Dijke en Bakker die ledeboeriaanse gemeenten bedienden. Heel lang is dat een vrij los verband van gemeenten geweest, die we vooral vinden in de 'Biblebelt' en die in 1907 door Kersten binnen het verband van de Gereformeerde Gemeenten zijn gebracht. Met gedurende de periode 1834-heden nog steeds scheuringen en samengaan. Te veel om op te noemen.
In 1892 gaan drie gemeenten van de christelijke gereformeerde gemeenten niet mee met de fusie: zij zetten de Christelijke Gereformeerde Kerk voort.
In 1905 tracht de synode een soort pacificatie tot stand te brengen tussen degenen die de inzichten van Kuyper volgen en degenen die daar meer moeite mee hebben.

Steeds duidelijker maakt men zich losser van de ultrabevindelijke sfeer van de ledeboeriaanse en andere vrije gemeenten. Het wordt steeds meer regel dat een predikant een academische studie gaat volgen. Sommige predikanten promoveren en nemen een toonaangevende positie in, vooral in de grotere plaatsen. Hun namen en geschriften zijn vaak in het hele land bekend. Ze maken deel uit van de synode en vaak ook van het synodepresidium. Soms worden ze hoogleraar, hetzij aan de Vrije Universiteit (VU), hetzij aan de Theologische School in Kampen. Overigens was er tussen deze opleidingen de nodige animositeit. Er zijn ook steeds pogingen ondernomen om de twee theologische opleidingen te fuseren. B. Wielenga, die samen met P.A.E. Sillevis Smitt in de eerste redactie van *MG* zit, heeft zich daar sterk voor gemaakt. Zijn pogingen en die van anderen lopen op niets uit, ondanks de uitspraak van de synode van 1902. Wat wel gebeurt, is de wisseling van de leerstoelen van H. Bavinck en P. Biesterveld, met als gevolg een tijdelijke leegloop van de school in Kampen.
Overigens blijven hoogleraren nauw verbonden aan het kerkelijk leven. Ze blijven zelf preken en ook hun preken publiceren. In *MG* zijn ze vaak gevraagde auteurs. Soms maken ze deel uit van de redactie.

Enige jaren voordat MG wekelijks begint te verschijnen, wordt het in 1908 door de synode van Amsterdam aan studenten, die nog geen preparatoir examen hebben afgelegd, niet langer toegestaan voor te gaan in kerkdiensten. In 1911 wordt dit besluit door de synode bekrachtigd. Dat betekent in de praktijk dat studenten pas als proponent in gemeenten mogen voorgaan. Daarmee worden vacante gemeenten nog meer gedwongen om een leesdienst te houden. De uitgave van MG komt veel kerken als geroepen. Hierboven hebben we al een aantal andere mogelijkheden genoemd. Soms beschikt een kerkenraad over een gedrukte prekenbundel. Als die uit is, begint men soms opnieuw met dezelfde bundel. Er is steeds meer behoefte aan een constante stroom verversing van preken voor een redelijke prijs. Een betrouwbare uitgave zou een kerkenraad ook veel keuringswerk en discussie kunnen besparen.

Begin van Menigerlei Genade

Menigerlei Genade is dus geen direct initiatief van de synode. Uit de verslagen van de visitatoren van de classis Apeldoorn (1900-1920) komt de situatie in de gereformeerde kerk van Kootwijk aan de orde. In de school van Kootwijkerbroek, een soort dependance van de plaatselijke gemeente, wordt veelvuldig preek gelezen. De visitatoren geven daarbij het advies om gebruik te maken van de bundels van H. Hoekstra en P.A.E. Sillevis Smitt en later ook van MG. Men raadt het gebruik van de bundels van Wulfert Floor, Spurgeon, Van der Groe en nog oudere oudvaders af. Later ontstaat er in Kootwijkerbroek een aparte gereformeerde gemeente, waarin deze prekenbundels wel in goede aarde vallen.
De prekenserie MG ontstaat in een kerkelijk klimaat waarin het voorgaan van oefenaars wordt teruggedrongen. Tegelijkertijd bestaat er een spanningsveld tussen de liefhebbers van bevindelijke en meer dogmatische preken. Voor sommige leden van de kerken zal het terugdringen van de sfeer van de Nadere Reformatie een reden zijn om zich aan te sluiten bij een plaatselijke christelijke gereformeerde kerk of een gereformeerde gemeente.

Van 1911-1917 bestaat de redactie uit de gepromoveerde predikanten P.A.E. Sillevis Smitt en B. Wielenga. Sillevis Smitt is in 1910 predikant geworden in Amsterdam. In dat zelfde jaar is hij aan de VU gepromoveerd bij Bavinck. In 1912 wordt hij hoogleraar Ambtelijke vakken aan de VU. Sillevis Smitt is de zoon van W.G. Smitt, kruisdominee te Den Haag. Deze heeft daar een groot aandeel gehad in de vereniging van de kruisgezinden en de afgescheidenen in 1869. Sillevis Smitt treedt in het spoor van zijn vader. Zijn eerste gemeente, Monster, was nog een van oorsprong afgescheiden gemeente; zijn tweede gemeente Rotterdam, een dolerende. In Rotterdam blijven A en B aanvankelijk naast elkaar bestaan; in 1908 worden de betrokken kerken in alle opzichten één, mede onder invloed van Sillevis Smitt. Als hoogleraar wordt Sillevis Smitt beperkt door zijn zwakke gezondheid en kan hij zich niet echt profileren. Wel is hij nog rector magnificus geweest van 1916-1917. Op 24 februari 1918 is hij overleden. De voorletters P.A.E. gaan steeds van vader op zoon over. P.A.E. Sillevis Smitt (1901-1937) wordt een van de eerste medestanders van Geelkerken en dient de Gereformeerde Kerk in Hersteld Verband als predikant te Haarlem.

De andere redacteur, B. Wielenga, studeert in Kampen, waar hij de invloed van Herman Bavinck ondergaat, en in Heidelberg, waar hij in 1899 promoveert op Spinoza. Van 1911-1940 is hij predikant te Amsterdam. De beide redacteuren kennen elkaar dus uit hun Amsterdamse tijd. Theologisch gezien vinden beiden hun wortels in het milieu van de 'Afscheiding'. Wielenga heeft zich beijverd voor de samensmelting van de twee theologische opleidingen. Hij richt in 1911 met de hervormde predikant W.J. Aalders het blad *Stemmen des Tijds* op. Culturele onderwerpen worden hier vanuit een christelijk perspectief besproken. Wielenga blijkt daarin ook een kenner te zijn van de literatuur van zijn tijd. In 1912 bedankt hij voor de benoeming als hoogleraar Ambtelijke vakken in Kampen. Hij behoort tot de beweging van de 'jongeren' die een zekere vernieuwing in de Gereformeerde Kerken poogt te bewerkstelligen. Als redacteur is hij ook betrokken bij het in 1920 opgerichte blad *De Reformatie*. Daar krijgt hij te maken met de eindredacteur V. Hepp, die steeds meer tegen de beweging van de 'jongeren' polemiseert. Wielenga probeert bij de hoogoplopende spanningen rondom Geelkerken een verzoenende rol te spelen. Daartoe publiceert hij in 1925 zijn brochure *Ons aller moeder*. Wielenga heeft de kwestie Geelkerken waarschijnlijk als traumatisch ervaren. Hij blijft lid van de Gereformeerde Kerken, maar treedt niet meer op de voorgrond. Wel blijft hij tot aan zijn dood in 1949 bij de redactie van MG betrokken.

Reacties op de eerste jaargangen

Sillevis Smitt en Wielenga komen dus uit de 'school van Bavinck'. Twee zeer begaafde predikanten die de breedte van de Gereformeerde Kerken uit hun eigen familiegeschiedenis kennen.

De eerste zeven jaargangen van MG kennen een voorwoord. In het eerste voorwoord wordt verwezen naar de uitgave van 'veelszins uitnemende leerredenen' die zo nu en dan worden uitgegeven. De leerredenen bieden een verbinding met het kerkelijke jaar. Opmerkelijk is dat de redacteuren de formulering 'zuivere prediking' gebruiken. Als kenmerken van de nieuwe serie worden geformuleerd: 'een indringende studie van de Heilige Schrift, om haar naar den zin des Geestes te verstaan; wanneer in alle leerredenen dezelfde bedoeling uitkomt, om de Gemeente des Heeren te bouwen op den bodem van het Verbond der Genade; wanneer bij de bewerking met getrouwheid en teederheid wordt gerekend met de nooden van het menschelijk hart, en wanneer de inhoud niet langs de levensvragen van onzen tijden henengaat, maar wil wezen de levende verkondiging van het Woord Gods, dat voor alle tijden, maar ook voor elke tijd bijzonder is.' Als doelgroepen worden in het voorwoord de vacante kerken genoemd, maar ook 'huis en binnenkamer'.

De eerste serie leerredenen wordt zeer goed ontvangen, getuige de recensies in 'bevriende' periodieken. Alleen het *Geïllustreerd Gezinsblad* neemt een kritischer houding aan. De recensie gaat in op de lengte van de preken: 'Heeft nu werkelijk een tekst, als hier behandeld, zóóveel "verklaring" noodig, zooveel omhaal van woorden?' Op een humoristische toon gaat de recensent verder: 'Och, indien Paulus zoo'n preek nog in zijn handen kon krijgen, wat zou hij vreemd staan te zien, en misschien wel een beetje geërgerd vragen: "Heb ik me in mijn brief aan mijne vrienden te Filippi nu toch zóó onduidelijk uitgedrukt, dat zoo'n enkele zinsnede daaruit voor de Christenen uit de twintigste eeuw zooveel 'uitlegging' behoeft?"' Verder schrijft hij: 'En wat zou de oude Psalmdichter Asaf zeggen, indien hij las, dat hij, volgens Ds. Van der Linden, met zijn heerlijken uitroep: "Wien heb ik nevens U in den hemel!" ... **Christus** bedoelde.' Deze recensie is de enige in zijn soort. De andere zijn vrijwel zonder enige reserve enthousiast over de uitgave.
Voor mensen die niet meer naar de kerk kunnen gaan, is de uitgave een uitkomst: voor de (langdurig) zieken, voor ouden van dagen. Iemand noemt zelfs in het bijzonder de doven. De recensent van *De Heraut* wijst erop dat een preek niet meer dan één keer in dezelfde kerk gelezen kan worden. Met een wekelijks te verschijnen 'nieuwe preek' zal dat niet meer gebeuren. In *De Heraut* haalt men ook het synodebesluit aan over het verbod dat studenten voorgaan in een dienst.
Het vertrouwen in de redactie is groot. Het *Friesch Kerkblad* schrijft: 'Van mannen als Sillevis Smitt en B. Wielenga mag verwacht worden, dat zij al het mogelijke zullen doen om het beste te leveren wat er op dit gebied te leveren is, en om daartoe zich van de medewerking der uitnemendste Gereformeerde predikers van ons Vaderland te verzekeren.'
Over de faam van de eerste medewerkers van MG schrijft *De Nederlander*: 'Het is niet euvel te duiden, dat de beide redacteuren met de beste

paarden uit rijden gaan op hun eersten tocht.' Een van de recensenten schrijft zelfs: 'Met genot hebben we deze preeken doorzien.' Een ander: 'Het is een genot deze predicaties te lezen of te hooren.' De loftuitingen blijven volgen, ook wanneer *MG* al enige tijd verschijnt. Een recenserende predikant gaat uitgebreid op verschillende preken in. Hij komt tot een opmerkelijk conclusie: 'Ik wil de bespreking van enkele der leerredenen uit deze uitgave, waarvan ik ook andere met veel genot las, eindigen met een bekentenis en wel deze: Ik kocht nooit preeken, immers ik maakte ze zelf. Toch geloof ik, dat het goed is leerredenen als deze te koopen en te lezen. Mijn broeders in de bediening des Woords raad ik met den aandrang, een pas bekeerde eigen, deze preeken te koopen, in te tekenen op deze jaargang...' Hiermee wordt dus een laatste doelgroep voor *MG* genoemd: predikanten die van hun collega's willen leren...

Vooraanstaande mannen

De redactie nodigt ervaren en 'uitnemende' predikanten uit om mee te werken. De prediker H. Hoekstra bijvoorbeeld maakt van vijf verschillende synodemoderamina deel uit, waarvan tweemaal als preses. De latere redacteur J.C. de Moor maakt van vier moderamina deel uit, waarvan tweemaal als preses. W.H. Gispen jr. heeft dezelfde namen als zijn vader, die zijn sporen al verdiend had in eerdere publicaties van leespreken. Gispen sr. is de eerste preses van de Gereformeerde Kerken, samen met A. Kuyper. Gispen jr. is in 1905 een van de twee scribae van de synode van Utrecht. In de jaren dertig en veertig komen we J.L. Schouten vier keer tegen, eenmaal als assessor en driemaal als preses. Ook voor B. van Schelven gaat dit op. Tweemaal is hij preses, in 1905 en in 1911. Daarna nog in 1917 assessor. Andere namen uit het 'synodecircuit' die in de eerste uitgave voorkomen: C. van Proosdij, J.G. Kunst, G. Keizer en A. de Geus. Opmerkelijk is ook dat J.B. Netelenbos, destijds nog predikant te Heerenveen en later te Middelburg aan de eerste jaargang meewerkt. Later zal er immers een 'kwestie Netelenbos' ontstaan. In 1920 wordt de afzetting van Netelenbos definitief. Kort daarna wordt hij predikant in de Nederlandse Hervormde Kerk. Ook de befaamde J. Ridderbos werkt aan de eerste jaargang mee. Van 1913-1950 is hij hoogleraar Exegese Oude Testament aan de Kamper Hogeschool.

Aan de totstandkoming van *MG* ligt geen direct synodebesluit ten grondslag. Wel is duidelijk dat het initiatief breed gedragen wordt door voormannen uit de synode. *Menigerlei Genade* kan zo een zekere norm stellen voor de prediking.

Actualiteit

Bij het voorwoord bij de tweede jaargang toont de redactie zich tevreden over de ontvangst van *MG*. De goede reacties van gebruikers en recensies worden genoemd. Bovendien wordt *MG* ook gebruikt in Nederlands-Indië, in Amerika en in Afrika. Bij het derde voorwoord geeft de redactie aan het aantal medewerkers te gaan beperken. Daarnaast komen er voor de vacante kerken 'gelegenheidspredikaties', voor het biduur en dankuur voor het gewas en de voorbereiding voor de avondmaalsviering. Dan staat er een opmerkelijke zin: 'Het gevaar is echter niet denkbeeldig, dat onze uitgaaf, door het den vacanten al te gemakkelijk te maken, bij sommigen den gezonden drang naar het beroepen van een eigen dienaar des Woords zou kunnen doen verslappen.' Om die reden staat men ook aarzelend tegenover het idee een volledige serie catechismuspreken uit te geven. Toch zal dat in de volgende jaargang gebeuren, nadat daarop sterk is aangedrongen, vooral door de vacante kerken. Dat gebeurt dan wel met een beperkt aantal medewerkers: B. Wielenga, P.A.E. Sillevis Smitt, J.C. de Moor, L. Lindeboom, C. van Proosdij, G. Wielenga en H. Hoekstra. Grote namen in de Gereformeerde Kerken van die tijd.[3]

Het vijfde voorwoord is gedateerd op 1 mei 1915. De jaargang met de catechismuspreken is nu afgerond. De redactie brengt onder woorden hoe men de Eerste Wereldoorlog beleeft: 'een verbijsterend onweder over de volken (...) dat ons land van dag tot dag zou bedreigen'. Terugkijkend op de voorafgaande jaargang geeft men dan aan dat het gezien de 'nood der tijden' wijzer was geweest om op dat moment geen jaargang alleen aan catechismuspreken te wijden. Toch wilde de redactie de reeks niet onderbreken. Ze stellen daarbij: 'Maar bovendien, terwijl we dezen nieuwen jaargang beginnen, duren de verschrikkingen van den oorlog nog voort en is de behoefte nog niets verminderd, om te midden van de beroering der tijden te grijpen naar de sterkte van het Woord Gods, en dat Woord als een licht op te heffen boven het donkere pad, waarin de hand des Heeren de volken leidt.' In latere preken waarin het oorlogsgeweld van de Tweede Wereldoorlog aan de orde is, komt dit theologische inzicht van Gods bemoeienis met de geschiedenis aan de orde.

Uit het voorwoord blijkt ook dat tijdens de Eerste Wereldoorlog het kerkbezoek is toegenomen: 'Wij twijfelen niet, of in de dagen, waarin meer

---

3 In de hoofdstukken 14 t/m 17 besteden we apart aandacht aan de inhoud van de catechismuspreken.

dan tevoren in de bedehuizen de scharen zich verdringen, zal de ontvouwing van het Woord Gods ook in geschrifte aan velen welkom zijn.'[4]

De contouren zijn aangegeven

Het zesde voorwoord, gedateerd april 1916, gaat eerst in op de vaste plaats die MG veroverd heeft 'onder ons gereformeerde volk'. Daarnaast: 'Het aantal vacante kerken is in den laatsten tijd meer toegenomen dan verminderd. In menige stille woning is de wekelijksche predikatie een welkome gast, die oude en nieuwe dingen brengt. En vooral, in de benarde tijden die wij beleven, waarin de geesel van den oorlog met den dag feller neêrdaalt op de reeds zo doorploegde volken, is er meer dan ooit behoefte aan het licht van Gods getuigenis.'
Het zevende voorwoord, gedateerd mei 1917, is het laatste dat in MG verschijnt. Of dat te maken heeft met de wisseling van de redactie in 1918 na het overlijden van Sillevis Smitt, is niet bekend. Wellicht is de stijl van MG nu wel duidelijk genoeg. Men gaat in op de wensen van kerken om bijzondere stof aan te leveren die vooral voor feestdagen en bid- en dankdagen geschikt is. Ook is er specifiek gevraagd om preken die expliciet op de nood van de tijd in zouden gaan. De redactie heeft die wens niet strikt opgevolgd, maar meldt dat er in de verschillende preken genoeg aandacht aan de actualiteit is besteed. Opnieuw geeft men aan dat MG geen excuus kan zijn om niet alles in te zetten op de vervulling van een predikantsvacature: 'Indien "Menigerlei Genade" oorzaak werd, dat vacante kerken zich ook zonder eigen leeraar behaaglijk gingen gevoelen, zou ons werk voor hen niet een zegen zijn, maar een ramp worden.'
In de laatste alinea wordt ingegaan op de ernstige ziekte van Sillevis Smitt. Na zijn overlijden volgt J.C. de Moor hem als redacteur op. In de periode die nu volgt behoort Geelkerken tot de vaste auteurs van MG. Zijn laatste preek in MG verschijnt in het najaar van 1924...

Vergeleken met andere prekenseries

In zijn artikel in het *Gereformeerd Theologisch Tijdschrift* uit deze tijd bespreekt de Kamper hoogleraar en homileticus T. Hoekstra MG en zijn Indische tegenhanger *Uit de Levensbron* naast enkele prekenbundels die verschenen zijn bij een 25-jarig ambtsjubileum. De laatste preek van Geelkerken in MG wordt daarin nadrukkelijk als voorbeeld gesteld, overigens zonder dat de auteur wordt genoemd. Dat gebeurt in het hele

4 In de hoofdstukken 7 t/m 13, over tijdsbeelden in de preken, gaan we dieper in op de actualiteit.

artikel trouwens niet. Er wordt alleen verwezen naar de jaargang en het nummer. Hoekstra bespreekt de preek van Geelkerken in het kader van de tekstkeuze, die vaak oudtestamentisch is. Er wordt in *MG* veel over het Oude Testament gepreekt. Dat noemt hij een goede 'Gereformeerde traditie'. Daarbij tekent hij aan: 'Over Oude Testamentische teksten preeken is echter niet gemakkelijk. De prediker moet de kunst verstaan, om, gelijk mijn collega Ridderbos het eens uitdrukte, over het Oude Testament Nieuw-Testamentisch te preeken.' Hij haalt dan een voorbeeld aan, waar dat naar zijn oordeel niet is gelukt: 'De prediker vergat den tekst onder de lamp van het N.T. te plaatsen (...) Neen, dan is veel beter de preek uit den Veertienden Jaargang no. 14, die handelt over de geschiedenis van Josafat's gebroken schepen. Dit is een Nieuw-Testamentische preek over een Oud-Testamentischen tekst. Zij laat tegelijk zien, dat over een tekst met weinig gegevens een goede preek te maken is, wanneer hij maar onder de juiste belichting kwam te staan.'[5]

Hoekstra vergelijkt *MG* met de Indische prekenserie *Uit de Levensbron*. In 1920 zijn 'de Gereformeerde kerken in Nederlands-Oost-Indië' met deze uitgave begonnen. Tot de doelgroep behoren ook degenen 'die in het groote Indië op ondernemingen en eenzame posten wonen en bijna nooit in de gelegenheid zijn bij de bediening de Woords tegenwoordig te wezen'. Hoekstra heeft kritiek op het gegeven dat ook predikanten zonder de nodige ervaringen worden uitgenodigd om een preek te leveren. Hij pleit ervoor om in plaats van deze onervaren predikanten die in Indië werkzaam zijn, te kiezen voor ervaren predikanten in Nederland die voldoende met de Indische toestanden op de hoogte zijn. Hij adviseert de hulp in te roepen van predikanten die hun sporen hebben verdiend in *MG*.
Hoekstra constateert dat de preken actueel zijn. Hij juicht toe dat de 'vermaning, der wereld niet gelijkvormig te worden, in vele variaties is herhaald'. De preken in de Indische prekenserie zijn ook veel korter. Veel preken vindt hij exegetisch zwak. Tegen al te populair taalgebruik heeft hij bezwaren. Zo geeft hij als laakbare voorbeelden: 'de wijzen van hart bedanken er *feestelijk* voor' en 'een *decadente bakvisch hunkert naar fijne bonbons*'. Hij schrijft ook: '*Leer*redenen (zoals er foutief op elken omslag in alle jaargangen staat) zijn deze preeken allerminst.' In het begin van zijn artikel juicht hij het toe dat na aflevering 25 van de

5 Zie over de plaats van het OT en NT in preken ook hoofdstuk 22, over de voorgangers en hun preken.

12e jaargang in *MG* het woord leerredenen is veranderd in predikatiën. Aan het eind van zijn artikel bespreekt Hoekstra drie prekenbundels uitgegeven bij een zilveren ambtsjubileum: die van J. Douma te Den Haag (1922), van W.A. van Es (zonder jaartal) te Leeuwarden en die van A. van Veldhuizen (1923). De laatste behoort tot de Nederlandse Hervormde Kerk. Hoekstra komt tot een gematigd positief oordeel: 'Het is leerzaam van de beste homileten buiten onzen kring preeken te lezen. We zien eens hoe anderen de ratio concionandi [homiletiek, *aj*] in de practijk toepassen. Terwijl we ons zelf blijven, en willen blijven, worden we geestelijk verrijkt en verfrischt. De preeken van Van Veldhuizen, waarin soms schitterende opmerkingen voorkomen, zijn voor dit doel uitnemend geschikt.'

Curaçao

In de geschiedschrijving van de gereformeerde kerk te Curaçao komt *MG* ook nadrukkelijk ter sprake. De belijdende leden die een tijdlang op Curaçao verblijven, bijvoorbeeld omdat ze uitgezonden zijn als politieman, komen op 29 december 1929 in de eerste huiskamerbijeenkomst bijeen. Eerst wordt er een preek uit *MG* gelezen, voordat men verder gaat met overleg over de toekomst. Op 29 januari 1930 vindt de officiële oprichting plaats van de 'Vereeniging tot bevordering van Gereformeerd kerkelijk leven op Curaçao'. Ook dan wordt er een preek uit *MG* gelezen. Het gaat om jaargang 19, aflevering 20, een preek van J. Hoek over 'De Stichting der gemeente', naar aanleiding van Handelingen 9:31. Een recente preek die kennelijk uitstekend geschikt is voor het doel.[6]

Menigerlei Genade *tijdens de Tweede Wereldoorlog*

In de eerste oorlogsjaren kan *MG* gewoon verschijnen. Dat verandert tijdens de 32e jaargang van 1942. Deze jaargang wordt onderbroken, niet omdat de bezetter het onmogelijk maakt dat *MG* verschijnt, maar vanwege papierschaarste. De laatste preek van 1942 van J.A. Schep heeft trouwens een veelzeggende titel: 'Laatste nodiging tot het heil in Christus', aan de hand van Openbaring 22:17a.

In 1946 kan *MG* weer verschijnen. Dan begint de 33e jaargang. De redacteur B. Wielenga neemt de eerste preek voor zijn rekening, getiteld: 'Wenend zaaien, juichend maaien', met als tekst Psalm 126:5b.

6 Zie in hoofdstuk 24 meer over het gebruik van MG op Curaçao.

Gelegenheidspreken

De bekende verzetspredikant F. Slomp, die in het verzet bekend was onder de naam Frits de Zwerver, heeft in het voorjaar van 1945 op zijn onderduikadres bij zijn collega J. Bavinck te Gramsbergen de balans van de oorlog opgemaakt. De aantekeningen voor een niet-uitgegeven brochure zijn eind 1997 ontdekt door Slomps zoon, J. Slomp, emerituspredikant. Er wordt verondersteld waarom Slomp dit concept niet uitgaf in de vorm van een brochure. Hij kreeg immers de kans om kort na de bevrijding overal in het land spreekbeurten te houden over 'De geestelijke achtergrond van het verzet'. Zelf heeft hij al vroeg ingezien welke bedreigingen het nationaalsocialisme en de komst van Hitler inhielden. Hij sprak daarover op de kansel en op kaderdagen van de ARP en bijeenkomsten van het CNV. Hij bleef uiterst kritisch, ook na de bezetting in 1940. Slomp keert zich tegen de angst die er bestaat in de kerk om zich duidelijk uit te spreken over politieke zaken. Zo was men voorzichtig om zich uit te spreken over de NSB, om mensen niet voor het hoofd te stoten. Zo merkt hij op: 'Men merkte in de prediking, zie maar de preeken in Menigerlei Genade, heel weinig van bestrijding van het nationaal socialisme.' En: 'Wanneer men de preeken in Menigerlei Genade mag nemen als een staalkaart hoe er in onze Gereformeerde kerken gepreekt wordt, dan merk ik in de jaren voor de oorlog daarin weinig strijd tegen het nationaal socialisme. Toen was er toch niet zooveel reden om bang te zijn.'

Slomp keert zich tegen een piëtistische tendens in de kerk waar hij deel van uitmaakt: 'De piëtist is tevreden met eigen ziele zaligheid. Hij maakt van de kerk in de eerste plaats een heilsinstituut. Alles moet dienen om de mensch in den hemel te brengen. Wordt dat bereikt, dan vervult de kerk zijn taak. Men gaat naar de kerk om gesticht te worden en men gaat daar waar men meent het meest gesticht te worden. De preek moet op de stichting berekend zijn. U weet wel, hier cirkelt alles om de mensch. En als ik nu preeken lees, *die gedrukt zijn* [cursivering, *aj*], en ik naga de preeken, die ik gehoord heb, dan meen ik dat veel van onze Gereformeerde preeken ook zoo "afgestemd" zijn.'

Aan het eind van zijn aantekeningen noemt hij voor de derde keer *MG* in kritische zin: 'Laten we er toch als kerk voor waken, dat we niet in de piëtistische hoek verzeild raken, maar laten wij onze geweldige taak zien. Die taak is door vele ambtsdragers veel te veel begrensd. Lees bijv. de preeken verschenen in Menigerlei Genade.'

Voor Slomp is *MG* maatgevend voor hoe er in de Gereformeerde Kerken gepreekt wordt. Hij uit zich met profetische passie tegen een gebrek aan

moed en tegen wat hij heilsegoïsme noemt.[7]
Wie overigens gelegenheidspreken leest van de redacteur K. Dijk ziet dat deze zich juist wel over politiek uitspreekt. Maar dan waarschijnlijk in een andere geest dan F. Slomp beoogt.[8]

De redacties

De redactie van *MG* vormt een constante factor. Verschillende redactieleden gaan door tot hun dood. Dat geldt voor Sillevis Smitt (1917), J.C. de Moor (1926) en ook voor de redacteur van het eerste uur B. Wielenga (1949). Dat betekent dat Wielenga bijna veertig jaar *MG* mede heeft geredigeerd. Geruime tijd deed hij dat samen met K. Dijk. Dijk heeft de meeste preken voor *MG* geleverd. Hij is 'koploper' met een totaal van 168 preken, waarvan de eerste verscheen in 1916 met als tekst Genesis 4:1-6a, getiteld 'Vijandschap', en de laatste in 1968 met als tekst Prediker 7:13-14, getiteld 'Aanschouw het werk Gods'. Meer dan vijftig jaar dus tussen de eerste en de laatste preek, waarvan vele preken in zijn redacteursperiode vielen. Beide predikanten verdienen het om meer aandacht aan hun biografie te besteden. Een aantal van hun preken wordt elders in dit boek voor het voetlicht gebracht.
Ook H. Mulder maakt geruime tijd deel uit van de redactie. We komen dan al in de jaren zeventig. Tot 1989 blijft Mulder deel uitmaken van de redactie. In 1988 neemt P. Schelling de taak van de overleden W. Bakker over en in 1990 neemt A. Jobsen de plaats in van Mulder, die met zijn redactiewerk stopt. De laatste kwarteeuw van *MG* blijven zij samen de redactie vormen.
De uitgever dringt erop aan dat er een goede regionale spreiding van de predikanten voorkomt. Daarnaast moet er ook een spreiding zijn in de ligging van de predikanten. Vrouwelijke predikanten worden nadrukkelijk uitgenodigd. Hoogleraren van de theologische opleidingen worden ook nog uitgenodigd, maar minder dan door de oudste redacties gebeurde. De redactie moet duidelijk rekening houden met de pluriformiteit van de Gereformeerde Kerken. Ook hervormde predikanten nemen een plaats in onder de schrijvers van *MG*. Zo krijgt het proces van Samen op Weg ook in *MG* een gezicht. (Meer over uitgangspunten en werkwijze van de redactie treft u aan in hoofdstuk 22.)
In 1990 verschijnt *MG* nog in zes afleveringen per jaar, steeds met vier preken. In 1991 wijzigt de frequentie in vier per jaar, met elk vijf preken

7 Zie meer over Slomp en de oorlog in hoofdstuk 10.
8 In hoofdstuk 11 en 12 worden deze preken uitgebreider besproken.

Een belangrijke vernieuwing is dat de vijfde dienst steeds een dienst is van 'meditatie en gebed' om zo tegemoet te komen aan de vragen naar diensten die vooral geschikt zijn voor ziekenhuizen en verpleeg- en verzorgingshuizen. Opmerkelijk is dat de eerste dienst van meditatie en gebed in 1991 verzorgd wordt door pastor M.J. van den Berg. Deze rooms-katholieke geestelijk verzorger is dan al bekend vanwege zijn vele publicaties op pastoraal gebied. Zijn publicaties worden in verschillende kringen gewaardeerd, niet in het minst ook in de Gereformeerde Kerken. Vandaar ook zijn bijdragen in *MG* van 1991, 1993, 1997 en 2000. In de tweede aflevering van de nieuwe opzet van *MG*, in 1991, verzorgt de hervormde geestelijk verzorger L.C.J. Reedijk-Boersma de dienst van meditatie en gebed. Ook zij is landelijk bekend.[9]

Niet alle abonnees kunnen dit nieuwe redactionele beleid waarderen. Zo zegt iemand in het najaar van 1994 zijn abonnement op *MG* op. Hij voegt daar een uitgebreide motivering bij: 'Eén van de redenen van mijn opzeggen is hierin gelegen, dat vaak het christelijk getuigend karakter in deze prekenserie ontbreekt; enkele uitzondering daargelaten. In zeer veel preken ontbreekt het gereformeerd-belijden: "Jezus Christus is onze Heiland en Verlosser, door Zijn verzoenend sterven aan het kruis". Natuurlijk weet ik dat de door mij genoemde bezwaren tekenend zijn voor de huidige toestand in de Gereformeerde Kerken. Blijkbaar ontkomt ook "Menigerlei Genade" niet aan die tendens.' Overigens deelt de opzegger mee met zijn gezin over te gaan naar de Christelijke Gereformeerde Kerk.

Met dank aan de adviezen van Allie Barth, oud-stadsarchivaris van de gemeente Goes, en Rob Kamermans, predikant van de Protestantse Gemeente te Goes.

9 Zie over de auteurs ook hoofdstuk 22, over de voorgangers en hun preken.

Tijdsbeelden
Over de actualiteit
in de preken van toen

door Aarnoud Jobsen

7 De invloed van de actualiteit op preken

In het dagblad *Trouw* van 18 september 2013 wordt kritiek geuit op de preken van tegenwoordig. Er wordt opgemerkt: 'Het barst tegenwoordig van tijdloze preken die tot een eeuw geleden gehoord hadden kunnen worden.' Inderdaad, tijdloze preken zijn er in overvloed, niet alleen vandaag; ook vroeger kwamen we ze tegen. Overigens kan een tijdloze preek ook weleens een verademing zijn, want een sterke actualiteit in de preken kan hoorders ook voor de voeten lopen. Door geen directe verbindingen met de actualiteit te leggen, is er wellicht meer ruimte voor de hoorders om zelf verbindingen te gaan leggen, ook naar hun persoonlijke situatie. Maar we willen die kritiek op de tijdloosheid van preken niet naast ons neerleggen. Wij geloven dat het Woord wil landen in de concrete werkelijkheid en daarom zal die werkelijkheid van het moment niet genegeerd kunnen worden.
Hoe is dat gesteld met de duizenden preken van de afgelopen eeuw in *MG*? Het is ondoenlijk in het kader van deze bundel al die preken door te lezen om die vraag afdoende te beantwoorden. Wat wel mogelijk is, is het bestuderen van enkele preken die zijn gehouden op cruciale momenten in de tijd of naar aanleiding van een gebeurtenis die de aandacht trok. Uiteraard geeft dat geen compleet beeld, maar die voorbeelden geven wel een indicatie wat de invloed van de actualiteit op preken is geweest.

In de volgende hoofdstukken ontvouwen we enkele preken die tot stand kwamen. We hebben enige afstand in de tijd gezocht. Zo kunnen we vooral stilstaan bij de periode van de Tweede Wereldoorlog en daarna. Is men in staat geweest om daar in een preek op een pastorale wijze mee om te gaan? Is in deze context een profetisch protest tegen het nationaalsocialisme te horen? Wie preken als deze zestig of zeventig jaar na dato leest, kan zich verwonderen over de manier waarop de predikant de oorlog ziet als een werktuig in Gods hand. God blijft soeverein. Hij kan de oorlog gebruiken om zondige mensen te tuchtigen en tot inkeer te brengen. De predikanten kunnen daarbij aansluiten bij profetische visies uit het Oude Testament, waar te lezen is dat God een bezetter als koning Nebukadnessar uit Babylonië gebruikt om de inwoners van Jeruzalem te straffen voor hun onrecht en ontrouw. Het enige juiste antwoord is dan verootmoediging en bekering.

Predikanten uit die tijd zouden zich niet voor kunnen stellen dat het vertrouwen in Gods voorzienigheid voor verschillende mensen uit het tweede kwart van de 20e eeuw en uit de 21e eeuw eerder protest oproept dan als troost kan gelden. Een 'theologie na Auschwitz' moest nog ontwikkeld worden. De preek van Slomp alias Frits de Zwerver uit het einde van de jaren vijftig laat nog niets van een dergelijke theologie zien. Hij heeft het zelfs over het vele goede dat de oorlog voor de mensen in het verzet heeft gebracht. Hij tekent ze bijna als geloofshelden.

In de preken van K. Dijk zien we welke politieke standpunten hij kort na de oorlog inneemt. Theocratie is de norm. Democratie kan misbruikt worden door mensen die niet op de juiste wijze 'geloven'. Dijk is sterk overtuigd van het gelijk van zijn eigen gereformeerde zuil. Hij heeft geen enkele affiniteit met een sociaaldemocratische arbeidersbeweging. Hoe verschilt hij hierin van hervormde 'doorbraaktheologen' die juist wel voor een sociaaldemocratische politiek kiezen. Dijk neemt een radicaal standpunt in als het gaat om Indië. De legitimiteit van het onafhankelijkheidsstreven van de Indonesische bevolking ontgaat hem ten enenmale. Nederland heeft wat Indië betreft een bijna heilige roeping. In zijn preken ondersteunt hij impliciet het toenmalige ARP-standpunt.
In preken staat men ook stil bij het ambtsjubileum van koningin Wilhelmina en de overdracht van de regering aan Juliana. Dit koningschap is legitiem vanwege de 'gratie Gods'. De festiviteiten rondom het Oranjehuis worden verre van toegejuicht. Ze lijden aan oppervlakkigheid en worden door velen niet vanuit de juiste gezindheid beleefd.
In de door ons beschreven preken waarin een actueel tijdsbeeld voorkomt, blijft het theologische kader van Goddelijke voorzienigheid en menselijke zondigheid onaangetast. Het perspectief blijft theologisch. De hoop is niet gericht op politieke bewegingen maar op een diep doorleefd geloofsleven.

Het perspectief is vooral dat van de wederkomst van Christus, waardoor het Koninkrijk van God wereldwijd doorbreekt. In de tussentijd blijft het leven voor de gereformeerde kerkganger zich afspelen in de eigen kring: eigen verenigingen, de eigen kiesvereniging voor de vrijwel onbetwiste politieke partij van die tijd: de ARP. Vormen van amusement zijn bij voorbaat nog verdacht.
Als Veldkamp in 1940 de 'Jasz-muziek' (zo spelde hij dat nog) als duivels karakteriseert, zou het voor hem ondenkbaar zijn dat in de laatste decennia van de 20e eeuw het fenomeen van een jazzkerkdienst zich gaat voordoen, voor een deel ook gesteund door de kinderen van degenen die zijn

preken met instemming hebben beluisterd. Een wereld van verschil.
De preken in *MG* bieden een deels nog onontgonnen bron van materiaal op het gebied van mentaliteitsgeschiedenis.

8 De ramp van de oorlog

De Sneekse predikant H. Veldkamp verzorgt in 1940 de vijfde preek[10] van *MG*. Een zeer actuele preek. Een commentaar bij de tijd. Nog lang zijn niet al de verschrikkingen van de oorlog op dat moment volledig doorgedrongen. Bovendien lijkt het aan het begin van de bezettingstijd voor veel mensen wel mee te vallen. Het oorlogsgeweld vindt soms op afstand plaats. De bezettende macht stelt zich aanvankelijk welwillend op. Onze prekenserie kon gewoon wekelijks blijven verschijnen. Voor Veldkamp is het duidelijk dat in de oorlog God zelf heeft ingegrepen: 'De vorige wereldramp, dien de ouderen onder ons zich nog herinneren, ging vlak aan onze grenzen, en in zekere zin ook aan onze zielen voorbij. Nú greep God dieper in. Binnen enkele dagen werd in onze landen een ontzettende verwoesting aangericht – (hoe groot de geestelijke ontreddering is, zal nog moeten blijken) – duizenden gezinnen zijn eensklaps in rouw gedompeld; een deel van onze manschappen verkeert in krijgsgevangenschap; de kostelijke goederen van vrijheid en onafhankelijkheid werden ons ontnomen; Oranje is weg.
En... de toekomst vervult ons met bange zorg. Schrift en ervaring leeren, dat de geesel van den oorlog bijna nooit alleen komt: het roode paard voert in zijn volgstoet de zwarte en vale paarden van hongersnood en pestilentie mee.'
Voor de lezers en hoorders van de preek is het duidelijk waar de prediker zijn beelden vandaan haalt: uit het boek Openbaring, waar de vier paarden en ruiters voorkomen, de apocalyptische ruiters. Het boek Openbaring is in deze periode van de 20e eeuw een geliefd bijbelboek. Men leest er de verschrikkingen van de eigen tijd in terug en weet zich gesteund en wellicht ook getroost door de gedachte van de spoedige wederkomst van Christus. Het boek Openbaring wordt dan gelezen als een scenario voor de eindtijd. In dit scenariodenken past de gedachte dat God de wereldgeschiedenis beheerst. Dat betekent dat deze oorlog past in zijn plan. Dat schrijft Veldkamp dan ook: 'God wéét het allemaal wel... en de Heer is recht in al Zijn weg en werk!' Even verder schrijft hij: 'Wij moeten ook nu de feiten van den dag bezien in het licht der Schrift, want

---

10 MG XXX (1940), pag. 65-79.

zonder dit hooger licht komen we er niet boven uit. Als Schriftgedeelte heeft de predikant Amos 4:6-13, met vers 10b als toespitsing: 'Ik heb uw jongelingen door het zwaard gedood, en uw paarden gevankelijk laten wegvoeren, en Ik heb den stank uwer heirlegers zelfs in uw neus doen opgaan; nochtans hebt gij u niet bekeerd tot Mij, spreekt de Heere.' Veldkamp thematiseert deze tekst als 'De ramp van den oorlog' en werkt die uit in drie punten:

I. Wat Gód daarin gedaan heeft,
II. Wat God daarmee bedoeld heeft,
III. Wat God daardoor beloofd heeft.

In die tijd kent *MG* nauwelijks liturgische aanwijzingen. De liturgie staat in alle gereformeerde kerken immers vast. Het is voldoende om de liederen aan te duiden. In dit geval de psalmen. Het is interessant om deze psalmen na te lezen in de berijming die destijds werd gebruikt, de berijming van 1773, die nu bekend staat als de Oude Berijming. Veldkamp laat de volgende verzen zingen: Psalm 89:16, 17; 25:3, 8, 10; 81:15, 17, 18; 34:9.
De gemeente die deze woorden zingt, kan zich identificeren met het in nood verkerende Israël.

Voor Veldkamp passen de profetische woorden uit Amos zonder meer op het begin van de oorlogstijd. Hij legt in zijn uitleg de nadruk op het 'Ik' waarmee God zich presenteert:
'Was het niet de vijandelijke overmacht, waar onze jongens niet tegen opgewassen waren? En was het niet de houding der regeering, die tot capitulatie dwong? O, als dat maar niet gebeurd was – dan!
Nu, zegt Amos, die feiten kunnen alle wel meegewerkt hebben. Maar die staan op den achtergrond. Op den voorgrond staat God.
Ik heb uw jongelingen met het zwaard gedood!
Mijn hand bracht dood en verderf bij den afsluitdijk, en in de Grebbe-linie, in Brabant en Rotterdam, en overal.
Ik, de Heere!'

Hij verbindt dit geactualiseerde inzicht uit Amos met het citaat uit zondag 10 van de Heidelbergse Catechismus: 'dat al deze dingen niet bij geval, maar van *Zijn* vaderlijke hand ons toekomen'! Overigens gaat Veldkamp wel in op de tegenstemmen tegen dit theologische inzicht. Hij is niet mild: 'Ik weet wel, dat er zijn, die nu juist hun laatste restje Godsgeloof bezig zijn te verliezen, door te roepen: als er een God was, kan dit alles niet gebeuren! Maar onder die dwazen mag ik u niet rekenen.'

God gebruikt het oorlogsgeweld als *instrument.* In logische zin spreekt Veldkamp op het eerste gezicht tegen wat hij eerder heeft gepredikt. Mensen blijven verantwoordelijk voor het oorlogsgeweld als zodanig. Tegelijkertijd gebruikt Hij het in zijn plannen. Zo klinkt dat in zijn preek:
'Is God dan – we huiveren haast het te zeggen – mee deelgenoot aan oorlogsgeweld en onrecht?
Natuurlijk niet!
Verre zij God van goddeloosheid en de Almachtige van onrecht!
Hij háát den oorlog en het bruut geweld.
Het bloed dat gevloeid is roept van den aardbodem tot den hemel!
Nebukadnezar heeft in de wegvoering van Israël in ballingschap *Gods raad gediend.*
Hij werd door den Heere gebruikt als *instrument* om Gods werk ten uitvoer te brengen en Gods gerichten te doen komen over het volk Israël... dwars door die schuld der menschen heen, voert God Zijn verlossingsplan uit.
Zóó was het toen de Heere Israël gaf in de hand van Hazaël en Benhadad.
Zóó is het ook nu!'

Weer veronderstelt Veldkamp de nodige bijbelkennis. Maar zo werkt dat in die tijd: de geschiedenis van Israël is door en door bekend door de dagelijkse bijbellezing thuis, door de prediking en door de studie op de verenigingen. Mensen zijn vertrouwd met de theologische schema's die Veldkamp gebruikt. Dan kan hij ook prediken: 'Elke oorlog brengt het koninkrijk Gods dichterbij. Alle kanongebulder en elk bombardement is een stem van den hemel: Jezus komt! Maranatha!'
Behalve dat de oorlog een plaats heeft in Gods plannen, speelt deze ook een rol als straf voor zondig gedrag. Veldkamp schetst dat als volgt:
'God doet deze rampen komen *in de tweede plaats*, omdat allang de boosheid der wereld Gods toorn van den hemel afriep. In alle straten is rouw en op alle pleinen is gekerm, omdat de wereld één groot feestpaleis leek met muziek en dans, waar men God niet bij noodig had.
En de menschheid, die door eigen kracht een nieuwe wereld zou bouwen, zal, wanneer zij zoo aanstonds zieltogend neerligt na den zelfmoord op groote schaal van dezen oorlog, ervaren, wat het betekent, dat God er nog is.'

Uit deze woorden komt de afkeer tot uiting over de amusementscultuur van die tijd, die in film, theater en dans tot uiting komt. De afbeelding van de 'brede en smalle weg' komt in gedachten op. Het zware punt dat een kerkenraad kon maken van bioscoopbezoek. In zijn tweede alinea

kan men een impliciete veroordeling lezen van de nationaalsocialistische ideologie.
Vervolgens weidt Veldkamp uit over de noodzaak tot bekering. God zoekt de mens en Hij gaat niet zachtzinnig te werk om de mens tot bekering te brengen. Veldkamp gebruikt het beeld van de chirurg met het operatiemes. En dan schrijft hij – in de context van het recente oorlogsgeweld: 'Gij zult mij wel willen toestemmen, dat de roepstem tot bekeering, óók als die ons doet ineenkrimpen van pijn als God spreekt door de daad, *geenszins overbodig is*.' Even verder schrijft hij over de noodzaak tot bekering: 'Joden moeten zich bekeeren, en heidenen – maar *gij* ook! Zal er iemand in ons midden zijn, die beweren durft: voor mij was dit alles niet noodig, want ik liep al ijverig op het pad der bekeering?' Bekering is een weg die mensen tot het einde toe moeten aflopen, waarin ze volharden tot het einde. Veldkamp houdt in de afwijzing van het godsdienstig leven van Israël ten tijde van Amos zijn toehoorders een spiegel voor: 'hun godsdienst was één groote *vertooning* geworden'.
Hij schrijft dan:
'Het zal ons tot de erkenning brengen, dat het bij ons niet veel beter gesteld is.
Er was wel veel vertoon, maar we vergaten, dat het koninkrijk Gods niet gelegen was in woorden, maar in kracht. Was de vijandschap die er bestond tusschen broeders van hetzelfde huis met wapengeweld uitgemaakt, er zouden vele dooden gevallen zijn. Ik noem maar iets.'

De goede verstaander uit die tijd had ook bij een lange preek aan een half woord genoeg. Al enkele jaren werd het kerkelijk leven bepaald door tegenstellingen, waarbij we de namen van de voormannen Hepp van de VU aan de ene kant en van Schilder uit Kampen aan de andere kant, kunnen noemen. De polemieken van die tijd waren buitengewoon scherp. Degenen die op de verschillende synodezittingen tot matiging opriepen, hebben het uiteindelijk niet gewonnen. De schorsing van Schilder en zijn medestanders werd in 1944 een feit en daarmee ontstond een pijnlijke scheuring in de Gereformeerde Kerken.

Veldkamp spreekt verder over de laksheid die hij waarneemt:
'We zijn allemaal veel te kleinzeerig geworden, om nog te sterven aan onszelf. Voor denzelfden Bijbel, waar vroeger de martelaars voor op den brandstapel gingen, hebben we nu niet meer dan een geeuw van verveling over... of de preek nóg niet uit is!' Daarnaast merkt hij wel 'verblijdende symptomen van bekering' op: 'een rustig Godsvertrouwen', 'een ontroerende beoefening van de gemeenschap der heiligen'. Maar di-

rect daarna gaat de predikant in vermanende zin verder. Typerend is de volgende passage: 'Gemeente, bedenk toch wat tot uw eeuwigen vrede dient! De Heere wil nu nog uw bekeering – heden is het de dag der genade. Hij wil uw ziel, dat wonder instrument, dat schoone orgel, opdat niet de duivelen daarop hun Jasz-muziek, maar de engelen daarop hun schoone accoorden spelen.'

Het derde gedeelte ten slotte is kort. Het gaat over wat God 'in en achter al deze dingen ons *beloofd heeft*'. Hij sluit daarbij aan bij een apocalyptisch toekomstbeeld. Hij citeert uit het boek Openbaring en koppelt deze teksten aan het leerstuk van de voorzienigheid Gods, zoals dat gekend werd uit zondag 10. Veldkamp roept zijn hoorders op te bidden om de spoedige wederkomst van Christus: 'Dan kán het niet anders, of de belofte van den eeuwigen vrede moet spoedig in vervulling gaan.'

9 Kerst 1940

Het kost zeker wat inlevingsvermogen om ons te verplaatsen naar de viering van het kerstfeest in 1940. Kerst is in onze tijd een feestdag bij uitstek. Wie niet meer trouw naar de kerk gaat, is geneigd om op eerste kerstdag of tijdens de late avonddienst op 24 december er in ieder geval bij te zijn. De kerken zitten dan vaak veel voller dan in een gewone zondagdienst. De preek moet in zo'n dienst dan nog toegankelijker zijn dan gewoonlijk. De sfeer van vrede en licht wordt opgeroepen. Soms is er een kerstspel dat door de kinderen wordt opgevoerd. Ook in de kerk is vaak een kerstboom aanwezig. De dienst heeft een bijzonder, een feestelijk karakter, laagdrempelig ook.

In het jaar dat de Tweede Wereldoorlog in ons land uitbrak maakt H.W. van der Vegt, predikant van de gereformeerde kerk van Goes, de kerstpreek voor MG, gedateerd 22 december 1940.[11] Doordat de prekenserie wekelijks verschijnt, kan deze predikant aansluiten bij de actualiteit. In het begin van zijn preek gaat hij daar nadrukkelijk op in.
'Er behoort wel eenige moed toe om in dezen tijd Kerstfeest te vieren.
Hoe zullen wij vandaag samenkomen tot een féést, nu de dingen om ons heen ons al heel weinig in feeststemming brengen?
God is bezig de wereld aan zichzelf over te geven.
De aarde wordt overgeleverd in de macht van verderf en dood.
Wat zullen wij in zóó'n wereld nog doen met het evangelie van groote blijdschap, die al den volke wezen zou?'
De predikant geeft aan dat de prediking van deze dag ons aan onze ellende ontdekt. 'Ze laat ons die ellende waarachtiger zien, dan het meest aangrijpend relaas van het wereldgebeuren van vandaag. We zien hier immers onzen nood zoo groot, dat alleen het indalen Gods ons helpen en redden kan.'
Het thema van de preek is vervolgens: 'De komst van Christus', verder uitgewerkt in drie punten:

I. Hij komt in onzen nood,
II. Hij komt om ons te troosten in dien nood,
III. Hij komt op een andere wijze dan wij verwachten.

---

11 MG XXX (1940), pag. 529-544.

Van der Vegt maakt duidelijk dat het kerstevangelie begint met menselijke nood, met barensnood. Dit beeld van de barensnood van Maria werkt hij breed uit. Hij verbindt het ook met de vloek die God in het paradijs heeft uitgesproken [n.a.v. Gen. 3, *aj*].
'Met het gevaar van eigen leven moet de moeder het leven geven aan haar kind. Zoo stelt elke geboorte en vooral de geboorte van een eersteling, ons voor den schrik van het gericht Gods.'
De volgende passage is veelzeggend:
'Er is hier bij de kribbe geen gewijde Kerststemming, die de rauwe realiteit van het leven verloochent en vervluchtigt.
Er is geen wiegeling van zoete gevoelens, waarbij men voor een oogenblik tenminste het bitter leed van deze wereld wil vergeten en verdoen.
Dit heeft niets van een schoonen droom, die de wanstaltigheid van het aardsch gebeuren omsluiert en miskent.
Neen, deze stille nacht is vol van schrille klacht; vol van angst en smart, waarmee ons aller leven, ook uw leven is begonnen.
En daarin ligt de troost van het Kerstevangelie.
Daar zijn er duizenden in dezen tijd, die vertwijfeld raakten door de ontreddering van deze wereld. Ze staan verstomd van zooveel leed. En moe van het zoeken vragen zij: is er nog een God? Als Hij er is, waarom laat Hij dan dit alles toe? Waarom de tranen van de verdrukten en van degenen, die geen helper hebben?
Zoo kunnen velen niet meer gelooven, dat er nog een God is. Of als Hij er is, zoo is hun laatste slotsom: Hij bemoeit zich niet met deze wereld. God staat buiten onzen menschelijken nood.
Neen – zegt hier het Kerstevangelie. En dat zoo nadrukkelijk mogelijk.
God komt in Christus tot ons, maar Hij komt in onze nood.'
De predikant maakt zo duidelijk dat God midden in het leven en in een wereld komt die huiveringwekkend is en vol angst: 'God begint in Christus daar, waar alle menschelijke ellende begint.'

Als Maria het kind in doeken wikkelt, wijst dat ook op de menselijke nood. 'Wij lezen verder: en zij wond Hem in doeken. Dat is nog dieper nood dan barensnood. Dat is zondenood.' Ook nu verwijst hij naar de destijds gangbare interpretatie van het paradijsverhaal. Het oorlogsgebeuren verstaat hij theologisch gezien als het gericht van God: 'En daarom, wanneer God de wereld slaat met de verschrikking van Zijn gerichten, hebben wij nooit onze tijd verstaan, als wij niet den toorn Gods tegen onze zonden hebben erkend. (...) Bij den stijgenden nood der wereld en bij al de bittere ellende van dezen oorlogstijd hebben wij ons er diep van te doordringen, dat dé ellende van ons leven en dé ellende van de wereld onze zonde is.' Christus heeft het 'teeken van onze zonde en schande willen dragen. En dat Hij dit alles gedaan heeft om ons te doen dragen het blinkend kleed van Zijn gerechtigheid en heiligheid'. Tot zover zijn eerste punt.

Het tweede punt van zijn preek betreft de troost. Van der Vegt gebruikt daarvoor een heilshistorische lijn. De zonde van de wereld is bij de vrouw begonnen: ''t Is van de vrouw uitgegaan, dat deze wereld zoo gruwelijk is verworden en verwoest.' Opnieuw dus de verwijzing naar Genesis 3 en de klassieke vrouwonvriendelijke en soms vrouwvijandige interpretatie die in de kerken lang gangbaar was en in sommige nog steeds is. Tegenover deze betrokkenheid bij de zonde van de vrouw stelt hij nu de betrokkenheid bij de geboorte van Christus: 'Van de vrouw uit komt de zegen Gods over heel het menschenleven.' Deze geboorte is uniek. Van der Vegt wijst erop, dat er na de beschrijving van de geboorte van Christus geen enkele andere geboortegeschiedenis in de Bijbel meer voorkomt, terwijl het Oude Testament talloze geboortegeschiedenissen kent, vooral in het boek Genesis. Een geboorte kan vreugde betekenen in het licht van het kerstevangelie.
In zijn kerstpreek kan Van der Vegt dan zinspelen op de theologische kwesties die in zijn tijd zo hoog opspelen in de Gereformeerde Kerken, rondom het verbond, de betekenis van de doop en van de verkiezing. Kwesties die ook spelen in een tijd waarin veel meer kinderen dan nu jong sterven: 'Nu zullen wij dus niet enkel klagen. Wij zullen ook nog iets anders kennen dan vrees. Want als de Zoon van God in den Kerstnacht de gestalte van een kindeke aanneemt, hebben wij vrijmoedigheid voor God om te vragen of Hij onze kinderen wil aannemen. Wij mogen zelfs met vertrouwen hierop pleiten in de zekerheid, dat wat God beloofd heeft, ongetwijfeld wordt vervuld.'

In het derde punt gaat de predikant in op de schamele plaats waar Christus is geboren. Zo duidt hij het liggen in de kribbe. De kribbe is een teken van het isolement waarin het werk van Christus wordt volbracht. Zo komt hij tot de zin: 'in ons isolement ligt ons behoud'. Dat heeft als consequentie: 'Als wij in ons leven Christus willen volgen, zullen wij altijd weer bemerken, dat wij met een plaatsje achteraf en terzijde tevreden moeten zijn.'
Behalve isolement betekent de kribbe ook armoede en vernedering. Als Christus komt, dan komt 'hij door Zijn woord, in de prediking des Woords'. Geen imponerende prediking. Prediking 'kaal als de kribbe, kaal als het kruis' in navolging van Calvijn.
Verder wijst de predikant op het huisbezoek van de ouderlingen. Hij schrijft daarover: 'Daaraan ontdekt men al heel bezwaarlijk iets konink-

lijks. (...) Maar die door Gods Geest verlicht zijn, doorzien het en verstaan: Jezus Christus komt nog op dezelfde wijze als Hij tot ons gekomen is in de kribbe. D.w.z. zonder iets, dat het vleesch bevredigt of de zinnen streelt.'

In zijn afsluiting grijpt hij weer terug op de actualiteit: 'De Heere geve ons zoo in alle eenvoudigheid des geloofs dezen dag te vieren. Daar behoort wel werkelijk moed toe om in déze wereld van Kerstfeest te spreken. Niet alleen, omdat de wereld zoo schrikkelijk ontredderd is. Maar ook omdat velen in de Kerk, vooral op den Kerstdag, wat anders vragen dan het Woord Gods.'
Zo roept de predikant op tot de moed van het geloof. 'Dan zal het feest zijn ondanks de ontreddering der wereld. Het zal feest zijn ook ondanks zooveel verval in de kerk.'

Ook in onze tijd vragen mensen zich af hoe het bestaan van God te verenigen is met zo veel kwaad dat in deze wereld voorkomt. Waarom laat God oorlogen toe? Het theologische inzicht van een machteloze, meelijdende God, dat na de oorlog soms postvat, is ondenkbaar in de kerken van die tijd. In zijn preek over zondag 10 wijst Kuitert dit inzicht ook met klem af.[12] De wijze waarop Veldkamp en Van der Vegt het oorlogsgeweld beschrijven, is voor de hoorders herkenbaar. Er is ook een pastorale toon in te horen. Het godsbeeld en het mensbeeld in de beide preken blijven in de lijn met de preken uit die tijd. Mensen zijn zondig. Het oorlogsgeweld is er een teken van hoe God oordeelt over de zonde. In de lijn van de oudtestamentische profeten roept dit oordeel op tot bekering en tot versterking van het geloofsleven.
In preken als deze wordt de actuele politiek niet geanalyseerd. Het is voor Veldkamp ondenkbaar dat de oorlog plaatsvindt tegen de wil van God in. Van der Vegt legt er de nadruk op hoe Christus bij mensen komt in hun menselijke nood.

De Goese predikant W.H. van der Vegt overlijdt op 10 februari 1944 op 48-jarige leeftijd als gevolg van een treinbeschieting op 17 september 1943. De wond raakt geïnfecteerd. Zonder de mogelijkheden van de antibiotica die wij nu kennen, werd deze infectie hem fataal. In totaal schrijft de predikant vijf keer in MG. *De kerstpreek van 1940 is zijn laatste bijdrage.*

12 Zie hoofdstuk 16, waarin deze preek wordt besproken.

10 Troostwoord voor de nabestaanden van de slachtoffers van de oorlog

In ons hoofdstuk over opvallende elementen in de geschiedenis van *MG* komt de naam van Frits de Zwerver voor, de schuilnaam van de predikant F. Slomp. In zijn eerste bezinningen aan het einde van de oorlog noemt hij de preken van *MG* als voorbeeld van preken waarin de moed tot het getuigen tegen het nationaalsocialisme ontbreekt.[13] Zijn kritiek: veel preken maken een tijdloze indruk en zijn gestempeld door een piëtistische vorm van heilsegoïsme. Of Slomp alle preken uit de jaren dertig uit *MG* daarmee recht doet, zal een gedetailleerd onderzoek moeten uitwijzen. De theologische vragen die hij oproept, blijven actueel. De vraag is of Slomp die preken inderdaad gelezen heeft, of dat hij een generaliserend inzicht over deze preken weergeeft. Zelf behoort hij niet tot de vaste auteurs van *MG*.

Als Frits de Zwerver heeft Slomp een sterke reputatie opgebouwd tijdens het verzet. Door lezingen na de oorlog is deze reputatie versterkt. Dit kan een reden geweest zijn dat hij in 1958 een preek publiceert in *MG*[14]: 'Predicatie ter herdenking gevallenen in de bezettingsjaren 1940-1945'. Slomp is op dat moment predikant in Hoorn. Veel preken rondom 4/5 mei levert *MG* niet. In 1957 schrijft E. de Vries een preek over Matteüs 10:37-39 onder de titel 'De dienst aan de bevrijder en de bevrijding', een preek die in de periode tussen Pasen en Hemelvaart verschijnt. Is dat de reden om 'Frits de Zwerver' een keer te vragen? In 1959 krijgt J. Overduin, een overlevende uit het kamp Dachau, vooral bekend van zijn talloze malen herdrukte boek *Hel en Hemel van Dachau*[15], de gelegenheid een 'gedachtenispreek rond 4/5 mei' te publiceren, onder de titel 'Hoe gaan wij het gevaarlijke leven tegemoet?' In 1962 verschijnt er opnieuw een preek over het thema 4/5 mei van A.D.R. Polman onder de titel 'Het paulinische dilemma'.

---

13 Zie hoofdstuk 6: 'De eeuw van onze voorgangers'.

14 MG XLV (1958), pag. 219-229.

15 Kampen 1945.

De liturgie van de dienst van Slomp is zoals gebruikelijk in die tijd sober: er wordt vier keer uit de Psalmen gezongen (77:7 en 8; 6:2; 84:4; 85:1, 2, 3 en 4). In het eerste gedeelte van de dienst komt eerst de 'Wet des Heren en de Hoofdsom' aan de orde en na het zingen van Psalm 6:2 de 'Genadeverkondiging' in de vorm van Johannes 3:6. Hij laat twee gezangen zingen: Gezang 55:1, 2, 3 en 6 en Gezang 56:1, 2 en 3. Ze komen uit de uitbreiding van de *Enige gezangen* van 1956. In dat jaar wordt het aantal tot 59 uitgebreid. Gezang 55 is het lied 'O God die droeg ons voorgeslacht', en Gezang 56 'Wat de toekomst brengen moge'. Liederen die bij het thema van de dienst passen. Als enige schriftlezing kiest Slomp 2 Korintiërs 5:11-21.

De preek begint direct met het vermelden van het boek van de Landelijke Organisatie tot steun voor de onderduikers en de Landelijke Knokploegen, onder de titel *Het Grote Gebod*.[16] Op het titelblad van dit boek is Matteüs 22:37-40 afgedrukt. Volgens Slomp heeft de redactie van het boek tot uiting willen laten komen dat 'bij alle zonde en gebrek de grote drijfveer was voor dit verzetswerk: liefde tot God en liefde tot de naaste. In het verzetswerk hebben honderden mannen en vrouwen, jongens en meisjes hun leven opgeofferd.' De preek van Slomp heeft een omvang van ongeveer vierduizend woorden. Het thema dat hij in zijn inleiding heeft genoemd, komt talloze malen terug in zijn preek. Het is de moeite waard het slot van zijn inleiding weer te geven:

'Hier wordt met andere woorden vaak gezegd dat de liefde tot God en de liefde tot de naaste de drijfveer is geweest om zich vrijwillig op te offeren.

Denk nu niet dat wij mensen willen gaan verheerlijken. Wij denken er niet over. Wij willen nagaan wat Gods genade heeft uitgericht in het hart van kleine zondige mensen.

Deze predikatie zal in het teken staan van het Soli Deo Gloria! Wij willen uitgaan van het offer van Jezus Christus, want het offer van Jezus Christus heeft ook in de jaren 1940-'45 honderden geïnspireerd tot het grootste offer. En ik hoop dat gij, broeders en zusters, jongens en meisjes, door het offer van Jezus, maar ook door de offers die voor Hem gebracht zijn, bezield moogt worden om uw leven aan Hem te wijden. Zó willen wij vandaag onze doden herdenken.'

---

16 Dit grote gedenkboek in twee delen verscheen in 1951 en werd uitgegeven door Kok. H. van Riessen was de voorzitter van de gedenkcommissie en R. van Aerde wordt als een van de auteurs genoemd.

Het thema van zijn preek wordt dan: 'De gelovige wordt door de liefde van Jezus Christus geïnspireerd tot het hoogste offer.' Hij werkt dit uit in twee punten:

I. Waarin het liefdewerk van Jezus bestaat,

II. Waartoe dit liefdewerk dringt.

Slomp vindt het niet nodig veel aandacht te schenken aan de context van de tekst van Paulus. Hij gaat in op de polemiek van Paulus met de dwaalleraars uit Korinte, die volgens Slomp bezwaar hadden tegen het evangelie dat Paulus bracht, dat van 'louter genade', 'een veel te gemakkelijk evangelie'. Paulus verdedigt zich met de tekst: 'Want de liefde van Christus dringt ons...'

Die tekst wordt verder uitgewerkt. Ook al zal Slomp in het vervolg van zijn tekst degenen die het offer van hun leven in de oorlog hebben gebracht als voorbeeldige mensen voorstellen, het mensbeeld van Slomp blijft overheerst door de zonde. De liefde van Christus is er een voor zondaren. Een citaat:

'Wij hebben iemand lief wanneer wij iets moois, iets aantrekkelijks bij hem of haar vinden.

Maar als Paulus hier spreekt over de liefde van Christus dan bedoelt hij *die* liefde die uitgaat tot onwaardigen.

Jezus kan bij geen mens iets aantrekkelijks vinden waarom Hij hem zou liefhebben.

Daar is alleen maar zonde.'

Als de liefde van Christus voor onwaardige mensen persoonlijk wordt ervaren, dan zal er een 'hartelijke wederliefde tot Jezus Christus' ontstaan. Dat thema werkt Slomp verder uit. Hij sluit aan bij kerkgeschiedenis: 'Lees de historie der martelaren, lees hoe men in de tachtigjarige oorlog alles heeft geofferd, gedreven door de liefde van Christus. Men is met vreugde de brandstapels beklommen, omdat de liefde van Christus brandde in hun hart.' Van daaruit trekt hij de lijn van de jaren 1940-1945. De prediker getuigt: 'zo velen hebben het mij gezegd, dat zij wisten dat zij door God, door Jezus Christus, geworven waren om zich in te zetten in de strijd tegen de Duitse tirannie'. Daarna noemt hij mogelijke andere motieven: vaderlandsliefde, liefde voor de kinderen, liefde voor het Oranjehuis. 'Maar deze liefde werd door velen gedragen, gestimuleerd door het grote werk der liefde van Jezus Christus.'

Hij wil van hen geen helden of heldinnen maken. Ze hebben het gedaan uit liefde voor Jezus. 'En wanneer die liefde van Christus gaat werken in mensenharten dan worden kleine mensen sterk.'

Hij beschouwt dat als winst bij alle verlies die de oorlogsjaren betekenen. Hij spreekt dan de kinderen in de kerk aan. Hij doet dat overigens verschillende keren in zijn preek. 'De tijden kunnen voor jullie moeilijk worden, maar jongens en meisjes, als jullie vertrouwen op Gods Woord, dan zullen jullie ondervinden dat de liefde van Christus, een geweldige stimulans is, om alles blijmoedig op te offeren voor Hem.' De kracht daarvoor ontvangen mensen in het geloof dat door het sterven van Jezus de dood geen macht meer heeft over wie in Hem gelooft. Slomp schrijft: 'De angst voor de dood is weg, ja eigenlijk is voor de gelovige aan alles wat hem beangstigen kan, een eind gekomen.'
Een langer citaat maakt de sfeer van de preek van Slomp nog duidelijker:

'Voortdurend wordt ook in de historie van de kerk dit woord bevestigd. Niet alleen op de ziek- en sterfbedden heeft Jezus de angst en vrees voor de dood weggenomen, zelfs in de donkere bunkers en de vreselijke concentratiekampen deed Hij met blijdschap de dood tegemoet gaan.
Tientallen zijn de voorbeelden uit de jaren 1940-1945. Jonge kerels en jonge meisjes zagen zonder angst en vrees in de geweerloop. Hoe was dit mogelijk? Omdat zij geloofden dat Jezus door zijn sterven al wat hen kon beangstigen, had weggenomen.
Een kind van acht à negen jaar, zei in de bezettingstijd tegen zijn moeder toen zijn vader in groot levensgevaar verkeerde: "Moeder, de Duitsers kunnen Vader alleen maar dood maken, hè?"
Ja, zo is het.
Alleen maar dood maken.
Het is zo weinig.
Ze konden de poort naar de hemel niet sluiten.
Ze konden geen angst brengen voor de dood, want die angst is overwonnen door de dood van Jezus.'

Even verderop schrijft hij: 'Wij gaan getroost verder, want wij weten dat Gods genade tot bovenmenselijke krachten in staat stelt. De bezettingsjaren zijn buitengewoon moeilijk geweest, maar toch ook buitengewoon mooi.
Weet ge waarom ze zo mooi waren?
Omdat in die jaren in bijzondere zin de grootheid van Gods genade naar voren kwam.'

In het tweede gedeelte legt Slomp sterk de nadruk op het geloofsleven: 'In het hart van elk waar gelovige leeft de steeds sterker wordende begeerte om liefde aan Jezus te tonen.' Als hij opnieuw het mensbeeld ter

sprake brengt, klinkt dat als volgt: 'Laten we toch eens ophouden om mensen "groot" te gaan vinden. In Gods Koninkrijk is niemand groot door eigen gaven, alleen maar door Gods genade. (...) De opgewekte Heiland staat in Zijn overwinningsglorie met al zijn krachten tot onze beschikking.'
Slomp blijft de paradox herhalen dat de bezettingstijd zeldzaam moeilijk maar ook geweldig mooi was: 'Bij de honderden die gevallen zijn, èn bij hen die in het leven gebleven zijn, was door Jezus de begeerte in het hart gegeven om iets voor Hem te doen. En iets voor Jezus doen, is iets doen voor hen, die in nood gekomen waren door het satanisme van het nationaal socialisme.'
De prediker blijft zijn hoorders oproepen hun verantwoordelijkheid te nemen. Nu voor de 'geestelijke nood die bij de dag klimt. (...) Er is geen groter vreugde denkbaar dan zielen voor Jezus te winnen. Dat is geen liefhebberij, maar behoort tot het wezen van het christenzijn.'
Aan het slot van zijn preek richt Slomp zich opnieuw tot de jongens en meisjes. Ze worden eraan herinnerd 'dat honderden jongens en meisjes, mannen en vrouwen, hun leven voor jullie hebben ingezet'.

Het is te gemakkelijk om in de 21e eeuw deze preek als achterhaald en naïef te beoordelen. Sommige hoorders van Slomp zijn er wellicht door gesticht. De preek staat of valt ook bij het gezag dat Slomp als Frits de Zwerver in de bezettingstijd heeft verworven. Of iedereen de paradox van Slomp van de grote vreugde in de ellende van de bezettingstijd zal beamen, is ook op dat moment al de vraag. De preek kan gelezen worden als een apologie voor het martelaarschap. Maar wat als een moslim in de 21e eeuw als zelfmoordterrorist dat martelaarschap in de door haar of hem beleefde context van onderdrukking in de praktijk brengt? Dan vinden wij dat op onze beurt weer een verderfelijke ideologie. De preek van Slomp sluit aan bij een wellicht te rooskleurig beeld van het verzet dat vooral door christelijke motieven tot stand kwam. Slomp heeft dat zelf ongetwijfeld zo beleefd.
Nog lange tijd is dit beeld in protestants-christelijke kringen blijven bestaan. De 'jongens en meisjes' die Slomp aanspreekt, lezen met rode oortjes de serie jeugdboeken van Anne de Vries, de vierdelige serie *Reis door de Nacht*. Boeken die geschreven zijn tussen 1951 en 1958 op verzoek van de Stichting 1940-1945.[17] Weliswaar niet zo uitgesproken vanuit een christelijk standpunt geschreven, maar de motieven van moed

17 In 2013 verscheen nog de 32e druk van dit bij Kok uitgegeven boek.

en opoffering, van integriteit tijdens de bezettingstijd, komen er duidelijk in tot uiting.
Het duurt nog enige tijd voordat de theologische gedachten van Slomp achterhaald raken. Allereerst valt op dat wat Slomp predikt alleen van toepassing is op verzetsdaden die vanuit christelijke liefde tot stand komen. Niet-christelijke verzetsmensen vallen in de visie van Slomp buiten het gezichtsveld. Of ze zouden misschien de 'zielen' kunnen zijn 'die voor Jezus worden gered'...

Het historisch onderzoek naar de bezettingstijd gaat onverminderd door. Boeken en films nuanceren steeds meer het eenzijdige beeld van goed en fout. De 'theologie na Auschwitz' begint meer en meer door te dringen in de kerken. Een Joodse schrijver als Elie Wiesel wordt steeds meer gelezen, ook door de doelgroep van *MG*. Er komt geleidelijk aan oog voor de uitzonderlijke verschrikkingen van de Joden onder het nationaalsocialisme, samengevat onder het woord Shoah.[18]

18 C. Lanzmann, *Shoah: Oor- en ooggetuigen van de holocaust. De film van Claude Lanzmann.* Voorwoord van Simone de Beauvoir, Amsterdam 1986. Zie ook de publicatie uit 1980 van W. Zuidema e.a., *Isaak wordt weer geofferd: de verwerking van de holocaust door jodendom en christendom*, Baarn 1980.

11 De schilden der aarde – politiek in de preek

Op 31 augustus 1947 valt de Koninginnedag samen met de zondag. De viering van de verjaardag van koningin Wilhelmina is voor K. Dijk aanleiding om in een preek uiteen te zetten, wat het belang is van het koningschap.[19] Dit koningschap is van God geschonken. Hij zet dat standpunt uiteen aan de hand van het enkele tekstvers: 'Want de schilden der aarde zijn Godes, Hij is zeer verheven!' (Ps. 47:10b). Deze schilden der aarde vallen samen met de door God gegeven overheden. Hij betrekt daarbij artikel 36 van de Nederlandse Geloofsbelijdenis en Romeinen 13:1-4.
Dijk typeert in zijn inleiding de tijdgeest als een van wereldverwarring en revolutionaire woeling. Daar geeft hij in zijn preek op verscheidene plaatsen voorbeelden van. Verschillende keren gaat hij daarbij specifiek in op de situatie in Indië. Hij plaatst kritische kanttekeningen bij de oppervlakkigheid van een 'blijde oranjestemming'. Alleen de erkenning van het 'bij de gratie Gods' regeren van de koningin garandeert een zuivere verhouding tussen het volk en het vorstenhuis. Een citaat met een voor Dijk kenmerkende polemische toonzetting:
'Indien alleen de practische bruikbaarheid van het heden deze eerbied overheerscht is de band aan ons vorstenhuis slap en zwak. Dan zingen we 't Wilhelmus zooals zij, die met nog meer geestdrift de Internationale van het Socialisme aanheffen. Wat we noodig hebben, vooral nu, nu in Indië de strijd is ontketend en het daar en in ons volksleven gaat om de handhaving van de ordinantiën des Heeren, is de wandel in het licht van het Woord Gods, want alleen in dien glans zien wij de verhoudingen tusschen volk en vorstenhuis zuiver.'

Een toelichting is op zijn plaats, zeker wat het Indiëstandpunt betreft. 'De ordinantiën des Heeren' klinkt voor de huidige lezers als een soort geheimtaal. Ik citeer nu uit het artikel van A.H.W. Hazenkamp[20]: 'In de jaren tot 1930 was o.a. door de antirevolutionairen een ethische politiek ten opzich-

---

19 MG XXXIV (1947), pag. 423-433.
20 A.H.W. Hazenkamp, 'De gereformeerde zending en het Indonesisch nationalisme', *Jaarboek voor de geschiedenis van de Gereformeerde Kerken in Nederland*, Jaargang 2, Kampen 1988, pag. 151-176.

te van Indonesië bepleit, een politiek die tot doel had de Indonesiërs op te voeden tot grotere zelfstandigheid. *Vele christenen geloofden oprecht dat God deze taak aan Nederland had opgelegd* [cursivering, *aj*]. Mede vanuit deze overtuiging heeft in het bijzonder de ARP tot 1949 een felle oppositie gevoerd tegen het beleid van de regering dat aanvankelijk gericht was op het bereiken van een compromis met de Indonesische nationalisten.'
Een groep dissidente missionaire predikanten verzette zich tegen dit ARP-standpunt, dat sterk werd gesteund in het dagblad *Trouw*, waarvan Bruins Slot als hoofdredacteur de politieke artikelen schreef. De meest toonaangevende van deze predikanten is de latere hoogleraar Missiologie J. Verkuyl. Hij probeert het standpunt van de Indonesische kerken te vertolken.

Kort na de vrijmaking van 1944 blijken de gereformeerden opnieuw verdeeld te zijn: nu over het onafhankelijkheidsstreven van de Indonesiërs. De ontmoeting tussen Verkuyl en de ARP-leider Schouten loopt op een mislukking uit. Schouten zegt over Verkuyl in een informeel gesprek met Bruins Slot: 'Met die Verkuyl valt niet te praten. Er is een engel uit de hemel gevallen en die engel heet Soekarno.' Soekarno wordt destijds in het gunstige geval als een rebel afgeschilderd, maar meer nog als een terrorist. Bruins Slot herziet zijn Indonesiëstandpunt in 1951. Bij de 'politionele acties' worden veel jonge mannen vaak voor enkele jaren naar Indonesië uitgezonden en daar veelal betrokken bij oorlogshandelingen. De ouders, de familie en de verloofden van deze jongemannen verwachten steun en voorbede van de kerk en zullen weinig begrip kunnen opbrengen voor Verkuyl en de zijnen.
Dijk schrijft dan in zijn preek enkele malen over de 'strijd in Indië'. 'Die overheid heeft als taak het leven van de onderdanen te beveiligen tegen elken aanval, ook tegen de aanvallen van de rebellen, zooals deze b.v. in Indië, moordend en brandend zijn opgetreden, en zij moet vooral ingrijpen, waar het recht wordt vertrapt en de zwakke wordt verdrukt.' Het zal tot in de 21e eeuw duren, voordat er enigszins erkend wordt dat deze Nederlandse overheid zelf mede verantwoordelijk is voor oorlogsmisdaden in Indië begaan. De pijn van de steeds verder slinkende groep van Indiëveteranen wordt er tegelijkertijd niet minder op.
De derde keer dat Dijk Indië ter sprake brengt, gebeurt dat in polemische zin: 'Van wien is het overheidsgezag en door wien regeeren de vorsten? Hebben de volkeren zichzelf die bescherming gegeven en komt het gezag uit den mensch op? Neen, want als het aan den mensch had gelegen, had hij deze schilden niet begeerd, en wanneer het gezag aan den mensch te danken is, is er geen gezag meer. Dan wordt de overheid afhankelijk van

de onderdanen. Dan beslist tenslotte de volkswil. Dan regeert ook onze Koningin bij de gunst des volks en staat de weg tot de revolutie open. Dan moet, evenals velen ten opzichte van Indië doen, de rebellie worden verheerlijkt en met de rebellen worden samengewerkt.'
In zijn afrondende woorden noemt hij Indië opnieuw: 'Omdat de schilden der aarde Godes zijn en van Zijn Christus zijn kan en mag de overheid niet onchristelijk wezen en handelen; heeft onze overheid Hem te gehoorzamen; staat het regiment van onze Vorstin onder des Heeren scepter, en hebben wij te worstelen in heel het staatsleven om des Heeren ordinantiën tot geldigheid te brengen.
Ook al vraagt dit van ons offers.
Ook al kost het, zooals in Indië, goed en bloed.
De schilden der aarde zijn Godes, en voor Zijn recht moet alles zich buigen.'

Voor Dijk is de politiek ondergeschikt aan het godsbestuur. Zijn standpunt kan als theocratisch worden aangemerkt. Vanuit het hedendaagse perspectief zouden we hem ook antidemocratisch noemen. Een preek als deze maakt zeer duidelijk hoe de standpunten veranderd zijn in de loop van de naoorlogse decennia. In één alinea verbindt Dijk zijn standpunt over de rebellie in Indië met 'anarchie', met 'tyrannie'. Over Hitler schrijft hij: 'De demonische Adolf Hitler was geen schild voor zijn volk maar een verwoestend vuur.'
Iets dat we nu zonder meer onderschrijven. Maar dan gaat hij verder: 'Nationaal-Socialisme en Communisme zijn niet tot een zegen maar tot een vloek, en wee ons eigen volk, wanneer het beginsel der volkssouvereiniteit onder ons triomfen viert, en het Evangelie-looze program van het Socialisme tot norm wordt voor het regeeringsbeleid. God beware ons hiervoor en Hij geve, ook in dit opzicht, vorstenhuis en volk in Godes vrees te leven en in die vrees alleen.'

Overigens heeft Verkuyl drie keer een bijdrage geleverd in *MG*. In 1935 als jong en kennelijk veelbelovend predikant. Daarna pas weer in 1964 en uiteindelijk nog in 1984. In dat jaar publiceerde hij een preek geschikt om in een zendingsdienst te houden. In de jaren tachtig gebeurde dat nog geregeld: een dienst waarin het thema van de zendingsopdracht nadrukkelijk aan de orde kwam. De zending is dan onomstreden en wordt ruimhartig gesteund. Gemeenten brengen een zogenaamd 'zendingsquotum' op, waarbij het per gemeente om aanzienlijke bedragen gaat. Vrijwel elke gemeente heeft dan nog een actieve zendingscommissie die de gemeenteleden stimuleert om de zending financieel te steunen. Een

blad als *Vandaar* wordt bijna huis aan huis verspreid. Verkuyl houdt dan ook zijn preek over de bekende tekst Matteüs 28:16-20, met als titel: 'De opdracht tot deelname aan de wereldzending'.
Uit interne gegevens van de redactie blijkt overigens dat Verkuyl zowel voor de jaargang van 1972 als 1973 is benaderd. Hij is toen niet op het verzoek ingegaan. De reden van zijn weigering is ons niet bekend.

12 De dag van de arbeid – kerk en werk in de preek

Voor zondag 1 mei 1949 schrijft K. Dijk een preek getiteld: 'Het Feest van den Arbeid'.[21] Hij gebruikt daarvoor de tekst van Prediker 2:24, in de 'nieuwe vertaling' van G.Ch. Aalders: 'Het staat niet in 's mensen macht om te eten en te drinken en zichzelf het goede te doen genieten in zijn zwoegen; dit heb ik wel ontwaard, dat het van de hand Gods komt.' De aanleiding om nu juist deze preek te publiceren is dat 1 mei 1949 op zondag valt. De preek van Dijk wordt doortrokken van de antithese. De toon wordt direct gezet: 'Allen, die de revolutionaire vanen volgen en geen hogere vreugde in dit leven kennen dan de verheugenis in en door de kracht van des mensen arbeid, verenigen zich om op dit hoogtij van Mei uiting te geven aan wat er leeft in hun naar-aards-geluk dorstende harten, en om de gemeenschap te versterken, die de proletariërs van alle landen vooral in den arbeid samensnoert.'

Het is duidelijk dat Dijk geen goed woord over heeft voor de niet-christelijke arbeidersbeweging. Kort na de Tweede Wereldoorlog komt het voor dat de CPN landelijk bij de verkiezingen voor de Tweede Kamer tien procent van de stemmen trekt. Vooral ook buiten Nederland zien we hoe de macht van de vakbonden toeneemt. Dijk kan zijn afkeer niet onderdrukken. In die tijd leeft de tendens om van 1 mei een algemene feestdag te maken. In verschillende landen om ons heen bestaat die feestdag als een vrije dag van de arbeid. Daarover schrijft hij: 'Thans wordt op den arbeid en de arbeidsmacht de nadruk gelegd. Men beeldt zich in, dat door deze accentverlegging ook vele andere betrokken kunnen worden in de feestvreugde en voor belijdende Christenen de poort geopend wordt om in het Meifeest te delen.' Hij wijst dat af omdat hij daarin een verheerlijking van het werk van de mens bespeurt, terwijl het voor hem zonneklaar is dat het goede van de arbeid niet in de macht van de mens maar alleen in de hand van God ligt. Aan de hand van die tegenstelling bouwt hij zijn preek op.

---

21 MG XXXVI (1949), pag. 205-216.

Hij gaat daarbij allereerst in op 'het goede van de arbeid', het beleven van vreugde in het dagelijks werk, ondanks alle schaduwkanten van zwaar werk en moeizame arbeid. Hij haalt een aantal teksten uit Prediker aan, waaruit blijkt hoezeer mensen zich mogen verheugen in hun dagelijkse arbeid. Hij vermaant diegenen die niet kunnen genieten van de gewone dagelijkse dingen. 'Als donkere gestalten schrijden zij met lomen tred langs den steilen weg, waarover voor hen weinig licht valt, en waarop ze geen andere levensverheffing kennen dan de dikwijls nog onzekere hoop, dat hiernamaals ook hun tranen zullen afgewist worden. Zulk een somberheid is niet naar den Schrift.'
Vervolgens gaat hij in op de wetenschappelijke en technologische ontwikkelingen van zijn tijd die de mensen een gevoel van superioriteit geven. Daarbij gebruikt de prediker al zijn retorische gaven:
'Neen, oude Bijbel, ge hebt niet gelijk.
Uw visie past niet meer in dezen tijd.
Niet in 's mensen macht? spot de kapitalist en de denker?
Niet in 's mensen macht? hoont de vinder en de arbeider?
Niet in 's mensen macht? joelt de massa, die zich oppermachtig meent omdat zij door één staking het feest onmogelijk kan maken en van haar de bedrijven en fabrieken afhankelijk zijn.'
Alle menselijke kracht en creativiteit komen van God. Dijk wil dat zijn hoorders inprenten. Hij noemt dat zelf een 'verootmoedigende boodschap'. Zodra dat met een overvloed aan beelden en zinnen is gebeurd, bepaalt hij zijn hoorders bij de zondeval. Hij roept hen op zich te verootmoedigen 'over uw doemwaardigheid voor Hem, Dien we zo diep hebben beledigd, dat we geen ademtocht en geen werkkracht en geen boterham en geen enkele lach waard zijn, maar enkel dood en duisternis; laten we toch, vooral in deze oppervlakkige tijden, smeken om de ontdekkende werking des Geestes, opdat we met verbroken harten het goede van onze arbeid genieten, en ook in deze dingen vluchten tot Jezus, Die den vloek droeg en onze zonden verzoende; ja, dan wordt uit de smart de vreugde geboren, en dan mag het, o wonder van genade, toch feest worden; maar een feest, waarop de diepste toon zal zijn: *niet in onze macht*, Here, het is niet ons werk, doch Uw werk.'

Met deze indringende oproep sluit Dijk zijn eerste punt af en gaat dan verder met het tweede: 'dat het van de hand Gods komt'. In dit gedeelte spreekt hij zich veel minder uit tegen de geest van de tijd en werkt hij de noodzaak tot zondekennis verder uit, waarbij het verzoenend lijden en sterven van Jezus Christus het verlossende perspectief vormt. Zonder zondag 1 expliciet te noemen, citeert hij daar een gedeelte uit.

Ook niet-gelovigen kunnen het goede van hun arbeid ervaren. Ook zij ontvangen dat uit Gods hand. Dit vormt het volgende motief in de preek van Dijk. Dat berust 'in het grote geheim der algemene genade Gods'. Vervolgens komt de antithetische tendens weer sterk op. De niet-gelovige wordt als volgt gekarakteriseerd en veroordeeld: 'Hij dient er God niet mee. Hij looft er God niet bij. Hij maakt er een feest van tot de eigen eer. Hij rookt aan zijn garen en offert aan zijn net, en op het feest van den arbeid, dat op den 1en Mei gevierd wordt, klinkt geen Halleluja, lof zij den Heer, maar alleen een triomflied voor den mens, die het reeds zo ontzettend ver heeft gebracht en door zijn eigen werk den troon der wereld zal beklimmen. Dat is met Gods gaven God onteren. Dat is met Zijn zegeningen Hem vloeken.' Hij roept zijn hoorders dan impliciet op de eigen zuil te versterken: 'Tegenover het revolutionaire feest van den arbeid met de gemeente van Christus stellen wij haar geloof in Gods Woord, en hebben de belijders van den Heiland persoonlijk hun onderlinge eenheid te zoeken in onze sociale organisaties, waarin ten allen tijde, én voor de gemeenschap én voor den enkeling het appèl op het Evangelie van Jezus Christus mogelijk is.'

Dijk sluit zijn preek af met een impliciete verwijzing naar zondag 10. Hij roept daarbij een sfeer van dankbaarheid en vreugde op, dankzij de ervaring van Gods zorg in het dagelijks leven: 'Dan neemt ge ook het sobere deel en den tegenslag uit Zijn hand aan en dan mort ge niet, wanneer uw weg door de diepten gaat. Dan zult ge het zwaarste werk nog met arbeidsvreugde doen, en klinkt onder uw huiswerk, zusters, de psalm des lofs: uw liefdedienst heeft mij nog nooit verdroten. Dan wordt de arbeid een feest, neen, niet alleen op 1 Mei maar op elken dag, en ge viert het feest van den arbeid door Gods genade in Zijn licht, dat het ruwste werk en misschien een schamel vertrek doopt met den glorieschijn van Zijn liefde, die doordringt in alle hoeken van ons leven.' Uiteindelijk is deze 'feeststemming' een prelude op het 'feest van Gods zaligen, die altijd bij den Here zijn zullen'.

Wie deze preek serieus neemt, zal niet snel in verzet komen tegen de sociaaleconomische verhoudingen. Deze mensen zullen zich met overtuiging inzetten in de sfeer van de wederopbouw die na de Tweede Wereldoorlog gestalte krijgt.

13 God, Nederland en Oranje – over het regeringsjubileum van Koningin Wilhelmina

Anders dan de andere preken in *MG* is deze preek niet voor de zondag bedoeld maar voor dinsdag 31 augustus 1948. Dominee L. Oranje Czn, predikant te Den Haag, houdt een 'preek bij de herdenking van de 50-jarige regeering van H.M. Koningin Wilhelmina', onder de titel 'In Gods dienst gevormd'.[22]
Het vijftigjarig regeringsjubileum van Wilhelmina valt samen met haar troonsafstand. Al een jaar eerder heeft K. Dijk een dienst aan het koningschap van Wilhelmina gewijd.[23] Toen viel 31 augustus wel op zondag. De kerk moet volgens Oranje niet achterblijven wanneer het op gedenken en danken aankomt. Het is duidelijk dat de preek niet uit is op persoonsverheerlijking. In een aantal retorische vragen leidt hij zijn preek in. 'En hoe kan zij [de kerk, *aj*] dat beter doen dan door juist vandaag de lichtbundels van Gods Woord te laten vallen op alles wat ons Nederlandsche Volk bezig houdt? Door ook biddend en dankend zich te scharen om den troon van Oranje? Door Gode te brengen de lof en de eer en de aanbidding voor wat Hij aan ons Volk gegeven heeft – hier en over zee – in het krachtig bewind van Haar, die thans terugtreden gaat om plaats te maken voor Haar Dochter, de Nieuwe Koningin van straks?'
De hoofdletters zijn opmerkelijk. Daarmee wordt de bijzondere eerbied voor de koningin geaccentueerd. Ook al krijgt God al de eer, de waardering voor koningin Wilhelmina is groot.
Oranje wijst er ook op dat andere landen en volkeren stuk voor stuk van hun vorsten beroofd zijn. Daarbij herinnert hij aan de oorlogstijd toen het nog maar de vraag was of Wilhelmina ooit weer 'den vaderlandschen bodem zou mogen betreden'. Bij alle dankbaarheid aan God spreekt hij uit 'dat ook boven ons Rijksgebied donkere wolken zijn samengepakt. In dat opzicht is er alle reden om wars te zijn van een brooddronken feeststemming.'

---

22 MG XXXV (1948), pag. 423-433.
23 Zie hoofdstuk 11.

Aan het slot van het inleidende gedeelte van zijn preek gaat hij de overdracht van het koningschap van Wilhelmina aan haar dochter Juliana vergelijken met de overdracht van het koningschap van David en Salomo. Hij kiest daarvoor niet de passages uit 1 Koningen die in de context staan van geweld en samenzweringen, maar kiest voor de versie uit 1 Kronieken 29. Typerend voor de manier waarop predikanten uit die tijd hun teksten kiezen, is de volgende aanduiding: 1 Kronieken 29:29*a*, 30*m*: 'De geschiedenissen nu van den Koning David, de eerste en de laatste, ziet, die zijn geschreven... met de tijden, die over hem verloopen zijn...'
Oranje brengt dan de volgende structuur aan:
'Daarin zien wij: hoe Davids koningschap in zijn gebrokenheid roept om Christus' koningschap.
Twee dingen dringen zich daarbij op den voorgrond:

I. De rusteloosheid vanwege de gebrokenheid.
II. De veiligheid vanwege de Goddelijke Voorzienigheid.'

De predikant verplaatst zich eerst in de persoon van de kroniekschrijver die nog één keer de balans opmaakt van het leven van koning David. Dat is een veelbewogen leven. Koning David heeft geen rust gekend. Vervolgens leeft hij zich in in het leven van koning David, in de gebrokenheid van zijn leven. Oranje noemt dat 'de tragiek van de permanente gebrokenheid'. Nadat hij dat heeft geponeerd, roept hij in herinnering wat elk kind in de kerk weet te vertellen over koning David. Hij maakt daarbij gebruik van het ene uitroepteken na het andere. 'Een kind kan het zien, de vaart van den razenden stroom, die zich over hem heeft uitgestort. Eén gebrokenheid al gebrokenheid!'
Oranje vergelijkt de gebrokenheid in het leven van koning David met dat van koningin Wilhelmina. Overigens niet nadat hij een soort lofrede over haar afsteekt: 'O zeker – Zij en wij – wij zullen, Gode dankbaar, erkennen dat er vele en langdurige "tijden" geweest zijn van grooten voorspoed, waarin Haar regeering ons tot een rijken zegen werd gesteld. Jaren van huiselijk geluk en jaren van ambtelijken voorspoed waren er vele in die halve eeuw. Haar naam en roem onder de Vorsten van Europa is wijd en zijd vermaard, om de wijsheid van haar kracht – en Gode zij dank – ook om de vroomheid, die haar regeering hebben gemaakt tot een voorbeeld voor velen. Zij was een ware "Lands-Moeder"!'
Daarna geeft hij ook aan dat in haar leven de beproevingen niet uitbleven: 'En wie zal zeggen, hoe vaak en hoe veel ook Zij geleden heeft. Nederland en Oranje – ze zijn in den smeltkroes geweest. En wij weten het – het was tot Haar en tot onze loutering, opdat wij gehard zouden worden tot de van God gegeven taak!'

Opnieuw gaat Oranje dan het koningschap van David als model gebruiken voor dat van Wilhelmina. Typerend is de volgende passage: ''n Tijd van voorspoed ná 'n tijd van tegenspoed, en omgekeerd. Zij wijzen ons op Haar zonden en gebreken, die wèl andere, maar niet mindere zonden en gebreken zijn dan die van David. En Zij vragen het aan ons: "Waarom zou God dan andere landen berooven en ons land niet? Waarom moest David als balling zwerven en Wij niet? Neêrland, let op Uw zaak! Schut den troon van Ons door Uw gebed!"
Koning-zijn – Koninginne-zijn – het is ook thans nog niets anders dan door voor- en tegenspoed groeien tot een uitverkoren vat, om te dragen den Naam van Hem, die is "Koning der koningen" en "Heer der Heeren"!'
Oranje schrijft zijn preek ruim drie jaar na de bevrijding. Er is volgens hem geen sprake van een ongestoorde vrede. 'Hoe pogen wij nog heden ten dage te keeren den rooden vloed van ramp en ellende!' en 'de tijden komen over ons heen, alle conferenties en pacten ten spijt, *als God het niet verhoedt!*' In zijn gedachten spelen wellicht de spanningen van het begin van de Koude Oorlog en de angst voor het communisme en de zaak die ook K. Dijk zo bezighoudt: de strijd in en om Indië.[24]

In het vervolg van zijn preek blijven twee motieven een rol spelen: het antwoord op de gebrokenheid van zowel het koningschap van David als dat van Wilhelmina in de 'òngebrokenheid en onbreekbaarheid van het Messiaansche Koningschap' en de behoefte om met lovende woorden te spreken over Wilhelmina. Een laatste passage ter illustratie:
'Want ook Haar levensavond staat niet in het teeken van weemoed over een toch feitelijk gedesillusioneerd leven.
Integendeel – de hitte van den dag en de koude van den nacht, de Haar – te jong reeds – opgelegde verantwoordelijkheid en de Haar op hoogeren leeftijd niet voorbij gegane ballingschap – ja – àlles, wat ge daartusschen zoudt willen noemen van wat "over haar gebracht is" – heeft het niet dank zij Gods voorzienigheid en Vaderlijke trouw in Christus Jezus medegewerkt, om Haar te vormen en te polijsten, zoodat Zij thans niet alleen *in* ons land, maar ook daar*buiten*, gevierd en geëerd wordt als één der wijste Vorsten, die de wereld de laatste eeuw heeft mogen aanschouwen?' Daarna gaat hij met instemming in op de geestelijke ontwikkeling van de koningin. Het slot van de preek is vooral een oproep om te bidden voor 'onze Koningin'. Voor Wilhelmina, voor Juliana, die gesteund wordt door 'Prins Bernard, den Prins der Nederlanden'!

24 Zie ook hoofdstuk 11.

Dominee Oranje blijft zijn uitroeptekens veelvuldig gebruiken... Dat gebed mondt uit in een gebed voor alle onderdanen van de koningin. Daarbij weer de uitdrukking 'hier en overzee'. Welke tijden er ook zullen komen, het gebed zal zijn, dat 'ze toch altijd onder Gods voorzienig bestel zullen medewerken aan de vorming van hun eeuwig Heil: de verwachting van den Koning van den troon op den jongsten dag!'
De preek eindigt met een lied:

'God, zou ons hart het ooit vergeten,
Wat Gij door onze Koninginne deedt,
Toen tyrannie het vrij geweten
Met al de macht ter aarde bestreed.
En 't eenigst uitzicht in den nood
Op U was en Uw almacht groot?

Hoe luttel kracht was Haar gegeven,
Hoe groot de taak door Haar volend;
Geen ramp is haar bespaard gebleven,
Geen redding bleef haar onbekend!
Gij schraagdet Haar bij 't gruw'lijkst wee! –
Zóó staat geen rots gegrond in zee.'

Oranje citeert hier Gezang 306:3 en 2 – in deze volgorde – uit de hervormde liedbundel[25], en brengt enkele wijzigingen aan, zodat de verzen rechtstreeks slaan op de vorstin.
Na het 'amen' van de preek geeft hij Gezang 29, uit de *Enige Gezangen*[26] op, waarbij hij 'ons' verandert in 'haar'. Daarna volgen nog twee coupletten van 'ons Volkslied'.

---

25 Psalmen en Gezangen voor de eredienst, 1938.
26 Is later als Gezang 257 in het Liedboek voor de Kerken gekomen.

Preken over de Heidelberger

door Aarnoud Jobsen

14 'Besef uw voorrecht en versta uw plicht'[27]

Honderd jaar terug in de tijd, in de Gereformeerde Kerken in Nederland. Elke zondag twee, in sommige plaatsen zelfs drie erediensten. In de morgendienst 'vrije stoffen', teksten uit te kiezen door de dienstdoende predikant, in de middag- of avonddienst de behandeling van de Heidelbergse Catechismus (HC). Deze catechismus is ingedeeld in 52 zondagen, zodat deze elk jaar in zijn geheel behandeld kan worden.

De keurvorst van de Palts, Frederik III, die het gereformeerd protestantisme sterk wil bevorderen, neemt het initiatief tot het opstellen van deze catechismus. In 1563 verschijnt de definitieve tekst van de HC in een kerkorde, ingekaderd tussen de formulieren van doop en avondmaal. Daarmee wordt de status van de catechismus duidelijk. Het zal gaan om de godsdienstige vorming van jonge mensen. Hun persoonlijke geloofsleven wordt door de inhoud van de catechismus gevormd. Wie zich als gedoopte de inhoud heeft toegeëigend, kan ooit toegelaten worden tot het avondmaal. Dat toe-eigenen is niet alleen een zaak van het verstand, maar zeker ook van geloofservaring.
De catechismus wordt toegeschreven aan Ursinus en Oliveanus, 28 en 26 jaar oud. In zijn voorrede geeft de keurvorst aan dat er meer mensen bij betrokken zijn geweest: de theologische faculteit en een aantal superintendenten. Een regionaal initiatief krijgt een brede internationale aandacht in gebieden waarin het gereformeerd protestantisme invloed heeft. Dus ook in Nederland. De van zijn psalmberijming bekende Petrus Dathenus vertaalt de catechismus in het Nederlands. Verschillende synodebesluiten hebben het gebruik van de HC bekrachtigd. Plaatselijk bleef er soms wat weerstand bestaan tegen de Heidelberger, uiteindelijk is de HC het leerboek bij uitstek geworden voor het gereformeerd protestantisme. Het maakt deel uit van de Drie Formulieren van Enigheid, samen met de Dordtse Leerregels en de Nederlandse Geloofsbelijdenis.

Uit *MG* blijkt het belang van de HC voor de prediking in de Gereformeer-

---

27 Karakteristieke zin uit de eerste catechismuspreek die in MG verschijnt, die over zondag 1 door B. Wielenga (zie hoofdstuk 15).

de Kerken. De vierde jaargang, die van 1914, wordt er geheel aan gewijd. De ingebonden versie is een kloek boekwerk van 832 pagina's. In het voorwoord bij de vijfde jaargang van 1915 verontschuldigt de redactie zich in zekere zin. 'Indien bij den aanvang van den vorigen jaargang te voorzien ware geweest, welk verbijsterend onweder over de volken zou losbreken, en ook ons land van dag tot dag zou bedreigen, dan zou de behandeling van den Heidelberger Catechismus naar lateren tijd zijn verschoven. De predicaties waren dan niet aan deze leerstof gebonden geweest en zouden zich meer op de nood der tijden hebben kunnen richten.' In 1926, het jaar van 'de kwestie Geelkerken', verschijnt al een tweede reeks catechismuspreken. In 1950 de derde reeks. Een volledige reeks van alle 52 zondagen is daarna niet meer in *MG* verschenen. In 1983 verschijnt dan een reeks over het 'Onze Vader' (zondag 46-49); deze reeks wordt in 1984 afgesloten met de laatste drie zondagen. In 1987 en 1988 komen zondag 9-12 en 13-16 aanbod. De allerlaatste catechismuspreek verschijnt in 1993 en gaat over zondag 20.

Menigerlei Genade lijkt het afnemende gebruik van de HC in de Gereformeerde Kerken te weerspiegelen. Andere vormen van catechese komen in omloop; de betekenis van de middagdiensten neemt geleidelijk aan af. Predikanten krijgen toestemming om hun middagdiensten onderling te ruilen. Er ontstaat een groeiende weerzin bij gemeenteleden en predikanten tegen leerstelligheid en dogmatisme. De HC wordt steeds meer tot een symbool uit vroeger tijden.

Een vergelijking van de preken uit verschillende tijden ligt voor de hand. Zijn er accentverschuivingen zichtbaar tussen 1914 en 1926? Wordt er aandacht besteed aan de traumatische ervaringen van de Tweede Wereldoorlog in de uitgave van 1950? Een 'theologie na Auschwitz' was toen nog niet ontwikkeld. Maar is iets van die ervaringen zichtbaar in de beschrijving van het godsbeeld? In hoeverre verandert 'de stijl' van preken?
Alle zondagen kunnen niet behandeld worden. Er is een keuze gemaakt voor de zondagen 1, 10 en 46. Zo komt er enig zicht op het godsbeeld van de verschillende perioden, op het mensbeeld, op de visie op de kerk en op de actualiteit.

15 Zondag 1

B. Wielenga

In 1941 neemt B. Wielenga[28] zondag 1 voor zijn rekening. Het is in veel opzichten een indrukwekkende preek. Alleen al door de omvang van zo'n zesduizend woorden. Ter vergelijking: in de laatste jaren vraagt de redactie van *MG* de preek niet langer te maken dan zeventienhonderd woorden. Zesduizend woorden betekent een preek van ongeveer een uur lang, afhankelijk van de stijl van voordracht en het tempo waarin de preek wordt voorgelezen. Wie wil weten wat een 'echte gereformeerde preek' is in 1914, heeft in deze preek uit HC 1 een treffend voorbeeld. Als je deze preek nu leest, krijg je een goede indruk van het belijden in de Gereformeerde Kerken van die tijd. Daarbij gaat Wielenga niet alleen in gesprek met zijn hoorders, maar hij gaat ook in op theologische kwesties van die tijd. Daarin kiest hij steeds een duidelijke positie.
De preek heeft dan ook een apologetisch en polemisch karakter. De uitleg kent een duidelijke structuur. Allereerst geeft de predikant het belang van de HC aan. Hij legt daarbij de nadruk op het verstand. Een typerend citaat: '... aangezien op dit uitgestrekte erf van het christendom de gereformeerde kerk dit redelijk karakter der heilswaarheid het kloekst heeft erkend en beleden, is nergens het verschijnsel van een catechismus zoo natuurlijk beleden als in de kerk, waarvan wij door genade lidmaten zijn.'

De HC zet in met het thema van de enige troost: 'Wat is uw enige troost, beide in leven en in sterven'. Dat perspectief is niet vanzelfsprekend. Wielenga gaat vooral in op de nadruk die Calvijn legt in zijn catechismus op de eer van God. Hij geeft de voorkeur aan de HC boven die van Calvijn, maar probeert de twee theologische accenten wel met elkaar te verbinden. Calvijn is immers de autoriteit! Zo zegt de predikant ronduit dat hij de HC prefereert boven de catechismus van Luther. Daarnaast noemt hij nog Alasco en Micron. De hoorders van die tijd dienen te beschikken over een goed beeld van de kerkgeschiedenis. Wielenga noemt de

---

28 MG IV (1914), pag. 1-16.

catechismus een 'onder een opmerkelijke providentieele leiding Gods geboren'. Hij blijft lang ingaan op de veronderstelde zwakke punten in de HC. Een langer citaat maakt zijn standpunt duidelijk: 'Of is het niet de ontleding van den enigen troost naar het werk der Drieëenheid reeds in de eerste vraag, is niet de beschouwing van al het gebeuren in verband met de raad Gods, de leer der erfzonde als wortelend in de schuld, de avondmaalsopvatting, en ook de breede wetsverklaring in het stuk der dankbaarheid, waar het godsdienstig-zedelijk karakter der reformatie zoo duidelijk aan het licht treedt, is dit alles niet kenmerkend gereformeerd in de zin van calvinistisch? De catechismus is ons lief, juist omdat hij een dóór en dóór gereformeerd leerboek is.'
In het afrondende gedeelte van zijn preek komt hij opnieuw op de theologische status van de Heidelberger terug, maar dan vooral in relatie tot de status van de Bijbel.

Structuur
De preek van Wielenga kent een duidelijke structuur. Allereerst een apologetisch gedeelte, waarin hij het belang van de catechismus als gereformeerd geloofsleerboek beklemtoont. Daarna komt een pastoraal bedoeld gedeelte, dat hij vergelijkt met de ernst van een 'herderlijk avondbezoek'. Verschillende keren legt hij er de nadruk op dat 'troost' niet allereerst een emotionele kwestie is, maar een 'levensbeschouwing' en 'levensopenbaring'. Troost hangt samen met de waarheid, met geloofsfeiten. Weliswaar betekent troost ook 'vrede in het gemoed', maar de waarheid staat voorop. Daarna verklaart hij troost als 'het kennen van de waarheid, die de mensch van zijn banden bevrijdt'. Troost leidt niet tot een stoïcijnse berusting. Opnieuw een polemisch terzijde van Wielenga.
Na het woord 'troost' legt de predikant het 'Dat ik' uit, de twee woorden waarmee het antwoord op de eerste vraag van de catechismus begint. Het 'ik' is voor Wielenga de stem van de gemeente. Elke vorm van een individualistische geloofsbeleving wijst hij af. In één zin polemiseert hij tegen twee geloofsrichtingen die hun invloed doen gelden binnen de Gereformeerde Kerken van die tijd: 'Dit is niet de weerklank van een methodistischen inval, noch de uiting van een piëtistisch gevoel, maar de vertolking van een geestelijke wetenschap.'

Voor wie deze uitingen in een historisch perspectief wil plaatsen: begin 1905 geeft Johannes de Heer voor het eerst zijn zangbundel uit, een bundel die in menig gereformeerd gezin beschikbaar was en vaak een prominente plaats kreeg op het harmonium en waar vooral in huiselijke kring uit werd gezongen. In 1905 vond een grote opwekkingsbeweging in Wales plaats, een beweging die ook in Nederland zijn weerklank vond in evangelisatieactiviteiten. Deze activiteiten kunnen enigszins generaliserend als 'methodistisch' worden voorgesteld. Het 'piëtistisch gevoel' is een onderstroom die ook in de Gereformeerde Kerken voorkwam. In die tijd zijn er nog A- en B-gemeenten, waarin de oorspronkelijke 'kleur en sfeer' teruggaat op de eerdere Afscheiding en de latere Doleantie. Ook weer generaliserend gezegd: A-gemeenten kenden een meer bevindelijke en wellicht ook piëtistische inslag.

Zonde, oorzaak van lijden

Een preek als die van Wielenga over zondag 1 met een duidelijke afbakening van de leer heeft wellicht mede als doel meer eenheid te brengen in het geheel van de Gereformeerde Kerken van die tijd. In het vervolg van zijn preek verbindt de schrijver het motief van de troost aan de Bijbel: 'de gehele bijbel is troostboek' en 'woord der waarheid'. De catechismus is dan de vertroostingsdrank, een metafoor waarbij Wielenga Psalm 23 citeert. Hij sluit zijn pastorale gedeelte van de preek af met een trinitarische samenvatting. Vanuit die samenvatting werkt de schrijver verder, waarbij hij volgens de lijn van de catechismus begint met de christologische inzet bij de Zoon en daar ook de meeste woorden aan wijdt. Voor Wielenga is de oorzaak van het leed dat mensen overkomt, de zonde. De troost is de verlossing van de zonden. Dat brengt hem bij zijn volgende polemiek, die tegen het culturele klimaat van zijn tijd, tegen 'de wereld die de zondeschuld niet kent'. Hij noemt daarbij 'dichters die in een ontroerende kunstvorm het diepgevoelde leed uitklagen'. Direct daarna stelt hij dat de christen dieper voelt en meer weet. Het theologische mensbeeld schetst hij als volgt: 'de ergste jammerpoel ontwaart hij in zich en daarom een toornend God boven en een geopende hel vóór zich'. Vanuit die 'jammerstaat' roept hij tot God. De uitweg wordt geschetst: door zijn *bloed*. Dan volgt de volgende passage. Opmerkelijk omdat Wielenga zijn preek heeft geschreven vlak voor het uitbreken van de Eerste Wereldoorlog. Bij de publicatie van de preek in de verzamelband in 1915 vonden de verschrikkingen in de loopgraven al plaats. 'Niet alle menschenbloed is even kostbaar. Toen men Napoleon verweet, dat hij zooveel menschenbloed liet stroomen, vroeg hij ironisch: is dat bloed dan zoo rein? En het is waar, op het aardsche slagveld stroomt wel menschenbloed weg, waaraan de wereld weinig verliest.'

Ik vraag me af of Wielenga deze laatste zinnen een aantal jaren later nog zo zou gebruiken, als de totale omvang van de massale afslachting van

jonge mannen in de loopgraven doordringt. Zo kan er theologie zijn voor Verdun en na Verdun... Opmerkelijk is dat hij aan het begin van de oorlog in Berlijn verblijft en daar het Duitse gevoel van triomf meemaakt, terwijl hij later in de oorlog het zwaar getroffen Antwerpen bezoekt en enkele Duitse steden. Over zijn ervaringen heeft hij gepubliceerd.
Wielenga gebruikt deze woorden overigens, omdat hij er des te meer de nadruk op wil leggen, dat het bloed van Jezus bij uitstek rein bloed is. In het vervolg van zijn preek beschrijft hij de 'bloedtheologie' uitvoerig. Daarin komt het priesterwerk van Christus tot uiting. Vervolgens stelt hij tegenover de formulering uit de catechismus 'alle heerschappij van de duivel' het koninklijk optreden van Christus die mensen van deze heerschappij verlost. Dat brengt hem bij zijn volgende polemiek, die van de 'liberaliteit', die hij een valse vrijheidswaan noemt. Een citaat: 'De tempel der vrijheid, die de wereld bouwt, is een gevangenis.' Tegen wie hij precies polemiseert, is niet duidelijk. Het kan zijn tegen het culturele klimaat van het *fin de siècle*, of wellicht tegen andere vormen van vrijzinnigheid, zowel theologisch als politiek-cultureel.
De preek van Wielenga is in ieder geval radicaal. Voor andersdenkenden en andersvoelenden is geen plaats. 'Liberalen' vallen bij hem buiten de boot. In de passage over de 'Vader' schetst hij het volgende godsbeeld: 'Zonder Christus is de wil van den Vader schrikkelijk, want Gods wil is heilig. Zijn wil is voor den zondaar als een onweder, een verslindend vuur.' Kwade dingen moeten dienen tot de zaligheid van Gods kinderen: 'Dan wordt de smart kastijding, de beproeving loutering, het verlies wordt winst.'

Aanvechting en bemoediging

We zijn inmiddels ongeveer op twee derde van de preek. De betekenis van het werk van de heilige Geest als trooster komt nog aan de orde. Ook dat gedeelte duidt Wielenga met de catechismus vanuit een christologisch perspectief. Hij schetst dan rondom het thema van de geloofszekerheid hoe mensen kunnen worden aangevochten, de 'wetenschap dat Gij God *niet* dient! Dat hij bij u niet komt tot zijn eere!'
De Geest kan de vrede van het geloof hergeven. Mensen worden dan 'vrolijk in den Heere'. Voor hem is het dan mogelijk om weer terug te grijpen op de eerdere kwestie, die van de vermeende tegenstelling tussen de HC en Calvijn. Beide zijn volgens hem uit op de 'grootmaking van God'.

Heilig conservatisme gecombineerd met heilig idealisme

En nog is de preek niet ten einde. Nu moet nog alle aandacht geschonken worden aan de driedeling 'ellende, verlossing, dankbaarheid'. Bij wie dan nog kan luisteren, mag doordringen dat die driedeling ook voorkomt in het doop- en in het avondmaalsformulier; in dat laatste vooral in het stuk van de zelfbeproeving. Hij noemt ook Melanchton, maar de volle nadruk valt toch op de bijbelse fundering van deze drieslag. Hij doelt op de structuur van Psalm 116 en op de Romeinenbrief. Op pagina 13 stelt hij nog duidelijk: 'zonde gaat aan ellende vooraf'. Hij ageert daarbij nog even tegen methodistische oppervlakkigheid. Ellende, verlossing en dankbaarheid zijn met elkaar verbonden. Even later waarschuwt hij ervoor dat sommige mensen in het eerste stuk van de ellende vastlopen, waarbij hij de formulering 'vanuit een ziekelijke bekommernis de waarheid van de verlossing niet aandurven' gebruikt. Het is duidelijk waar hij op doelt: op een geloofsbeleving binnen ultrabevindelijke kringen.

Was Wielenga in het eerste apologetische gedeelte van zijn preek uitermate lovend over de Heidelberger, vanaf pagina 14 gaat hij in op de structurele en inhoudelijke tekortkomingen van deze catechismus. Daarbij kan hij waarschuwen tegen 'afgodische vereering' van dit boek. Ook nu heeft hij ongetwijfeld mensen en stromingen op het oog, wellicht ook uit meer bevindelijke kringen. Hij heeft bezwaar tegen een aanduiding als 'het heiligdom der goddelijke waarheden' of het 'tresoor van Gods eeuwigen raad'. De catechismus blijft in wezen ondergeschikt aan de heilige Schrift, maar wijst overigens voortdurend naar de kern van het evangelie. Een paar citaten uit het slot van zijn preek: 'Zoek en waardeer de catechismusprediking als een van God gegeven middel tot opbouw en opbloei van uw geloof.' Bij wie het misverstand zou ontstaan dat dat vooral een kwestie is van het verstand, volgt de waarschuwing dat 'het geheim der vertroosting moet schuilen in de binnenkamer van uw ziel'.
De gereformeerde levenshouding die Wielenga in zijn preek duidt, noemt hij zelf 'heilig conservatisme gepaard aan een heilig idealisme'. Meer dan ooit is dat noodzakelijk, want de 'geestesstrooming in de wereld buiten God vertoont al scherper het schrikkelijk beeld van de antichrist'. Er volgt dan een soort leuze: 'Besef uw voorrecht en versta uw plicht.' De laatste minuten van de preek lopen uit op de vermaning aan de onbekeerden zich te bekeren. De preek eindigt met de zin: 'Het heil is des Heeren, Gods zegen is over zijn volk.'

Intellectualistisch en pastoraal

Wat de stijl betreft, deze is soms intellectualistisch, soms ook pastoraal. Er komen veel bijbelcitaten in voor, soms met bronvermelding, vaak ook zonder omdat de tekst als bekend wordt verondersteld. Een enkele keer horen we een formulering die als 'tale Kanaäns' kan worden benoemd.

Overigens maakt de schrijver matig gebruik van bevindelijke taal en overwegingen. Wellicht dat er ook een impliciete kritiek is op bevindelijke kringen, die zich terzijde van de Gereformeerde Kerken van die tijd ophouden, waarin de 'Oude Schrijvers' een groot gezag hebben, naast de persoonlijke ontboezemingen in gezelschappen. De Gereformeerde Kerken zijn in de negentiende eeuw mede vanuit die bronnen gevoed.

J.C. de Moor

Structuur

In de uitgave van 1926 neemt J.C. de Moor[29] zondag 1 voor zijn rekening. Wie zijn preek met die van Wielenga vergelijkt ziet opmerkelijke verschillen. Het taalgebruik is veel toegankelijker. De Moor blijft dicht bij de tekst van de catechismus en neemt de hoorder als het ware bij de hand, door bijna woord voor woord een uitleg en toepassing te geven. Polemieken, die zo vaak voorkomen bij Wielenga, vind je bij hem nauwelijks.

Ook hij begint met een apologie van de HC. Mensen verwonderen zich over de voortdurende herhaling van de catechismus in de prediking en dat terwijl de catechismus allerminst 'een Evangelie brengt naar den mensch'. In de prediking van de HC wordt de mens 'op het diepst vernederd en als geheel verdoemelijk aan de kaak gesteld'. Dit mensbeeld staat bij De Moor op geen enkele wijze ter discussie, maar is juist kenmerkend voor de troost die de HC biedt. Het doel van de prediking is 'nieuwe vreugde in de oude waarheid te smaken'.

Na deze inleiding volgt de prediker de trinitarische structuur van de catechismus. Het godsbeeld is dat van de 'hemelsche Rechter, die Zich niet zal laten bewegen tot een medelijden waardoor aan Zijn eer te kort zou worden gedaan'. Daarna schetst hij het beeld van de 'arme zondaar' tegenover de 'rijke Christus'. De Moor beschrijft hoe noodzakelijk het is, dat mensen zich van de ernst van hun zonden bewust zijn. Zonden zijn tot een last die te zwaar is om te dragen, 'waardoor hij zich volkomen verdoemelijk gevoelt voor Gods aangezicht'. Daarnaast ervaart de zondaar de in de catechismus genoemde 'heerschappij des duivels'. 'Doch wie hier antwoordt heeft leeren zuchten onder alle zijne zonden en onder alle heerschappij des duivels en heeft leeren roepen om ontferming en verlossing.'

Vervolgens schetst hij een scherpe tegenstelling tussen 'een volko-

29 MG XVI (1926), pag. 1-16.

men wantrouwen in mijzelf' en 'een volkomen vertrouwen in den Verlosser'. Hij gaat daarbij in op de betekenis van het dierbaar bloed als 'onderpand van een vrijsprekende werking'. Van belang is het proces van toe-eigening. Het is onvoldoende om te *weten*, het is ook nodig te *geloven* en uiteindelijk moeten we dit weten en geloven 'voor ons zelf *aanvaarden* met ons gansche hart'. Degenen die van dit verlossingswerk niet willen weten, wacht het 'oordeel en de hitte des vuurs'. De angst voor het oordeel kan ook mensen treffen die juist wel graag in dit geloof zouden willen toestemmen, maar dat niet kunnen, omdat hun de vrijmoedigheid ontbreekt. Deze mensen spreekt De Moor in het bijzonder toe. Hij stelt hun de vraag of het besef van de zondeschuld wel levendig genoeg is en geeft als advies: 'Leer waarlijk treuren om uw ellende...'
In het tweede gedeelte over de gemeenschap met de Vader gaat De Moor in op de mogelijkheid dat de Vader zijn kinderen beproeft met leed of rampen. Op die beproeving gaat hij uitgebreid in onder het noemen van verschillende bijbelse personages die ook zo door God zijn beproefd. Karakteristiek is een zin als: 'Hij maakt elk ding schoon op Zijn tijd en heeft het mozaiek van uw leven zóó samengesteld, dat eindelijk de schoonheid van zijn lijnen en kleuren zal blijken, misschien juist op dat oogenblik, dat gij in de schijnbare verwarring geen orde meer kunt **ontwaren** en daarom ook vreest, dat ze er niet is.'

Weerbaar zijn tegen de tijdgeest

In het derde gedeelte over de heilige Geest gaat de prediker vooral in op de betekenis van het eeuwige leven. Het gewone leven is een voorbereiding op het eeuwige leven. De preek krijgt steeds meer een vreugdevolle toonzetting: 'Wat een heerlijkheid wordt ons hier dus geboodschapt! Het verloren paradijs is herwonnen.' Het slot van de preek heeft betrekking op de drie stukken: ellende, verlossing en dankbaarheid. Ook De Moor legt er de nadruk op dat de stukken in een voortdurend leerproces met elkaar verweven zijn. Hij gebruikt hierbij een woord als 'zelfverloochening' en spoort aan tot een grote inspanning om met de 'waarheid Gods hoe langer hoe beter bekend te worden'. De tijdgeest typeert hij als een die 'vol is van de grootste geestelijke gevaren'. Zijn hoorders zullen daarbij verschillende associaties hebben gehad: het gevaar van 'wereldgelijkvormigheid' in de 'roaring twenties', waarbij dans, kaartspel en welke vorm van amusement ook ver op afstand blijven, wellicht ook het gevaar dat men zag in de opkomst van het socialisme. Maar ook van zoiets als het neo-malthusianisme, waarin elementen als geboorteregeling een rol gaan spelen. Men moet zich wapenen tegen 'listige aanvallen des boozen'. De preek krijgt een cyclische structuur als de prediker opnieuw aangeeft, dat de catechismus 'volkomen in strijd is met wat de natuurlijke mensch denkt en weet'.

Overlijden tijdens de synode van Assen

De Moor neemt voor deze bundel van MG de eerste acht zondagen voor zijn rekening. Ze worden gepubliceerd in het jaar dat hij plotseling overlijdt. In januari 1926 wordt deze predikant, die verbonden is aan de gemeente van Utrecht, op de tweede dag van de synode van Assen plotseling onwel en overlijdt kort daarna op 27 januari. Op de eerste dag heeft hij de bidstond waarmee de synode werd geopend nog geleid. De afzetting van Geelkerken heeft hij dus net niet meegemaakt...

H. Veldkamp

Na de Tweede Wereldoorlog

In 1950 verschijnt de derde bundel catechismuspreken van MG. De preken zijn dus geschreven in 1949. Wielenga wordt nog als redactielid genoemd. Hij is in 1949 overleden. Zondag 1 t/m 4 worden verzorgd door H. Veldkamp.[30] Deze predikant was als publicist uitermate productief. Zijn tweedelige *Zondagskinderen. Kanttekeningen bij de Heidelbergse Catechismus*, beleefde enige drukken. Een publicatie die in veel gereformeerde boekenkasten te vinden was. Onder ouderen bestaat nog steeds bewondering voor deze uitgave. De uitleg van Veldkamp in MG bevat evenals de twee eerdere versies van Wielenga en De Moor een zestiental pagina's. Veldkamp maakt doorgaans gebruik van kortere zinnen en van eenvoudiger taal. Zijn preek zal dus iets korter zijn dan die van zijn voorgangers. Veldkamp schrijft zijn preek na de Tweede Wereldoorlog. Bij de vele illustrerende voorbeelden die kenmerkend zijn voor zijn preektrant gebruikt hij nu ook beelden uit de oorlog die nog maar net voorbij is. Op de eerste bladzijde lezen we dan ook: 'De woorden van het eerste antwoord zijn niet alleen opgezegd op de catechisatie, maar ook nagezegd – nagebeden mag ik wel zeggen – op de sterfbedden en in de concentratiekampen.' Er komen nog geen grote verschuivingen voor in het mens- en godsbeeld, zoals we dat aantreffen bij de eerdere preken van Wielenga en De Moor. Ze zitten duidelijk nog op dezelfde lijn. Ook al noemt Veldkamp onderduiken, razzia's en bombardementen, hij spreekt de catechismus niet tegen als het gaat om de betekenis van het lijden. Hij blijft bij het beeld van de

30 MG XXXVII (1950), pag. 1-16.

goddelijke pedagogiek, zoals we dat ook aantreffen bij zijn voorgangers. Daarbij schuwt hij de retoriek niet:

'Uw ziekte dient uw zaligheid.
Het verlies van uw kind dient uw zaligheid.
De evacuatie dient uw zaligheid.
Het mislukken van uw plan dient uw zaligheid.
De tegenwoordige crisis dient uw zaligheid.'

Objectiverende preektrant

Bij het thema van het werk van de heilige Geest in het proces van de toe-eigening van het geloofsvertrouwen, klinken de preken van Wielenga en De Moor onvervalst bevindelijk. Die bevindelijkheid uit zich bij Veldkamp op een meer objectieve wijze. 'Daarom ziet de verloste mens naar de voltooide verlossing met groot verlangen uit. Niets drukt hem zwaarder dan de disharmonie tusschen het willen en het volbrengen. Het is hem een reden tot groote dankbaarheid, dat Gods Geest althans zijn wil in de goede richting boog (een vrucht van eigen akker is dat nooit), maar dat de daden nog zoo gering en zoo gebrekkig blijven, is hem een oorzaak van gedurige droefheid.'

In *MG* vormt de preek van Veldkamp over zondag 1 de laatste in een reeks van drie. Hoe kunnen de nieuwe inzichten op het gebied van het mens- en godsbeeld, zoals die geleidelijk aan zichtbaar worden in de theologie van na de Tweede Wereldoorlog, verbonden worden met de uitleg van zondag 1? Er zijn ongetwijfeld predikanten geweest die dat hebben geprobeerd. In *MG* is daar niets van terug te vinden. Bovendien raakt de prediking over de HC haar prominente plaats in de Gereformeerde Kerken vanaf de jaren zeventig geleidelijk aan kwijt.

16 Zondag 10

P.A.E. Sillevis Smitt

Schepping en voorzienigheid

De preek van P.A.E. Sillevis Smitt[31] over de 'voorzienigheid Gods' is aanmerkelijk 'minder geleerd' dan die van Wielenga. Het taalgebruik is beslist toegankelijker. Theologisch gezien zijn er geen grote verschillen in het gods- en mensbeeld tussen de twee predikers. Ook Sillevis Smitt heeft alle ruimte om in zijn preek de catechismus breed uit te leggen. Zo legt hij eerst de verbinding tussen schepping en voorzienigheid. Een typerende zin: 'Wat toch zou er van dat wonderschoone scheppingsorganisme worden, indien de Almachtige het, na het tot aanzijn te hebben geroepen, onverzorgd en door Hem verlaten liggen liet, zonder er voorts iets om te bekommeren?' Die zin is een sleutelzin in zijn preek.

Sillevis Smitt verbindt het begrip 'voorzienigheid' met het gegeven dat God rust op de zevende dag van de schepping. Overigens geeft hij weer dat het begrip 'voorzienigheid' niet van bijbelse oorsprong is. Het komt ook voor onder andere godsdiensten. Dogmatisch gezien verbindt hij dat dan aan de notie van de 'ingeschapen kennis Gods'. Voor hem is er nu een aanleiding om te polemiseren. Buiten het bijbelse kader heeft het begrip alleen een filosofische betekenis. Dan blijft het theorie, zonder levenspraktijk. In de verwarring van het veelgodendom leidt het tot dwaasheden. Hij spoort zijn hoorders aan voorzichtig om te gaan met het begrip voorzienigheid. Hij noemt het een kracht Gods die niet samenvalt met God zelf. Toch vindt hij het van belang om aan de inhoud van een door de Bijbel geijkt begrip van 'voorzienigheid' vast te houden. De bijbelse ijking is daarbij van groot belang.

Hij noemt dan twee dwalingen en hij gaat vervolgens polemiseren tegen het pan(en)theïsme en het deïsme, zonder dat hij deze termen noemt. Een groot probleem is hoe het kwaad in de wereld te rijmen met een begrip als voorzienigheid: '... wat God ten opzichte van het kwade werkt is nooit de zonde zelf, maar is, ondanks de zonde, het goede.' In het verlengde van het niet genoemde deïsme noemt hij het rationalisme, 'de

---

31 MG IV (1914), pag. 145-160.

vrije wil van Pelagius, heel het hoogmoedig kronen van het eigen ik...'. Bij de uitleg van de voorzienigheid als de almachtige en alomtegenwoordige kracht volgt een retorische opsomming van tegenstellingen. De drie eerste van deze retorische uitweidingen klinken als volgt: 'Ze is in het loeien der orkanen en in het murmelen der beek; in de diepe wateren der zee en in den druppel aan den emmer; in de hemelhooge bergen en in het stofke aan de weegschaal...' Zo volgt nog een aantal tegenstellingen.
God grijpt in om mensen tot inkeer te brengen. Als God de mens laat lijden, is dat om pedagogische redenen. Een redenering die we eerder zijn tegengekomen.

Geen toeval of noodlot

Hij gaat ook in op de begrippen 'toeval' en 'noodlot', die niet samenvallen met het door de Bijbel ingekleurd beeld van voorzienigheid. Toeval en noodlot zijn twee tegenpolen die voorkomen in elkaar 'bestrijdende wijsgerige stelsels'. Ook nu noemt Sillevis Smitt deze niet. Trekken van het hedonisme en het stoïcisme zijn af te leiden uit zijn beschrijving ervan. De 'vaderlijke hand' die in de catechismus genoemd wordt, biedt troost aan zijn hoorders. Hij gebruikt de bekende beeldspraak van het borduursel: 'Wij zien het borduursel aan de achterzijde, niets dan een verwarring van draden; God ziet de voorzijde, een kunstig patroon.'
Het slotgedeelte van zijn preek is ingeruimd voor de bespreking van de drie effecten van het voorzienigheidsgeloof: 'in tegenspoed geduldig', 'in voorspoed dankbaar', 'met het oog op de toekomst'. De meeste ruimte krijgt 'in tegenspoed geduldig'. Ook hier treedt het pedagogische model weer sterk op de voorgrond. Eerst ervaart men het lijden nog als een *moeten*, vervolgens als een *willen* en uiteindelijk als een *mogen*. In zijn pastorale, bevindelijke slotgedeelte zinspeelt hij op Psalm 131 en op Romeinen 8.

G.R. Kuijper

Levensraadsel

In de bundel van 1926 schrijft G.R. Kuijper[32], destijds predikant te Haarlem, over zondag 10. Hij begint zijn preek met een uitleg van Psalm 73. Het 'levensraadsel' dat hij in deze psalm waarneemt, verbindt hij met het the-

32 MG XVI (1926), pag. 145-160.

ma van de 'voorzienigheid'. Zijn preek toont een pastorale bewogenheid. Er klinkt empathie door in deze zinnen: 'De lijnen van het godsbestuur zijn dan voor ons oog zoo verbijsterend krom. De levensdraden zijn zoo hopeloos verward. Heel de wereld is vol troostelooze vraagteekens.' Kuijper komt niet tot een 'onweerlegbaar antwoord'. Hij roept zijn hoorders op tot een 'Asafsstemming' en haalt het slot van de berijmde Psalm 73 aan. Het thema van de voorzienigheid fungeert als belijdenis. Zonder deze belijdenis is er volgens Kuijper 'geen gebed' en 'geen vertrouwen'. Evenals zijn voorganger legt Kuijper er de nadruk op, dat het woord geen bijbelse oorsprong heeft. Het is 'in de geest van heidense denkers geboren'. Typerend is de volgende passage: 'Waar er ook maar een Jood zijn handen opheft tot den God der vaderen of een Mohammedaan zich neerwerpt voor Allah, daar leeft ook het voorzienigheidsgeloof. Ja, waar ook ergens een half naakte Heiden met een schort om de heup nog zijn godsdienstige plechtigheden volbrengt, is het de rest der ingeschapen godskennis, die hem, hoe gebrekkig dan ook, van de voorzienigheid van zijn god getuigenis doet geven.' De predikant zal zich met deze laatste zin van geen kwaad bewust zijn. Vanuit het perspectief van nu is de zin een illustratie van het superioriteitsdenken in een koloniale tijd.

Bij de betrekking tussen God en de wereld bespreekt hij expliciet het pantheïsme en het deïsme. Tegen het pantheïsme schrijft hij: 'Feitelijk voert ze den mensch naar de kilheid van het heidensche noodlot. God wordt gemaakt tot een blinde, onpersoonlijke, onweerstaanbare macht, zonder bewustzijn en wil, aan welker onberekenbare willekeur we met heel ons leven overgegeven zijn...'

Kuijper houdt er rekening mee, dat zijn jonge toehoorders ook onder invloed kunnen staan van de cultuur van die tijd. Hij noemt expliciet de literatuur. Het is niet onmogelijk dat hij zinspeelt op het werk van de dichter Der Mouw, die onder het pseudoniem Adwaita schrijft en gebruikmaakt van begrippen uit de hindoeïstische filosofie. Voor het deïsme gebruikt hij de vergelijking van de technicus en zijn machine. Voor mensen met een deïstisch godsbeeld blijft God op afstand. Ze zullen wellicht even bidden in de nood, maar dan God weer laten vallen.

God en het kwaad

Het moeilijke vraagstuk van hoe God in het kwaad, 'in de zondige daden van mensch en duivel' werkzaam is, gaat Kuijper niet uit de weg. God kan deze daden gebruiken voor een hoger doel, maar de mens zelf blijft verantwoordelijk: 'In onze kromme wegen is Gods weg recht. In ons onheilige doen is zijn doen enkel majesteit, aanbiddelijke heerlijkheid.' Hij illustreert deze visie met enkele voorbeelden van bijbelse personages. Dan komt de conclusie die zijn voorganger Sillevis Smitt ook al heeft getrokken: 'Wij zien slechts brokstukjes, waar God het geheel van zijn weg met zijn wereld en zijn kinderen ziet.' Hij waarschuwt zijn hoorders niet hoogmoedig te denken: 'als ik God was, dan...'.

De relatie tussen God en mens komt tot uiting in het impliciete citaat uit Psalm 8. Kuijper is nu ongeveer op twee derde van zijn preek. Hij geeft als tussenzang Psalm 40: 8 op. Na deze tussenzang gaat hij in op het belijdende karakter van het thema van de voorzienigheid. Het gaat daarbij om de toe-eigening van deze belijdenis, vooral ook in momenten van leed. Hij legt er de nadruk op, dat het geheim van Gods vaderlijke liefde alleen via Jezus kan worden doorgrond. De felle werkelijkheid blijft aanleiding geven tot waaromvragen. Hij wijst als uitweg het vertrouwen dat mensen het na hun dood in de hemel bij God zullen verstaan. Het lijden dienen we te aanvaarden als 'vaderlijke beschikking Gods'.
Voor het overige herhaalt Kuijper herhaaldelijk de zin: 'Dóór Jezus tot den Vader.' Op de betekenis van Christus' lijden en sterven gaat Kuijper dan nadrukkelijk in. Hij roept zijn hoorders op tot 'geloofsblijdschap'.

G. Meynen

Tijdsbeeld kort na de Tweede Wereldoorlog

In 1949 schrijft G. Meynen[33] zijn preek over zondag 10 die in de bundel van 1950 verschijnt. In vergelijking met de twee vorige preken verschilt het mens- en godsbeeld niet wezenlijk. Wat nu wel zeer duidelijk doorklinkt, is de ervaring van de nood en verschrikkingen van de Tweede Wereldoorlog. Uit de preek krijgt de hoorder niet direct het idee te leven in de tijd van kort na de bevrijding. Meynen heeft het over een geschonden wereld en over een droeve herinnering. 'Leed en smart' overheersen, zowel in het verleden als het heden. Over de toekomst is Meynen nog veel somberder. Hij zinspeelt op een nieuwe oorlog. De angst voor een Derde Wereldoorlog met gebruik van kernwapens leeft sterk: 'de aankondigingen van een nieuwe volkerenkrijg die de vorige in ernst en macht stellig zal overtreffen (...) dat men eenmaal de vindingen van het menschelijk vernuft dienstbaar zal maken tot handhaving van zichzelf en tot vernietiging van den ander.' Vanuit een gelovig perspectief relativeert de predikant de angst.

---

33 MG 37 (1950), pag. 131-144.

Zondeval en verlossing

Evenals zijn voorgangers ruimt Meynen veel ruimte in voor de betekenis van het kwaad en de zonde. Het heilshistorische model waar de zondeval en de verlossing in en door Jezus Christus een grote rol spelen, komt bij hem nadrukkelijk aan de orde: 'ondanks de zondeval blijft God deze vervloekte aarde onderhouden en regeren'. Bij de voorzienigheid speelt vooral het geloof in de 'Heere Jezus Christus'. Mensen zijn niet onderworpen aan een grillig noodlot. Bij de vragen en onzekerheden van het leven maakt hij duidelijk dat gelovigen zoveel meer zien dan andere mensen. 'Want ze zien achter al wat er geschiedt de machtige arm van hun God en Vader.'

In een retorische passage werkt de predikant de tegenstellingen uit: 'hoe het ook zij het komt van Vader'. Een citaat: 'Ja, hij beschikt ook de moeite en de zorg, de tegenslag en de achteruitgang, de verschrikkingen en de verwoestingen, maar in dit alles zien we door het geloof in het doode menschenleven den levenden Christus; in de vervloekte aarde den gezegenden en zegenenden Koning.'

Apocalyptisch perspectief

Meynen gebruikt de term 'Bruidsgemeente'[34], een term die in chiliastisch-apocalyptische kringen veel wordt gebezigd. Het sombere tijdsbeeld krijgt een verwerking in een apocalyptische toonzetting. Hij schrijft: 'Er gebeurt zoo ontstellend veel in deze wreede wereld, veel meer dan iemand onzer weten kan. De verschrikkingen van de Gode-vijandige machten zullen in de toekomst ontketend worden, en het zal blijken welk een groote macht de satan, onder de toelating Gods, ontwikkelen kan. Maar één ding is zeker, dat ook die verschrikkingen zullen medewerken ten goede dengenen, die gelooven, dengenen, die den Christus Gods hebben aangegrepen...'

H.M. Kuitert

Hoe kan God het toelaten?

De vierde catechismuspreek over zondag 10 is van H.M. Kuitert.[35] Zijn preek verschijnt in de vierde bundel van 1987. Kuitert voorziet zijn preek van de titel: 'Hoe kan God het toelaten?' Kuitert volgt niet de theologi-

---

34 Zie hiervoor ook de pinksterpreek van B.A. Bos uit 1935, in hoofdstuk 20.

35 MG LXXIV,4 (1987), pag. 135-144.

sche trend van zijn tijd. Wanneer zondag 10 als belijdenis aan de orde is, stelt Kuitert, dan haakt tien tegen één in de kerk af.
'Achterhaald, denken ze, zover achterhaald dat we het niet eens meer kunnen bijstellen. Het moet helemaal weg. Ik kom weinig artikelen of boeken tegen die er nog wat in zien en als ze het al doen, ben ik niet gelukkig met hun woorden. Ze gaan dan weer zó op de toer van "herhalen zonder verstaan" dat de honden er geen brood van lusten, laat staan je kinderen.'
Een uiterst direct taalgebruik. Kuitert betoogt juist dat zondag 10 allerminst achterhaald is. Eerst gaat hij nog in op de manier waarop mensen van zijn tijd een term als 'voorzienigheid' beoordelen: 'Het hoort allemaal bij de vroomheid van makke schapen en dat willen we niet en kunnen we niet zonder onoprecht te worden.'
De toonzetting van de preek van Kuitert blijft polemisch. Daarbij legt hij duidelijk uit dat we te maken hebben met een landbouwers-catechismus in een industriële samenleving. Hij stelt de vraag van velen van zijn tijdgenoten: 'Hoe zou zo'n verschrikkelijke wereld als de onze ooit een vaderlijke hand van God kunnen weerspiegelen? Kan God dat toelaten of erger nog: kun je dat zijn bestel noemen?' Kuitert wijst erop, dat mensen die vraag vaak pas gaan stellen als ze in hun persoonlijk leven met rampen worden geconfronteerd.
'Ik denk dat hier de diepste reden ligt waarom christenen vandaag Zondag 10 laten vallen als een baksteen: Als je aan de regering door God van alle dingen vasthoudt, belast je God met een vreselijke wereld: met het kleine leed om de hoek, maar evengoed met de meervoudige hongerdood in zwart Afrika, met de genocide in Cambodja en met de uitvoering [of is uitroeiing bedoeld? *aj*] van de Europese Joden in Auschwitz. God *kan* de wereld niet regeren want Hij zou een boef zijn als het waar was.'

Kuitert en Kushner

Kuitert stelt vervolgens de vraag:
'Maar wat dan?'
Het alternatief is: God kan er niets aan doen. Dan is God vrijgepleit, maar stelt God ook niets meer voor. Hij richt zich dan tegen het in die tijd tientallen malen herdrukte boek van Harold Kushner *Als het kwaad goede mensen treft*. Hij noemt het een 'mooi en teder boekje als het gaat om de beschrijving van het leed (...) maar van God blijft niet veel meer over dan een tandeloze vriendelijke leeuw'.

Respect voor het godsgeloof van vorige generaties

In de volgende alinea spreekt Kuitert zijn respect uit voor de vorige generaties die ook met zondag 10 worstelden. Hij stelt zich op tegen degenen die hen als mensen 'die al te simpele dingen konden zeggen over God die alles regeert' beoordelen. Ze kenden hun aanvechtingen. Vol instemming beschrijft hij hun positie: 'Maar één ding wisten ze nog beter: als God niet de Schepper is die onze wereld als met zijn hand onderhoudt en regeert, kom je God nooit meer tegen in je leven. Dan is God je geen last meer maar ook geen lust, en *dat* wilden ze niet en dat konden ze niet.'

Kuitert wil ondanks alle aanvechtingen niets van zondag 10 schrappen. Hij sluit aan bij Luther. 'Gods vriendelijk aangezicht lijkt heel vaak meer op een wreed gezicht. "Aber er meint es nicht", zei Luther. Dat *kan* zijn ware gezicht niet zijn, want dat hebben we gezien in Jezus Christus. Dat was voor Luther de enige uitweg en ik val hem daarbij bij. "Hij meent het niet."'

Mensen overschatten hun mogelijkheden het kwaad te bestrijden

In het slot van zijn preek polemiseert Kuitert tegen de mentaliteit van: 'nou, dan gaan we er eens flink tegen aan, tegen de honger en het wereldleed'. Hij constateert dat mensen zich in dit opzicht overschatten: 'Wie Gods hand die alles regeert, uitschakelt, kan niets anders dan zijn eigen hand overschatten.' Overigens schrijft hij ook: '"In tegenspoed geduldig" – wil ik maar zeggen – hoeft niet. Het *mag*, maar je mag er ook woedend over zijn, de oorlog aan God verklaren, met je Maker twisten, zoals het zo kernachtig in de Bijbel staat, het niet nemen. Dat is allemaal prima. Als je maar één ding niet doet: overstappen naar "God kan er ook niets aan doen". Dan kun je zelfs niet meer tegen God in het krijt treden.'

Kuitert eindigt, zoals een van zijn voorgangers, met een citaat uit Romeinen 8... Als slotlied geeft hij het lied van William Cowper op, 'God gaat zijn ongekende gang / vol donk're majesteit...' (Gezang 447, *Liedboek voor de Kerken*).

17 Zondag 46

H. Hoekstra

Vrij gebed of formuliergebed

Met deze zondag begint de uitleg van het Onzevader. Tegenwoordig maakt het Onzevader in veel kerken een vast onderdeel uit van de liturgie. Het wordt dan hardop meegebeden. Die status had het Onzevader in de Gereformeerde Kerken aan het begin van de 20e eeuw nog lang niet. Het kon een rol spelen in de gebeden die thuis hardop werden uitgesproken, maar ook dan kon het voorkomen, dat men de voorkeur gaf aan een 'vrij gebed'. Voor veel mensen was dat destijds een heet hangijzer: vrije gebeden of formuliergebeden, zowel in de eredienst als thuis. De predikant H. Hoekstra[36] te Arnhem die in 1914 de preek over zondag 46 houdt, gaat dan nog uitgebreid op deze kwestie in.

Er zijn mensen die bezwaren hebben tegen formuliergebeden, omdat op die manier 'de vrije werking van des Geestes werd tegengestaan'. Hoekstra verwijst daarbij naar ds. Jacobus Koelman te Sluis, die destijds door de overheid werd afgezet omdat hij weigerde formuliergebeden te gebruiken en niet op feestdagen wilde prediken. Koelman behoort tot de Nadere Reformatie. Hoekstra noemt Koelman een 'uitnemend leraar' en zo wordt duidelijk dat in de Gereformeerde Kerken er in 1914 nog veel waarde werd toegekend aan het gedachtegoed van de Nadere Reformatie. Ook Lodenstein wordt genoemd, die het over 'geestelijke sleurdienst' heeft en de Schotse Samuel Rhetorfort die tegen het kerkelijk formulierengebedenboek in Brittannië was' en die deze gebeden veroordeelde als 'Roomschen zuurdesem'.

Nadat Hoekstra zo ingegaan is op de bezwaren die in gereformeerde kringen nog leven tegen vastgestelde gebeden, schrijft hij: 'Het geestelijk gebruik van die liturgische formulieren en gebeden bevordert het besef van eenheid met de Kerk der voorgeslachten, en is een gewichtig middel tot bewaring van de continuïteit, van den geestelijken samenhang tusschen de opeenvolgende generatiën van Christus' Kerk.' Hij polemiseert dan verder tegen de verwerping van formulieren in het kerkelijk leven 'zoals

---

36 MG IV (1914), pag. 721-735.

de eenigszins eenzijdige subjectieve of onderwerpelijke richting dat wel gewild heeft'. Aan de andere kant pleit hij toch voor het vrije gebed. Wanneer men uitsluitend is gebonden aan vaste vormen dreigt verstarring, 'de kille adem van doodsche en dorre vormelijkheid'.

Het Onzevader als gebed van de Kerk

Na deze inleiding gaat Hoekstra daadwerkelijk in op het Onzevader. Allereerst beschrijft hij de context binnen de evangeliën van Lucas en Matteüs (Luc. 11:1; Mat. 6:9). Hij gaat in op de structuur van het Onzevader, legt dan helder uit dat het gebed uit zes beden bestaat, waarvan de eerste drie betrekking hebben op de 'eere Gods' en het tweede drietal op de behoeften van de mensen. Tussen deze tweetallen bestaat overigens geen tegenstelling volgens Hoekstra. Waar hij veel aandacht aan besteedt, is aan de aanspreking *Onze* Vader en niet *mijn* Vader. Dat laatste komt toe aan 'de eeuwigen en eeniggeboren Zoon'. In uitzonderingsgevallen kan men toch 'mijn' God bidden, in navolging van de Psalmen bij 'persoonlijke uitredding'. In de 'gewone loop van het gebedsleven' zal het 'onze' klinken, daarmee wordt ook de 'gemeenschap der heiligen' geaccentueerd en het bidden met en voor anderen.
Het Onzevader is bij uitstek het gebed voor 'de algemeene Christelijke Kerk'. Hoekstra waarschuwt zijn hoorders dit gebed 'niet met onreine harten en lippen uit te spreken. Dan is het een gruwel.' Er zijn ook mensen die juist te schuchter zijn om de vadernaam zomaar op hun lippen te nemen. Komt ze dat wel toe? Zijn ze wel bekeerd? Zijn ze wel Gods kind? Hoekstra bindt deze mensen op het hart om met vrijmoedigheid God als Vader aan te spreken. De juiste houding om God aan te spreken is 'kinderlijke vreeze en toevoorzicht tot God', zoals zondag 46 dat zelf noemt. Een houding van eerbied en ontzag.

Mensbeeld

In de relatie tot God als Vader komt ook het mensbeeld ter sprake. Dat liegt er niet om: 'Wij liggen, zooals wij van nature en van onszelven zijn, onder het rechtvaardig oordeel der eeuwige verdoemenis. (...) Alleen Christus, de eeniggeboren Zoon, de Middelaar, de Zoon des menschen, geeft ons het recht, God tot onze Vader aan te roepen.' In dit gedeelte van zijn preek haalt Hoekstra talloze passages aan uit de Bijbel. De weg die God met Israël gaat, is daarbij illustratief. Overigens is er in het Nieuwe Testament sprake van een '*klaardere* openbaring'.
Na de tussenzang van Psalm 145:3 gaat Hoekstra in op het relationele karakter van het vaderschap van God. Als God Vader genoemd wordt, is het vader-zijn van de mens op aarde daarvan een zwak afschijnsel. Voor

Hoekstra is de liefde van ouders tot kinderen vanzelfsprekend, waarbij hij Matteüs 7:11 aanhaalt. Als zondige ouders al zo veel van hun kinderen houden, hoe veel te meer zal God als Vader dan niet van zijn kinderen houden. Dat houdt hij in het bijzonder mensen voor, die van mening zijn 'dat er eerder een toornig dan een gunstrijk aangezichte Gods voor u is'.

Godsbeeld

Vervolgens gaat hij in op de betekenis van 'Die in de hemelen zijt'. Het meervoud 'hemelen' noemt hij een meervoud van 'heerlijkheid'. Johannes 14:2 wordt geciteerd. Bij deze uitleg wijst Hoekstra zowel het pantheïsme als het deïsme af. 'Alleen het Theïsme is in overeenstemming met de waarheid: God boven alle dingen, maar ze van oogenblik tot oogenblik doordringende met zijne werking.'

Het laatste gedeelte van zijn preek klinkt vermanend en vertroostend tegelijk. De predikant wil zijn hoorders brengen bij de juiste gebedshouding, waarbij mensen zich geborgen weten in Gods liefde. De preek eindigt met citaten uit Psalm 23, 68:21 en met het bemoedigende 73:24: 'Hij zal u leiden door zijnen raad; en daarna zal Hij u in heerlijkheid opnemen.'

K. Fernhout

Christus als voorspraak bij de Vader

In 1926 houdt K. Fernhout[37] te Vreeland de preek over zondag 46. Zijn inzet is christologisch: 'Onuitsprekelijk is de genade die Gods volk geschonken werd in hun gezalfden Middelaar Jezus Christus.' Christus is een voorspraak bij de Vader. Hij is de eerste die God als 'Onze Vader' aanspreekt. Mensen worden geroepen Hem daarin na te volgen. Dat heeft een drieërlei effect. Zo krijgt de preek ook de befaamde drieslag. Het is van belang te zien 'hoe die aanhef

I. tot heilige bezonnenheid maant,
II. tot kinderlijk vertrouwen wekt,
en III. tot diepen ootmoed dringt.'

Als zondig mens God aanspreken

Als Fernhout een beeld schetst van de mensen, dan noemt hij ze 'een nietig schepsel' en 'een schuldig en verdorven menschenkind'. Voor

37 MG XVI (1926), pag. 705-719.

Fernhout is het duidelijk dat de aanspraak die Christus kiest, als Hij God noemt, de norm stelt. Mogelijke andere aansprekingen gaat hij na: de Almachtige, de 'Heere der heirscharen', 'God van Abraham, Izaäk en Jakob' en wat hij noemt 'de rijke bondsnaam Jehova'. Hij legt er de nadruk op dat Jezus juist kiest voor Vader. Aarzelend en schoorvoetend mogen de discipelen van dit recht gebruik gaan maken. Er is sprake van een 'Nieuwe Bedeeling', 'de bedeeling "van de aanneming tot kinderen", de "bedeeling van den Geest"'.
Fernhout laat evenals Hoekstra zien hoe het Nieuwe Testament hierin boven het Oude uitgaat. De naam mag in vertrouwen worden uitgesproken. De doop heeft het recht gegeven God als Onze Vader aan te spreken. Als mensen dan toch aarzelen, dan vindt Hoekstra dat begrijpelijk. Maar wie over die aarzeling heen komt, ervaart de 'vreugde van het kindschap'. Het 'onvolkomen vaderschap onder ons' is voor Fernhout niets dan 'een flauwe afspiegeling van het oneindig-volmaakte vaderschap in onzen God'. Gods wonen in de hemel is voor Fernhout een 'uitdrukking voor de souvereine en almachtige heerschappij van God', althans in het Oude Testament (citaat Ps. 2 en 115). Degene die bidt, beseft dan hoezeer hij in diepe ootmoed tot God moet naderen. Fernhout wil zijn hoorders voorhouden dat ze vrijmoedig mogen naderen tot God zonder dat ze daarbij oneerbiedig zijn. Ze blijven zich bewust van de majesteit van God. Hoe dieper en levendiger het besef is van de onmetelijke afstand tussen mensen en God, hoe rijker 'onze ziel geniet in de genade van als kind tot Hem te mogen naderen'. Fernhout sluit zijn preek af met een citaat uit Psalm 57:15.

H.J. Hoek

Volmaakte gebed

In 1950 schrijft H.J. Hoek[38] de preek over zondag 46. 'Christus zegt ons het volmaakte gebed voor. Hij wil dat wij dat nazeggen.' De aanspraak 'Onze Vader' sluit niet uit dat we God ook op een andere manier mogen aanspreken. Hij wijst daarbij op de kerkelijke formulieren, waarin dat gebeurt. De Bijbel ontvouwt van de drie-enige God iets van zijn onbegrijpelijk wezen. 'Hij is de eeuwige en de alomtegenwoordige. Hij is de alwetende en de allesbeslissende.' Ook Hoek polemiseert. Waarschijnlijk tegen vrijzinnige opvattingen: 'Er zijn wel godgeleerden geweest, die in hun afkeer van de

38 MG XXXVII (1950), pag. 557-567.

leer verzoening door Christus' bloed zich op het "Onze Vader" beriepen en zeiden: Ziet ge wel, hier hebt ge het volmaakte gebed, maar de naam van Jezus komt er niet in voor.' Hoek legt er de nadruk op, dat het Jezus Christus is, die ons het Onzevader voorzegt.

Mensbeeld

Zijn mensbeeld komt tot uiting in deze zin: 'Kinderen van den afvalligen Adam stellen zich voor Gods aangezicht en zeggen: Wil om der wille van uw eigen lieven Zoon, onze Zaligmaker, onze Vader wezen.' Even verder schrijft hij: 'een nietig mensch gaat spreken tot den eeuwigen God'. Voorts wijst hij op de onbevangenheid en vrijmoedigheid om God als Vader tegemoet te gaan, 'die wij hebben door het wonder van Christus' alverzoenend offer'.

Vervolgens gaat Hoek in op de vader-kindverhouding. 'De band is innig en de verhouding intiem, maar de vader staat toch *boven* het kind en het kind heeft zijn vader te eeren.' Deze relatie is volgens Hoek typerend voor het christendom, dat daarbij superieur is boven het 'heidendom': 'Het Heidendom weet alleen van een hoogen God, die te duchten blijft in Zijn majesteit. Het Christendom weet van den hoogen God, dien we wel eeren maar uit een kinderlijk hart.' Als we God 'Onze' Vader noemen doen we dat met anderen, met 'de broeders en zusters' van de gemeente des Heren.

Tijdsbeeld

Dan komt er een interessante passage die betrekking heeft op het tijdsbeeld. De predikant schrijft immers kort na de Tweede Wereldoorlog. In een tijd dat de angst voor een nieuwe oorlog sterk aanwezig is. Kennelijk heeft hij weinig vertrouwen in een instituut als de Verenigde Naties, zonder dat hij dat noemt: 'Deze gemeenschap der kinderen Gods is tegelijk te beschouwen als de eenige echte broederschap in de wereld. Alle andere pogingen om broederschap in de wereld te stichten zijn tot vruchteloosheid gedoemd. Geen zelfverbroedering kan baat brengen aan het uiteengeslagen menschengeslacht. (...) Zonder Christus kan men wel zingen: "Alle menschen worden broeders", maar 't staat gelijk met de Babylonische torenbouw, die uitliep op spraakverwarring en vervreemding.'

Hij heeft geen enkel vertrouwen in andere gemeenschapsvormende ideologieën. Een 'doorbraaktheoloog' uit hervormde kring zou dit zeker anders hebben geformuleerd. Hoek blijft binnen het binnenkerkelijke kader en gaat dan in op de verschillen die er tussen 'broeders' in één gemeente voor kunnen komen. Verschil in karakter en sociale positie mag geen rol spelen. Hoek pleit voor een gebedsgemeenschap, waarin de 'broederliefde' beoefend wordt. Als tussenzang geeft hij Psalm 133: 1 op.

Afstand en nabijheid

Daarna gaat hij in op 'die in de hemelen zijt'. Daarin zien we de verheffing van God. Tegelijkertijd is er geen wezenlijke afstand met degenen die tot Hem bidden. Wel is 'Hij ver van onze kleinheid en zondigheid'. Ook Hoek gaat in op de analogie met de liefde van ouders voor kinderen. Deze zijn soms machteloos. Die machteloosheid kent God niet. Zijn preek krijgt een ernstige toespitsing. Daarin klinken de trauma's van de oorlog en de politieke spanning van dat moment door. Hij stelt daar allereerst de duivel aansprakelijk voor.
'De vorst der duisternis heeft zijn onheilige handen naar deze aarde uitgestoken en het aangezicht der wereld draagt er maar al te duidelijk het stempel van. De puinhopen, die in zooveel steden liggen als herinnering aan een gruwelijken oorlog en de moreele ontreddering, die als nog rampzaliger erfenis is achtergebleven, de benauwing, die ons doet vragen "waarheen gaan wij" als we het internationale leven gadeslaan, 't zijn duidelijke herinneringen: Wij leven op de aarde, waarop de vorst der duisternis zijn stempel zet. Deze eeuw kan nooit de mijne zijn. Zondemacht is in ons hart. Zondenood heerscht over de wereld. Maar boven de aarde is de hemel. En boven de vorst der duisternis staat onze hemelsche Vader. (...) En straks zal het nieuwe Jeruzalem neerdalen van God uit den hemel.'

J.M. van Minnen

Vaderloze wereld

In 1983 verschijnt van J.M. van Minnen[39] een preek over zondag 46. Van Minnen was van 1950-1978 studentenpredikant te Utrecht. De inzet van zijn preek verschilt aanmerkelijk van die van zijn voorgangers: 'Er zijn weinig mensen, die nooit bidden; of die althans in hun leven nooit eens hebben gebeden. Overal in de wereld, in alle landen en onder alle volken, stijgen de gebeden op. Talloze gebeden, in vele talen en uit vele noden zoeken zo hun weg naar vele goden.' In veel van deze gebeden wordt de naam 'Vader' als aanspreking gebruikt, 'als het begin en de oorsprong van hun bestaan'.
De predikant constateert vervolgens dat er steeds minder gebed voor-

39 MG LXX,4 (1983), pag. 11-124.

komt. Hij wijt dat ook aan een wereld die 'vader-loos' is. 'Bewaring, leiding en zin zijn in het wereldgebeuren niet meer te vinden. – En, ook in ons eigen leven twijfelen we er aan.' Even verder schrijft hij dat 'de harmonie van ons wereldbeeld is verstoord'. Na deze schets van zijn tijd, waarin we het thema van de secularisatie kunnen herkennen en ook de invloed van een psycholoog en filosoof als Alexander Mitscherlich[40], geeft hij zijn remedie: 'We zullen dan bij Christus in de leer moeten gaan.' Christus leert ons om 'door de aanvechting van onze schuld heen vast te houden aan dat woord vader'.

Voor Van Minnen blijft het verzoenend lijden en sterven van Christus de weg tot God de Vader: 'Hier krijgt de Vader-naam een diepte, waar alle vader-namen, die onder de hemel gegeven worden, aan Allah of welke goden ook, totaal bij verbleken.' Ook Van Minnen kiest voor de uniciteit van het christelijk geloof. 'Ik denk, dat het Kruis de poort is van het Vaderhuis.'

Samen bidden met moslims en joden?

Direct daarna wijst hij de mogelijkheid af 'dat Islamieten en Christenen zich wellicht samen zouden kunnen vinden in dit gebed, dat immers geen specifiek "christelijk" gebed zou zijn. En verder, zou dit gebed ook in de synagoge niet kunnen worden gebeden?' Hij is op dit punt duidelijk in zijn afwijzing.

Ook in 1983 schuwt een prediker in *MG* de polemiek niet. Nu een polemiek tegen degenen die ruimte willen maken voor een 'dialoog' met andere godsdiensten, vooral de islam en het jodendom: 'Reeds direkt in het eerste woord van dit gebed gaan de wegen radikaal uiteen. We hebben het immers gezien: we moeten door de Opstanding en het Kruis heen om deze Vader te vinden. Een andere weg is er niet.' Verder in zijn preek haalt hij Luther aan als het gaat om het beeld van de mens als 'erfgenaam' van God.

Onverhoorde gebeden

Ook Van Minnen gaat in op de geestelijke strijd die er kan zijn rondom het gebed, vooral als er sprake is van onverhoorde gebeden: 'Juist de Vader-naam maakt ons het bidden soms moeilijk. We zouden God gemakkelijker aan kunnen spreken als Toeval of Noodlot.' Een te vanzelfsprekend voorzienigheidsgeloof wijst hij daarmee af. In zijn preek

---

40 Alexander Mitscherlich, *Auf dem Weg zur vaterlosen Gesellschaft. Ideen zur Sozialpsychologie*, München 1963.

maakt hij vooral gebruik van de gelijkenis van de Verloren Zoon uit Lucas 15:11-32. God als Vader zien is een groot goed: 'In de gemeenschap met en onder leiding van deze Vader verandert er dan iets. Neen, niet direkt in mijn omstandigheden, ook niet direkt in de wereld, niet in de dingen, die mijn geluk en toekomst bedreigen. Er verandert eerst iets in mijzelf. Er verandert iets in de wijze waarop ik met de dingen omga, en hoe ik de omstandigheden draag.'
Hij gaat duidelijk in op de geest van de tijd. De welvaart die aan het eind van de jaren zestig voor veel mensen tastbaar werd is juist de oorzaak geworden van veel secularisatie en heeft tot een hedonistische levensstijl geleid.

Tijdsbeeld
Overigens gebruikt Van Minnen deze termen niet, maar het is duidelijk dat hij daarop zinspeelt. Zo is hij ook kritisch op de verspilling van energiebronnen, waarbij de volgende passage treffend is: 'De arabische oliesheiks, die soms de oliekraan wat dicht willen draaien, gaan als kinderen van deze wereld wellicht met meer overleg te werk dan de kinderen van het licht, die het vermogen van de Vader weleens te gemakkelijk verkwisten.'
Als het gaat om de uitleg 'die in de hemelen zijt' schrijft hij: 'Gods volle openbaring, die volle openbaring van Zijn goedheid, liefde en trouw, kennen we nu nog niet op aarde. Daarom bidden we juist. En dan horen we in het "onze Vader, die in de hemelen zijt" ook de belofte, dat de wolken eens zullen breken – en dat God weer bij ons, en dan alles in allen zal zijn.' Van belang is een gelovige gemeenschap: 'Met dit ónze Vader gevoelen we ons dan opgenomen in de gemeenschap van allen, die naar de hemel zien en die vandaar verwachten: recht en gerechtigheid over dit geschonden bestaan.'

De Dienst van het Woord op kerkelijke feesten

door Aarnoud Jobsen

18 Als Pasen en Pinksteren op één dag vallen...

Pasen en Pinksteren zijn hoogtijdagen in de kerk. Voor veel mensen is kerst bij uitstek het feest in de kerk. Met Pasen en Pinksteren komt de doorbraak van Gods kracht in deze wereld heel sterk tot uiting, in de overwinning op de macht van de dood in de opstanding van Jezus en in het wereldwijd doorwerken van Gods Geest. De twee feesten hangen nauw met elkaar samen. In het evangelie van Johannes lijken Pasen en Pinksteren wel op één dag te vallen.
Vooral het evangelie van Lucas en het vervolg daarop, het boek Handelingen, schetsen hoe er een ontwikkeling is binnen de groep van de leerlingen van Jezus. Een geleidelijke bewustwording van de opstanding, een bewust afscheid van Jezus bij zijn Hemelvaart en een krachtige doorbraak van missionair elan bij de leerlingen. En dat aangevoerd door Petrus bij de uitstorting van de heilige Geest op het pinksterfeest.

Voor de vaste kerkgangers is dit bekende stof. In wezen vormt het de basis van hun geloofsleven. Voor de predikanten ligt er een opgave om hun hoorders de blijdschap van de feesten te laten beleven. Preken maken voor hoogtijdagen is vaak moeilijker dan voor gewone zondagen. Wat te doen met de zondag tussen Hemelvaart en Pinksteren? 'Ik zal u niet als wezen achterlaten' (Joh. 14:18) is een bekende tekst voor deze zondag. De zondag wordt zelfs 'Wezenzondag' of 'Het Weeskind' genoemd.
In de traditie van *MG* komt voor deze zondag ook de aanduiding Pinksteradvent voor. Een verwachtingsvol uitzien naar het pinksterfeest. De eerste preek die de aanduiding Pinksteradvent heeft, is van B. Wielenga in 1934. In totaal zijn er zo acht diensten voor Pinksteradvent. De laatste is van de hand van L. Hoorweg in 1963.

19 Preken over Pasen

Met Pasen zijn de verwachtingen in de kerk hooggespannen. Het gaat om een van de drie grote feesten. Voor veel mensen klopt het hart van het evangelie juist in het paasfeest. Een bekende uitdrukking is 'op je paasbest'. Dat slaat allereerst op de nieuwe zondagse kleren die men in vroeger tijden juist met het paasfeest voor het eerst aantrok. Maar de betekenis van die uitdrukking gaat verder. De gemeente wil op haar paasbest zijn. Zij verwacht van de predikant dat hij of zij kans ziet dat gevoel te versterken.
De predikant heeft de keuze uit vier evangeliën. Het moment van de opstanding zelf wordt in geen van de vier beschreven. Dat blijft een kwestie van geloof of ongeloof. Verschillende personen zijn aanwezig bij het graf: wachters, vrouwen, engelen. Door hun ogen of door hun getuigenis zijn de hoorders betrokken bij de verkondiging van de opgestane Heer. De vier evangeliën roepen in eerste instantie niet op tot uitbundige blijdschap. Vooral het evangelie van Marcus is eerder het evangelie van de verbijstering dan van de vreugde. Voor de vergelijking van de drie 'paaspreken' staat het evangelie van Lucas centraal.
De uitroep 'de Heer is waarlijk opgestaan' is van alle tijden. Het vraagt nogal wat van de hoorders om na de preek op Goede Vrijdag de overstap te maken naar de preek met Pasen. In veel kerken is de praktijk ontstaan om in vier dagen het paasfeest te beleven: van Witte Donderdag, via Goede Vrijdag, Stille Zaterdag naar Pasen op zondagmorgen. Dat gebruik bestaat in de achterban van *MG* sinds enkele decennia. Onze prekenserie heeft nooit een volledige 'paascyclus' van vier dagen aangeboden. Een gemeente moet er overigens niet aan denken dat er juist met het paasfeest 'een preek gelezen moet worden' vanwege een plotselinge afwezigheid van een voorganger. De drie paaspreken die we nu naast elkaar leggen, zijn trouwens wel een goed voorbeeld van hoe er in de kerken in de loop van de afgelopen eeuw is gepreekt.

Drie preken, drie accenten

De drie paaspreken bestrijken bijna de volledige periode waarin *MG* verschijnt. De eerste is de leerrede van T. Ferwerda[41], die de eenvoudi-

---

41 MG VIII (1918), pag. 785-800.

ge titel heeft: 'Het Paaschevangelie'. Een preek met de gebruikelijke omvang uit de beginperiode van *MG*, ongeveer zesduizend woorden. Hij verschijnt in de jaargang die in 1918 met een dienst voor Hemelvaart is begonnen. Dat betekent dat de preek zelf voor het eerst in de dienst van Pasen in 1919 kan worden gelezen. Dominee Ferwerda heeft de preek ingeleverd die hij ook zelf heeft kunnen gebruiken in 1919.
Het is duidelijk dat de Eerste Wereldoorlog voorbij is. Die oorlog laat hem en zijn hoorders beslist niet onberoerd. Verder besteedt hij veel aandacht aan de tijdsomstandigheden. De dienst veronderstelt dat de kerkgangers tot de 'gelovigen' behoren, tot een 'belijdende gemeente'. Het al of niet geloven in de waarheid van de opstanding speelt een grote rol in zijn preek. Vanuit ons huidige standpunt lijkt hij van zijn 'ongelovige' tijdgenoten een karikatuur te maken. Voor zijn hoorders ligt dat ongetwijfeld anders.
Naast de lezing uit Lucas 24:1-10, die als een soort tekstlezing fungeert, komt 1 Korintiërs 15:12-28 als lezing voor. Deze lezing dient als achtergrond voor de prediking. In zijn uitleg blijft Ferwerda dicht bij de evangelielezing. Op het moment dat hij zijn preek voor *MG* aanlevert, is hij predikant in Amsterdam.
Op 'Dolle Dinsdag' in 1944 worden er wapens gevonden in een van de bijgebouwen van de Keizersgrachtkerk. Ferwerda is in de visie van de Duitsers hiervoor eindverantwoordelijk en wordt samen met de koster van de Keizersgrachtkerk in de Kerkstraat gefusilleerd.[42] Hij behoort dus tot het ministerie van predikanten waar ook de redacteur B. Wielenga toe behoort. In totaal schrijft Ferwerda zo'n dertig keer in *MG*, van de jaren 1913-1940. Na de oorlog wijdt Wielenga een herdenkingsbrochure aan zijn gefusilleerde collega.

Bijna een halve eeuw later verschijnt de paaspreek van D. van Swigchem[43], predikant te Kampen. De preek uit 1965 heeft nu een omvang van ongeveer vierduizend woorden. Voor de liturgie biedt hij de preeklezers de kans zich aan te passen bij de praktijk in hun eigen gemeente, een keuze uit een dienst met vrijwel alleen psalmen of een waar ook gezangen aan bod mogen komen, kennelijk uit de uitgebreide bundel van de oorspronkelijke *Enige Gezangen*. De schriftlezing is beperkt tot de evangelielezing uit Lucas 23:55-24:12. Daarbij gebruikt hij als preektekst Lucas 24:4a: 'En het

42 Zie H.C. Endedijk, *De Gereformeerde Kerken in Nederland*, Deel 2 1936-1975, Kampen 1992, pag. 72.
43 MG LII (1965), pag. 169-176.

geschiedde terwijl zij daarover in verlegenheid waren.'
Het thema van de preek van Van Swigchem verschilt niet wezenlijk van dat van Ferwerda. Ook nu kan er een probleem zijn om te geloven. De teksten die bij het feest passen, klinken nog lang niet feestelijk. Er is iets mee. Van Swigchem sluit aan bij het woord 'verlegen'. Daarmee komt hij dicht bij zijn hoorders. Het taalgebruik van Van Swigchem is toegankelijk.

Weer bijna een halve eeuw later, in 2013, verschijnt de preek van Leen Jan Lingen[44], predikant te Middelharnis. Het valt direct op dat deze predikant zijn voornaam ook vermeldt en niet alleen zijn initialen. Hij houdt zich aan het door de redactie opgegeven aantal van maximaal zeventienhonderd woorden. De orde van dienst is tot in alle details uitgewerkt. De gebeden zijn uitgeschreven, zoals ook door de redactie is gevraagd. Na het kyriegebed volgt eerst een korte tekst 'opmaat naar het gloria'. Zelfs op dat punt komt de predikant de preeklezer tegemoet. Er zijn twee lezingen: een uit het Oude Testament, Hosea 6:1-3, en na de antwoordpsalm, Psalm 149:2 en 5, de lezing uit Lucas 24:1-12. In deze dienst worden twee psalmen gezongen. De paasliederen zijn bekend: enkele strofen uit Gezang 210 en 218. Het slotgezang is lied 172 uit *Tussentijds*, het overbekende 'U zij de glorie'. De eerste twee korte zinnen van de preek van Lingen geven aan dat de thematiek in vergelijking met de preken van zijn voorgangers onveranderd is: 'Voor Pasen, de opstanding, is geloof nodig. Vroeger en nu.' Het taalgebruik van Lingen is verzorgd en toegankelijk. Een preeklezer kan er 'als de nood aan de man komt' direct de gemeente mee tegemoetkomen.

De opening van de preek

Ferwerda opent in 1919 als volgt: '"De Heer is waarlijk opgestaan" – dat is, mijne broeders en zusters, de blijde feestgroet dien wij, ondanks de ernstige tijden die wij nog altijd doorleven, elkander toch ook weder op dezen Paaschmorgen mogen toeroepen.' Daarna gaat hij in op het 'waarlijk', waarbij de tegenstelling tussen degenen die door de blijde boodschap zijn gesterkt: 'de gebroken harten die zijn geheeld, de bedroefde zielen die zijn vertroost' en de 'verharde harten' die deze 'waarheid met ijskouden trots hebben verworpen'.
Ferwerda werkt dat verder uit met enig omhaal van woorden en richt zich zo tot de gemeente, een kring die hij tegenover het ongeloof van degenen die de feitelijkheid van de opstanding ontkennen, beschouwt als een re-

44 MG C,1 (2013), pag. 25-36.

latief kleine kring, een belijdende gemeente. Hij schetst dus vanaf het begin een scherpe tegenstelling tussen rationalistisch ongeloof en belijdend geloof. Dat belijdend geloof is een wonder. Dat woord komt verschillende keren terug, totdat hij de hoofdgedachte van zijn preek verwoordt als: *'het geloof in Jezus' verrijzenis is, evenzeer als die verrijzenis zelve, een wonder van genade'*. Hij werkt zijn preek verder niet uit in punten.

Van Swigchem gaat in op de verlegenheid. Hij werkt die uit met het voorbeeld van een verlegen kind op zijn eigen verjaardag: 'Je kunt niet fijn feest vieren als je verlegen bent.' In het paasevangelie komen veel verlegen mensen voor. De predikant geeft dan aan dat het niet om 'gewone' verlegenheid gaat, maar dat men verlegen is met wat er gebeurt. 'Het is: niet weten wat je ervan denken moet en wat je doen moet, welke weg je moet gaan...'

Lingen heeft genoeg aan een heel korte inleiding. De vraag naar de waarheid wordt gesteld:
'Was het wel waar?
Het kwam aan op geloven.
Ook vandaag.'
Daarna geeft hij drie kernzinnen uit het evangelie weer, die hij vervolgens gaat uitwerken: 'Waarom zoekt u de levende onder de doden?'
'Hij is hier niet, Hij is uit de dood opgewekt.'
'Herinner u wat Hij u gezegd heeft...'

Uitleg van de tekst: 1
Ferwerda blijkt vooral goed te kunnen vertellen. Zijn hoorders zullen er even goed voor gaan zitten, als hij uitgebreid de sfeer beschrijft van de paasmorgen. De eersten die dan genoemd worden, zijn de wachters. Zij zijn de ooggetuigen van de begeleidende verschijnselen die bij de opstanding plaatsvinden. Ze reageren door weg te vluchten en ze laten zich omkopen. Zo zullen zij 'de eerste apostelen worden van het ongeloof, uitgezonden immers met de prediking: het lijk van Jezus van Nazareth is door Zijn discipelen gestolen'. Ze zijn het prototype voor de ongelovigen.
Vervolgens vertelt Ferwerda weer breeduit hoe het de vrouwen bij het graf vergaat. Hij geeft daarbij een bijzondere uitleg, waarom Maria, de moeder van Jezus, niet bij het graf aanwezig is. Ferwerda geeft aan dat zijn exegese op een gissing berust. Maria was de uitzondering. Door haar bijzondere ervaringen met Jezus heeft ze intuïtief aangevoeld dat de verzorging van het lichaam van Jezus niet nodig zou zijn. De betrokkenheid van de vrouwen bij Jezus wordt geschetst met woorden ontleend aan het Hooglied.

Van groot belang is de ontmoeting met de engelen. De engelen verwijten de vrouwen kleingeloof en een gebrek aan vertrouwen. Zo interpreteert Ferwerda dat. Ondanks het feit dat ze van Jezus zelf te horen hebben gekregen dat Hij zou opstaan uit de dood, hebben ze dat niet kunnen geloven: 'Hun liefde is uitgegaan tot een dooden, niet tot een levenden Jezus.' Toch breekt bij de vrouwen het wonder van de genade door. Het is duidelijk dat de hoorders van Ferwerda zich met deze vrouwen kunnen identificeren. Ook al zijn de vrouwen vervuld van blijdschap, die reactie wordt vermengd met tegenstrijdige gevoelens. Totdat bij de vrouwen het juichende gevoel doorbreekt. Een gevoel van bewondering voor deze vrouwen roept hij bij zijn hoorders op. Die emotie kan dan tot uiting komen in de tussenzang: Psalm 30:3 en 4.

Daarna spitst hij zijn boodschap verder toe. De vrouwen gingen niet juichen omdat ze het feit van de opstanding hebben gezien, maar omdat ze de boodschap van de engelen hebben gehoord. Zo kan Ferwerda ook voor zijn hoorders de weg wijzen: 'Ze hebben Hem allereerst ontvangen *door het Woord*. Het Woord en dit alleen is de grond geweest van hun geloof en eerst later is dit geloof door aanschouwen bevestigd.'
Toch is daarmee de preek niet beëindigd. Ferwerda gaat in op de nood van de tijd en op het onbegrip bij velen die de roepstem tot bekering niet willen verstaan. Daartegenover plaatst hij het geloof van mensen die op hun sterfbed zich vast kunnen klampen aan de troost van het paasevangelie. Ook de nabestaanden kunnen door dit geloof troost ervaren.
Ten slotte wijst Ferwerda een weg hoe zijn hoorders dit geloof in de opstanding als een wonder van genade zich kunnen toe-eigenen. Dat zal biddend gebeuren, in de 'binnenkamer', waar men zich van zijn zondige staat bewust is en maar één antwoord kan vinden dat een uitweg biedt: 'Uwe zonden, rood als scharlaken en karmozijn werden gewasschen in het bloed van het Lam.' Wie dat beseft kan 'het feestkleed aantrekken en in onwankelbaar geloof uitroepen, in het midden der wereld: "de Heere is waarlijk opgestaan!"'

Uitleg van de tekst: 2

De kern van de uitleg van het paasevangelie bij Van Swigchem is te vinden in het 'en het geschiedde'. In die voor het bijbelse idioom zo kenmerkende zin, gebeurt het beslissende. God zorgt dat er wat gebeurt. Dat is de kern van zijn preek: 'Dat is het fijne van Pasen. Die tegenstelling van verlegen mensen en de handelende God!' Het slot van zijn preek vat dat inzicht als het volgt samen: 'Hoe is het mogelijk, feest met mensen die allemaal zó in de verlegenheid zitten? Maar dàt is nu juist de geweldige grootheid van dit feest, dat àl die verlegenheden worden weggevaagd door Gods grote daad. We luiden de klokken van Gods evangelie. We luiden de doodsklok over de dood. We luiden vandaag het eeuwige leven in.'

Uitleg van de tekst: 3

Lingen gaat eerst in op de rol van de vrouwen. Zo wijst hij een tegenstelling aan tussen de 'drie wakkere vrouwen op paasmorgen' en de drie mannelijke, slapende discipelen in Getsemané. Hij concludeert: 'In tegenstelling tot hen waren deze vrouwen wakker en werden ze de spraakmakende getuigen. Geestig en beschamend was dat in een cultuur waarin vrouwen niks te vertellen hadden en haar getuigenis geen bewijskracht had.'
Voor de twee mannen in stralende gewaden die de vraag stellen: 'Waarom zoekt u de Levende onder de doden?' geeft Lingen een parallel aan uit de Talmoed. Als Mozes en Aäron komen namens de God van Israël dan kan de farao de naam van deze God op de godenlijst van Egypte niet vinden. Mozes antwoordt dan: 'Farao, ik heb wel eens gehoord dat mensen na een ramp een dode tussen de overlevenden zochten, maar nog nooit hoorde ik dat iemand een levende zocht tussen de doden. Waarom zoekt u de levende onder de doden?'

Vervolgens haalt hij de praktijken van de Hernhutters aan die in de vroege morgen van Pasen op de begraafplaats met liederen proclameren aan doden en levenden dat Christus de dood heeft overwonnen.
Bij de verklaring van de mannen in de stralende gewaden klinkt ook: 'Hij is niet hier; hij is uit de dood opgewekt.' Daarover schrijft Lingen onder andere: 'Laat ons nu eens niet vanuit het verleden, maar vanuit Gods toekomst denken. Dat er iets nieuws gebeurd is, van gene zijde. God komt op ons toe! Reken eens met Jezus als de levende Heer.'
Bij de derde uitspraak: 'Herinner u wat Hij gezegd heeft...' verwijst Lingen ook naar 'het grote verhaal erachter', dat van het Oude Testament. Zo legt hij de betekenis uit van 'de derde dag' als 'een wending ten goede, door alle nood en verdrukking heen'. De engelen lijken trekken te hebben van Mozes en Elia, 'van de wet en de profeten'.

Actualiteit en levenservaringen

Bij de oudste preek is de actualiteit de herinnering aan de Eerste Wereldoorlog. De afloop van die oorlog brengt nog geen rust: 'De revolutiegeest spookt allerwege rond en steekt nu hier, dan daar den boozen kop op.' Verder schrijft hij tegen de geest van het rationalisme. Hij waarschuwt ook tegen de 'weg der lichtzinnigheid die in vaak smakeloos, ja

zedeloos vermaak een tegenwicht zoekt tegen de zorgen die van nog zoo velerlei kant dreigen'.
Bij zijn uitgebreide beschrijving van de vrouwen bij het graf wijst Ferwerda erop dat de vrouwen toch de eersten zijn geweest die 'tot de verkondiging van de Paaschboodschap werden verkoren'. En dan spreekt hij zijn vrouwelijke hoorders als volgt aan: 'Zusters der gemeente, daarin moet voor u wel een liefelijke prediking liggen. Uw arbeid in het midden van Gods kerk mag een arbeid in stilte zijn, hij is er niet minder gewichtig om. Moeders in ons midden, straks zal het de taak van den onderwijzer en den predikant zijn, uwe kleinen in te leiden in de verborgenheden Gods, maar uwer is het voorrecht dat gij de eersten moogt wezen die aan uw lievelingen het evangelie verkondigt.'

In de preek uit 1965 schrijft Van Swigchem: 'Onze tijd is ellendig vol onzekerheden.' Als voorbeelden noemt hij wetenschappelijke ontwikkelingen die de mensen voor raadsels stellen. De technische vooruitgang baart ook zorgen. Op kerkelijk gebied is er de vraag hoe het allemaal verder moet met de Wereldraad en met de Hervormde Kerk en met de christelijke politiek en met de gereformeerde zede. 'Je voelt je soms overspoeld door de onzekerheden.'
Bij de vrouwen die specerijen meenemen naar het graf om het lichaam te conserveren wijst de predikant op de Egyptische mummies en noemt hij ook het gebalsemde lichaam van Lenin. Verder wijst hij op een nieuwe praktijk van het invriezen van lichamen bij extreem lage temperaturen met het idee dat er ooit een moment komt ze weer tot leven te wekken.

Bij Lingen is de actualiteit ook in de gebeden te vinden. Hij wijst op de 'beelden op ons netvlies van dood en verderf uit steden en dorpen van onze wereld' en spreekt ook over 'depressie en burn-out'. De ontkerkelijking van Nederland zoals die in statistieken voorspeld wordt, roept het gevoel op dat er in de kerk sprake kan zijn van 'sterfhuisconstructies'. Overigens wijst hij erop dat met het paasevangelie de naargeestige toon van prognoses wordt doorbroken en dat we aangespoord worden om juist vanuit de toekomst naar het heden te kijken.

20 Preken over Pinksteren

De uitstorting van de heilige Geest. Dat is voor veel mensen in de kerk de betekenis van het pinksterfeest. Een gebeurtenis die met heftige begeleidende verschijnselen gepaard gaat. Tongen als van vuur. Een onbelemmerde communicatie, waarbij het verschil in taal of tongval geen enkele beperking meer vormt. Een grenzeloos enthousiasme. Het geboortefeest van de kerk. Preken over het pinksterfeest zullen een hoge toon aanslaan. Voor de hoorder is dit feest niet zonder problemen. Zo groot als het enthousiasme op dat eerste pinksterfeest was, is het in de praktijk van de gemeente en in het dagelijks leven van de kerkganger vaak niet. Een feest waar de gemeente van Jezus Christus haar oorsprong vindt en waar zij toch moeite mee heeft om dat in vreugde te beleven.

Drie preken, drie accenten

De eerste preek die aan de orde komt, is die van Assense predikant B.A. Bos[45] uit 1935, getiteld: 'Pinkster-Geest en Pinkster-Feest'. De preek heeft een omvang van circa zesduizend woorden. Het woord crisis wordt in het begin van zijn preek genoemd en crisisomstandigheden spelen in zijn preek een belangrijke rol. Bos gebruikt de tekst uit Handelingen 2:1-13 als schriftlezing. De tekstlezing, Openbaring 22:17, vult en kleurt de lezing uit Handelingen in: 'En de Geest en de bruid zeggen: Kom! En die het hoort, zegge, Kom! En die dorst heeft, kome; en die wil, neme het water des levens om niet.' Een tekst uit drie gedeelten, die dan ook terug te vinden is in de structuur van de preek die uit drie 'punten' bestaat.
De preek van Bos verbindt het thema van Pinksteren sterk met dat van de wederkomst van Christus. Opmerkelijk zijn de vele uitroeptekens in deze preek met een apocalyptische toonzetting. De preek zal door Bos zelf ongetwijfeld met passie en enthousiasme zijn voorgedragen. Voor een preeklezer vraagt deze preek veel vaardigheden op het gebied van de voordracht. De liturgie is nog sober, zoals in die tijd gebruikelijk is: één nieuwtestamentische lezing en slechts vijf psalmverzen, gekozen uit vier verschillende psalmen.

---

45 MG XXV (1935), pag. 81-96.

De tweede preek is die van P. van Strien[46] uit Woudenberg. Een preek uit 1977 met als titel: 'Zicht op Pinksteren'. De omvang van de preek is om en nabij vijfendertighonderd woorden. Naast Handelingen 2:1-13 leest hij ook de verzen 33-36. Deze neemt hij tot uitgangspunt voor zijn preek, waardoor hij de betekenis van het pinksterfeest voor zijn hoorders des te duidelijker kan maken. De preek van Van Strien klinkt veel ingetogener. Een preeklezer zal er goed mee uit de voeten kunnen.
De liturgie is intussen sterk uitgebreid. Na de intochtspsalm en 'votum en groet' volgen het verootmoedigingsgebed, het woord van vergeving uit Ezechiël 26:25-27 en het 'woord van levensleiding' uit Kolossenzen 3:12-17, steeds gevolgd door psalmverzen. In de liturgie wordt uit vijf verschillende psalmen gezongen. De liturgie kent geen oudtestamentische lezing en er komen nog vijf verschillende strofen voor uit drie verschillende liederen, alle drie uit de afdeling Pinksteren van het in 1973 verschenen *Liedboek voor de Kerken*.

De derde preek is die van R.H. Stutvoet[47] uit Berkel en Rodenrijs. De preek verschijnt in 1993, met als titel: 'Pinksteren, de dag van het Pinksterfeest'. Als lezing uit het Oude Testament kiest hij Joël 2:28-32, een voor de hand liggende keuze. De lengte van de preek bedraagt ruim vijfentwintighonderd woorden. In die, in vergelijking met zijn voorgangers, beperktere ruimte ziet hij kans om een beknopte bijbelse theologie te ontvouwen. Het pinksterfeest is voor Stutvoet vooral de bekroning van de heilsgeschiedenis, zoals hij die leest in het geheel van de Schriften.
De liturgie van Stutvoet is in lijn met die van Van Strien. Ook hij kent een woord van vergeving (Ps. 32:5) en een woord om naar te leven (Gal. 5:13-26). Uit twee verschillende psalmen worden in totaal vier strofen gezongen. Verder is de keuze van de liederen die uit het liedboek. Een preeklezer kan goed uit de voeten met het taalgebruik van Stutvoet. Het is wel heel veel wat hij ter sprake brengt. Voor geoefende hoorders zal dit geen probleem zijn, maar wie niet zo bijbelvast is, zal het weleens gaan duizelen.

De opening van de preek

Bos geeft direct aan wat de grote betekenis is van het pinksterfeest: 'Het Pinksterfeest is zo rijk! Dan weerklinkt de jubel: "Christus-Triomfator". Het Pinksterfeest is de kroon op al het werk van Gods genade, dat er aan is

46 MG LXIV,3 (1977), pag. 97-107.
47 MG LXXX,2 (1993), pag. 49-57.

voorafgegaan.' Direct gaat hij over op de antithese. Want 'de Geesteskracht' werkt niet alleen tot 'redding', maar ook tot 'nederwerping van ieder die niet gelooft en zich niet *bekeert*'. In dat opzicht noemt hij het woord crisis: 'Ieder die de Pinkster-Geest "ontmoet", wordt gedwongen tot de keuze die beslist over zijn leven; de keuze vóór òf tegen den Christus.
Maar het Pinksterfeest spreekt ook van de toekomst.
De uitstorting van des Geestes, nu twintig eeuwen geleden, is als het praeludium, het voorspel, van het machtige koraal, dat eens als een forsche zegezang, de volle victorie Gods verkonden zal.'
Voordat Bos zijn drie punten noemt brengt hij het doel van zijn preek onder woorden:
'In deze bange tijden, vol van nood en zorg, willen wij dat heimwee van het Pinksterfeest gaan overdenken, zooals dat door den verheerlijkten Jezus aan Johannes op Patmos is geopenbaard. We vieren vandaag: pinksterfeest door den pinkster-geest. En feest is het voor ons, omdat:

I. De Pinkster-Geest het Pinksterheimwee wekt.
II. De Pinkster-Geest het Pinksterwonder werkt.
III. De Pinkster-Geest den Pinksterzegen schenkt.'

Van Strien opent als volgt: 'Nog steeds vragen mensen zich af welke plaats ze aan Jezus moeten geven in hun leven. En welke plaats Hem toekomt in de samenleving. Komt Hem eigenlijk wel een plaats toe in de wereld?
Eens en voorgoed heeft God antwoord op die vragen gegeven op die pinksterdag in Jeruzalem, die we elkaar vandaag in herinnering roepen. Het gaat er maar om of we er ons aan gewonnen willen geven. Wie dat doet gaat Pinksteren beleven als een dag van goede boodschap. Zijn hart loopt erdoor over van vertroosting, vol verwachting, vol van het weten van een rijke geborgenheid. Pinksteren is het waard echt gevierd te worden!'

Stutvoet sluit aan bij het in die tijd bekende pinksterlied dat Hanna Lam in haar eerste bundel kinderliederen heeft opgenomen:

''t Is feest vandaag, 't is pinksterfeest,
wij staan in vuur en vlam,
want Hij, die bij ons is geweest,
werkt verder aan zijn plan.'

Stutvoet heeft het over de vreugde 'over God, die de geschiedenis van de wereld, van zijn mensenkinderen, maar niet op zijn beloop laat... maar die dwars tegen de mensengeschiedenis van zonde, verval en ondergang in, zijn tegengeschiedenis, zijn heilsgeschiedenis doorzet'. In zijn preek ontvouwt Stutvoet vervolgens deze heilsgeschiedenis.

Uitleg van de tekst: 1

Bos legt vooral de tekst uit Openbaring 22:17 uit. Tegelijkertijd gebruikt hij als een soort raster de tekst van Handelingen 2. Hij veronderstelt dat het verhaal over de uitstorting van de heilige Geest op de discipelen in Jeruzalem bij zijn lezers voldoende bekend is. Daarom kan hij alle nadruk leggen op wat de Geest van Pinksteren met mensen doet. Toen en nu. Daarbij speelt het woord 'kom' uit zijn tekstlezing een grote rol. Die oproep doen de Geest en de bruid samen. De bruid valt samen met de gemeente en in wezen ook met de hoorders. Zij worden aangesproken als de bruidsgemeente die reikhalzend uitziet naar de komst van de Bruidegom. Bos beschrijft dat de Geest allereerst die komst oproept. De bruid verlangt naar de Bruidegom, maar de Geest verlangt ook naar de komst van Christus: 'Zijn verlangen gaat zelfs aan het heimwee van de bruid vooraf. Eerst roept de Geest, en pas daarna smeekt de bruid.' Met dat verlangen dat resoneert in de bruidsgemeente bereidt de Geest de Kerk voor om als bruid versierd en smetteloos te staan voor de Bruidegom.
Dat verlangen van de gemeente als bruid werkt Bos met veel woorden en voorbeelden uit. Hij vraagt zich af of dit verlangen in de gemeente wel sterk genoeg aanwezig is en doet dan ook een oproep om de liefde tot Christus niet te laten verkillen en in navolging van de discipelen eendrachtig te bidden en te smeken.

Het wonder van Pinksteren zelf is niet zintuiglijk waar te nemen. Wel zijn de effecten duidelijk in het talenwonder dat in Jeruzalem plaatsvindt. Vanaf dat moment is 'de Kerk een bruids-gemeente, die brandt van verlangen naar den Bruidegom'. Bos beschouwt de groep discipelen die de Geest ontvangen al als het begin van de kerk. Kerk met een hoofdletter. Bij hem is de Joodse context van het verhaal volledig afwezig. Wat er gebeurt, is in wezen al kerkgeschiedenis. Bij het pinksterfeest wordt 'de kleine Kerk te Jeruzalem *wereld*-Kerk'! Het pinksterwonder bestaat hierin dat de 'bruids-Kerk aan de wereld het Evangelie brengen mag van Jezus' wederkomst, en die wereld bidden en smeeken mag, toch met haar mee te gaan, den Bruidegom tegemoet... Zoo gaat ze den heiligen oorlog in met het Evangelie der vergeving van zonden in Christus' bloed.'
Bos vraagt zich vervolgens af of het wonder van de Kerk als 'wereld-Kerk' nog voldoende zichtbaar is en beleefd wordt. Daarbij schrijft hij: 'Er wordt gezegd dat de Kerk het Pinkstervuur niet meer bezit. En in allerlei buitenkerkelijke groepen tracht men het zgn. tekort der Kerk breed uit te meten, en het Pinkstervuur weer tot nieuw leven te brengen. Oxford-groep en Möttlinger boodschap nemen velen in beslag.' Hij gaat

niet mee met een negatief beeld over de kerk. Naast de dankbaarheid over de kerk blijft de noodzaak van diepe verootmoediging.
Voor hem is het perspectief van de wederkomst van Christus een belangrijke impuls voor de kracht van de gemeente: 'hoe meer wij aan die toekomst denken, hoe sterker ook ons heimwee wordt. En hoe sterker wij verlangen, hoe meer ook onze kracht ontwaakt!'

In het derde deel van zijn preek beschrijft Bos hoe de Geest de pinksterzegen bewerkt. 'De discipelen zijn nu geen weezen meer; zij mogen zich laven aan de vreugdewateren des heils, om daarin te ontvangen een voorsmaak van het eeuwig zalig leven, dat eens ten volle het deel der Kerk zal zijn, als Christus wederkomt.' Aansluitend bij de tekst uit Openbaring 22:17 wijst hij op de noodzaak om te blijven dorsten en om dan als dorstige te komen. Hij spreekt zijn hoorders nu met een duidelijk appèl aan: 'Kent Uw ziel, dat hijgende, dat brandende verlangen naar Jezus?' Dorsten is meer dan dorst hebben. Hij beschrijft hoe alles doordringend dit dorsten doorwerkt in de ziel van wie verlangt naar de komst van Christus. 'Neen, dit dorst hebben is geen eenvoudig verlangen. Het onderstelt een diepe leegte in Uw ziel. Ge dreigt te bezwijken en neer te vallen. (...) En pas dan moogt ge tot Jezus komen, en zal Hij uw dorst wegnemen.' De prediker stelt dan opnieuw een dringende persoonlijke vraag: 'Kent gij dat dorsten naar Hem? O, de wereld waarin wij leven versmacht, maar ze dorst niet naar Jezus, en dus brengt het Pinksterfeest geen zegen.'
In de afrondende woorden geeft hij aan hoe degenen die werkelijk in geloof verlangen naar de wederkomst nu al getroost worden. Die troost is een grote kracht. 'En als het dan donker wordt en de benauwdheden van de wereld, welke Christus haat, hen overkomen; als de crisis steeds breeder scheur trekt, en de oordeelsdag nadert, ja zeker dan kunnen ze zuchten... hoe lang nog, hoe lang nog! ... En als dan eens uit zilveren bazuinen weerklinkt over bergen en zeeën en dalen, de roep van de Bruidegom: Maranatha, Ik kom... dan juicht hun ziel van vreugde; Jezus komt!'

***Uitleg van de tekst:* 2**

Van Strien spitst zijn pinksterpreek toe op de verzen 33-36 van Handelingen 2. Een fragment uit de preek van Petrus, waarin de plaats van de gekruisigde Christus bij God centraal staat. Het fragment waarin Psalm 110 wordt geciteerd: 'Zet u aan mijn rechterhand, totdat Ik uw vijanden gemaakt heb tot een voetbank voor uw voeten.' Daarom vraagt Van Strien zich af welke plaats Jezus op dit moment in de wereld krijgt. In zijn preek verwijt Petrus zijn Joodse toehoorders Jezus een plaats gegeven te hebben aan het kruis. Van Strien wijst erop dat de moderne mens Jezus helemaal geen plaats toekent.

Wanneer hij het pinksterverhaal navertelt, wijst hij op de Joodse context van het pinksterfeest, als oogstfeest en vooral ook als feest waar de wetgeving op de Sinai wordt herdacht. De donderslagen en bliksemstralen van de Sinai krijgen zo een plaats bij het pinkstergebeuren in Jeruzalem. Toch zien de toeschouwers de link niet. Petrus moet die voor hen leggen.

Daarna komt een volgend thema aan de orde in de preek van Van Strien: 'God wil met de wereld ergens naar toe. Hij is onderweg naar een toekomst. (...) Een geweldige opdracht is er mee in Jezus' leven gekomen: deze in vloek en schuld voor God verloren wereld, deze wereld, die in de greep der machten geraakt is, te maken tot een wereld van Gods beloften.' Hij gaat vervolgens in op die machten, die volgens Van Strien in elke eeuw een eigen gezicht hebben. Hij ziet die in zijn tijd in het moderne atheïsme en in bewegingen als het 'godvijandige communisme en nationaal-socialisme'. Die actuele machten roepen bij hem de associatie op met Openbaring 13: het beest uit de zee wordt in deze machten zichtbaar. Petrus wijst er in zijn preek dan op hoe Jezus tegen die machten optreedt: 'de teugels van het wereldbewind in handen nemen... Dat heeft ook God gedaan.'

Jezus heeft de Geest, die Hij van de Vader heeft gekregen, over zijn discipelen uitgegoten en ze daarmee tot zijn getuigen gemaakt.

Na zijn exegetische gedeelte gaat de predikant in op de situatie van zijn hoorders. Als ze vandaag het pinksterfeest vieren, mogen ze met hart en ziel beamen wat Petrus heeft uitgelegd: 'Pinksterfeest! Laten we elkaar opwekken er toch bij te léven, dat we een Heer en Christus hebben. Wie er bij leeft weet zich wonderlijk geborgen.' Na deze zin citeert Van Strien enige verzen uit Romeinen 8.

Hij gaat ook nadrukkelijk in op de twijfels die er onder zijn hoorders kunnen leven en vraagt zich af of Hij het wel redt om de wereld tot een verloste wereld te maken. Vervolgens gaat hij in op de tijdgeest: 'We zien in onze tijd dat het leven hoe langer hoe meer een eigenmachtig leven wordt. Een halve eeuw geleden waren er nog mensen, die droomden van de kerstening van de wereld in hún generatie of in de volgende. Vandaag weten we een hand over hand toenemende ontkerstening.' Direct daarna schrijft hij: 'We hoeven het visioen van een nieuwe wereld niet af te schrijven.'

In de slotalinea's sluit Van Strien aan bij de lezing uit Joël, woorden die ook door Petrus zijn geciteerd. Zijn hoorders krijgen als oproep te getuigen van Christus te zijn. Hij schetst daarbij het programma: 'In een opnieuw belijden dat Jezus de centrale plaats in ons leven heeft. Dat Hij ons heeft verlost. Dat we bereid zijn Hem te dienen in zijn worsteling om ook in de samenleving de centrale plaats te krijgen.' Het perspectief van zijn preek lijkt sterk op dat van zijn voorganger uit 1935: 'En we willen oor hebben voor de goede boodschap, dat dwars door alle verschrikkingen heen, die de wereld zullen teisteren, de grote en doorluchtige dag des Heren komt.'

Uitleg van de tekst: 3

Het doel van zijn pinksterpreek maakt Stutvoet direct duidelijk. Het gaat om de beleving van vreugde: 'Vreugde over God, die de geschiedenis van de wereld, van zijn mensenkinderen niet maar op zijn beloop laat (...) maar die dwars tegen de mensengeschiedenis van zonde, verval en ondergang in, zijn tegengeschiedenis, zijn heilsgeschiedenis doorzet.' De tekst voor zijn preek is Handelingen 2:1, waarbij hij de Statenvertaling met instemming citeert: 'En als de dag van het pinksterfeest vervuld werd.'
De preek van Stutvoet is een uiteenzetting van de in zijn ogen vreugdevolle heilsgeschiedenis. Daarbij begint hij in het paradijs, waarbij de mens naar Gods beeld geschapen is, om 'op Hem te lijken, met Hem te communiceren'. Stutvoet gebruikt het woord 'zondeval' niet, maar interpreteert Genesis 3 als volgt: 'Het verhaal van Adam en Eva is ons aller verhaal: mensen gebruiken hun vrijheid en verantwoordelijkheid niet zoals bedoeld.' Hij gebruikt dan woorden als 'vergrijpen', 'vervreemden', 'verknoeien' en 'bederven'. Stutvoet is uitgesproken in zijn oordeel als hij schrijft: 'We leggen zijn Woord naast ons neer of ontkrachten het door het zo uit te leggen dat het ongevaarlijk voor ons blijft, zodat we onveranderd en ongestoord naar eigen believen onze gang kunnen gaan.' Toch blijkt God naar ons om te zien. 'Hij laat het werk dat Hij aan ons begonnen is niet los en dat wordt met Pinksteren luid en wereldwijd verkondigd.'

Met Pinksteren worden mensen opengebroken en 'zien ze hun onhoudbare situatie in'. 'Op die dag begint de nieuwe tijd en is er van de toekomst, waarom het God begonnen is, iets te proeven.' Stutvoet plaatst het pinksterfeest ook in de context van het Joodse Wekenfeest, wanneer 'de verbondssluiting' wordt gevierd. Hij laat de lijn zien van de tien woorden van de schepping, de tien tegenslagen tegen de 'duistere afgod Farao' en de Tien Woorden. Hij noemt Micha 4 met het komende vrederijk, haalt Joël aan met 'de geduchte dag des Heren in het laatste der dagen'. Hij legt de nadruk op de betekenis van de profeten. Een zin die kenmerkend is voor zijn preek: 'Wij mogen een nieuw leven van God ontvangen, ademen in een volkomen nieuw perspectief.' Zo schetst Stutvoet de geschiedenis van God met de mensen als een hoopvolle, troostrijke heilsgeschiedenis: 'Een nieuw lied, dat doorbreekt door alle barrières die mensen opwerpen tegen God en elkaar.'

De reeks van kerkelijke feesten Kerstmis, Goede Vrijdag, Pasen en Pinksteren als oogstfeest laat zien wat er met, in en door Christus is gebeurd. Stutvoet vraagt dan: 'Is er wat met ons gebeurd?' Later komt de vraag: 'Delen we in die vreugde?' en 'Hoe zit dat met ons? Wat vervult ons, waar zijn wij vol van, wat drijft en bezielt ons, wat staat ons voor ogen? Het is Gods verlangen dat ook jij en ik, dat een ieder van ons gaat delen in de volle vreugde van het feest, dat God begonnen is en tot volheid zal brengen.'
Stutvoet ontvouwt in zijn preek wat hij heilsgeschiedenis noemt. Een geschiedenis die met Pinksteren wordt bekroond en die tegelijkertijd nieuwe inspiratie en een blijvend hoopvol perspectief biedt.

Actualiteit en levenservaringen
De pinksterpreek van Bos verschijnt in 1935. Midden in de crisistijd. Het woord crisis noemt hij aan het begin en aan het einde van de preek. Overigens wordt dan in de kerken wel steeds de nadruk erop gelegd dat de crisis niet alleen een economische is, maar ook een morele. Hij wordt concreter als hij schrijft: 'Wij smeeken om vervulling van vele nooden (...) maar voelen wij de lichamelijke nooden niet het zwaarst? De gansche wereld verkeert in onrust, en de hemel is omfloerst met zware wolken, wij hoorden van oorlogen en geruchten van oorlogen; van hongersnooden en pestilentiën; van aardbevingen in verscheidene plaatsen.' Hij citeert hier vrij uit het boek Openbaring.
Hij wordt iets concreter als hij schrijft: 'Een machtige beweging organiseert zich en mobiliseert zich voor den strijd tegen den Christus Gods, en (...) al mogen wij in ons land nog in vrede en rust tezamen komen om ons Pinksterfeest te vieren, (...) wie weet hoe spoedig ook in ons dierbaar vaderland de vervolgingen weer zullen ontbranden.' Dit lijken profetische woorden. De vraag is of Bos hier zinspeelt op het nationaalsocialisme. Hij laat het in het midden en het is niet onmogelijk dat zijn woorden betrekking hebben op het communisme.
De term 'bruidsgemeente' speelt in de jaren dertig een grote rol in de geloofsbeleving van veel kerkgangers. De crisistijd roept sterke verlangens op naar de wederkomst van Christus. De maranathabeweging rondom Johannes de Heer zal ongetwijfeld ook veel kerkgangers bereiken en

weten te inspireren. Thuis op het harmonium ligt zijn bundel binnen bereik en daarmee ook lied 769, waarvan het refrein luidt:

'Welk een uitzicht, Bruidsgemeente!
Eeuwig Hem ten eigendom.
"Maranatha" blijv' ons wachtwoord,
"Amen, ja Heer Jezus, kom!"'

Bos citeert dit lied trouwens niet in zijn preek. Maar een groot deel van zijn hoorders kent dit lied wel. Misschien neemt de organist wel de vrijheid om het na afloop van de dienst tot klinken te brengen.
Zonder ze direct af te wijzen noemt Bos buitenkerkelijke bewegingen die het gebrek aan bezieling binnen de kerken aan de kaak stellen. Hij noemt de Oxfordgroep en de Möttlinger boodschap, een opwekkingsbeweging die veel waarde toekent aan het werk van de Geest en aan gebedsgenezing.

Van Strien schrijft zijn preek voor de bundel van 1977. Een tijd waarin de theologische verschuivingen in de Gereformeerde Kerken steeds duidelijker worden. In het slot van zijn preek lijkt het dat Van Strien in dit opzicht pas op de plaats wil maken (zie boven bij het slot van zijn preek, waar hij oproept tot een 'opnieuw belijden'). Als antichristelijke machten noemt hij het moderne atheïsme, het godvijandige communisme en het nationaalsocialisme. Van Strien heeft moeite met de secularisatie die op dat moment ook in zijn kerk merkbaar is als hij spreekt over een 'hand over hand toenemende ontkerstening'. Het communisme en nationaalsocialisme in één adem noemen is in 1977 ook niet voor elke predikant en hoorder vanzelfsprekend. Het tijdsbeeld dat Van Strien duidt, kenmerkt zich ook door onzekerheid. Wat komt er nog van de heerschappij van Christus terecht? Hij probeert zijn hoorders te bemoedigen. De spanning is tussen de regels door te lezen in zijn preek.

De preek van Stutvoet kenmerkt zich juist door het ontbreken van toespelingen op de actualiteit. Dat kan te maken hebben met het redactiebeleid van de laatste decennia dat de auteurs vraagt hun bijdrage een jaar voor verschijning in te leveren. Stutvoet maakt zich sterk voor wat hij heilsgeschiedenis noemt. Zijn verhaal blijft overzichtelijk en herkenbaar. Het is een typisch 'groot verhaal', in een tijd waarin de 'grote verhalen', theologisch, ideologisch en politiek, met steeds minder overtuiging worden gebracht. Deze postmoderne tendens is in de preek van Stutvoet nog niet aan de orde. Hij vertrouwt op het bekende verhaal en probeert dat met verve aan de orde te stellen. In een pluriforme gemeente in 1993 zal niet iedereen door dit verhaal overtuigd raken.

Verhalen rondom en reflecties op preken en preeklezen

door Piet Schelling

21 Preken is een vak

Woord & Dienst, opiniërend magazine voor protestants Nederland, gaf enige tijd geleden[48] een themanummer uit over de preek. De redactie van het magazine had bij kerkgangers de vraag voorgelegd wanneer zij een preek waarderen en wanneer zij bij een preek afhaken. Een greep uit de antwoorden:

Waarderen:

- Een preek is goed als die het contact legt tussen God en mij en mijn leven, als die me op Gods golflengte brengt.
- Een preek moet iets meegeven, teweegbrengen: wat betekent het geloof en wat kan ik ermee?
- Een preek moet mensen helpen op hun zoektocht naar God.
- Het hoeft niet mooi te zijn, als het maar echt is; échte verhalen, die komen binnen.
- Ik vind het fijn als ik een stukje uit mijn eigen leven terugvind in de preek.
- Je loopt altijd in een bepaald straatje. Soms brengt een preek je tot een andere zienswijze; dat is mooi.

Afhaken:

- Geen prietpraat! De krant lees ik thuis wel.
- Een preek kan altijd vijf minuten korter.
- Ik dwaal af bij een omhaal van woorden, bij te veel voorbeelden.
- Vaak vind ik de preek tijdverdrijf en dwalen mijn gedachten af. Ik kom naar de kerk voor de gemeenschap met de gelovigen en probeer iets te horen van wat God mij persoonlijk te vertellen heeft. Daar gebruikt Hij de preek meestal niet voor...

Als predikanten al die reacties op zich laten inwerken, slaat misschien ontmoediging toe. En dat kan de zucht ontlokken: aan die uiteenlopende wensen kan ik nooit voldoen! Dat zal ook menig auteur van MG gedacht hebben. Zij weten, hoe enorm zij hun best ook doen bij het maken van de preek: in dit uur zal ik niet iedereen aanspreken. Maar ook weten zij dat er vanaf de kansel zomaar iets weldadigs kan binnen-

---

48 Zie 61,4 (april 2012).

dringen in het leven van de hoorder.

Wij hebben als voorbereiding op dit boek veel preken van de honderdjarige gelezen. In onze verbeelding zagen we de auteurs ervan aan hun bureau bezig met de tekst, met de gemeente, met zichzelf. Uiteindelijk, vaak na hard gezwoeg, lag daar de preek.
Een preek ontstaat niet vanzelf. Er gaat veel aan vooraf. Lezen, nadenken, bidden, studeren, luisteren... Er zijn waardevolle boeken geschreven over het preken, over het maken en houden ervan.[49] Aan de theologische opleiding is het leren preken een heus vak. We noemen dat vak homiletiek, dat wil zeggen: preekkunde. Inderdaad, preken moet je leren. Er komt heel wat kijken om de preek te laten landen. Om een goede preek te maken, is het aanleren van de juiste techniek en aanpak niet voldoende. Ook jij als prediker doet er toe: je instelling, je geloof, je betrokkenheid.

In dit hoofdstuk stippen we enkele zaken en kwesties aan die bij ons zijn opgekomen bij het lezen van vele preken.

Preken in punten

In 2008 hield de toenmalige minister-president J.P. Balkenende een lezing, die hij begon met: 'Dames en heren, ik heb al jong geleerd dat een goede preek drie punten heeft. Die gereformeerde eigenheid moet u mij maar vergeven.' Meteen kwam op die opmerking commentaar.[50] Niet op het gegeven dat een preek uit punten bestaat, maar dat een 'goede' preek drie punten heeft. Een preek met drie punten hoeft niet goed te zijn. En er zijn goede preken die twee, vier of meer punten hebben, of die niet in punten zijn opgebouwd.
Vroeger werden de preken veelal opgebouwd uit punten. In die tijd waren de preken aanzienlijk langer dan vandaag en door die punten werd de preek overzichtelijk en was daardoor beter te volgen. Uit de rijke traditie van *MG* een paar voorbeelden:
In de eerste jaargang, 1911, houdt P.A.E. Sillevis Smitt een preek over Jezus en Barabbas, met Matteüs 27:15-23 als tekst. Hij brengt het lijden van Jezus onder de aandacht door de ruil tussen Jezus en Barabbas te

49 Enkele voorbeelden: G.D.J. Dingemans, *Als hoorder onder de hoorders.... Een hermeneutische homiletiek*, Kampen 1991; Ciska Stark, *Proeven van de preek. Een praktisch-theologisch onderzoek naar de preek als Woord van God*, Zoetermeer 2005; Kees de Ruijter, *Horen naar de stem van God. Theologie en methode van de preek*, Zoetermeer 2013.
50 In het *Reformatorisch Dagblad* van 13 november 2008 wijdt J. Mastenbroek, naar aanleiding van Balkenendes opmerking, aan het preken in punten een illustratief artikel.

overpeinzen. De overpeinzing gebeurt door:

I. De voorslag,
II. Het tweetal,
III. De volkskeuze,
IV. De vrijlating.

De Utrechtse predikant J.C. de Moor preekt in 1920 over de gelijkenis van de verloren zoon, Lucas 15:25-32, met als thema 'Den toorn van den oudste zoon'. Hij spreekt over hoe deze toorn werd:

I. opgewekt (vers 15-28a),
II. geuit (vers 28b-30),
III. bestraft (vers 31-32).

K. Fernhout houdt in 1922 een preek over Psalm 27:4, waarin hij het thema verlangen uitwerkt:

I. op het *voorwerp*, waarmee het uitgaat,
II. op de *kracht*, waarmee het zich daarop richt,
III. op de *weg*, waarin het er zich naar uitstrekt.

In hetzelfde jaar preekt S.W. Bos over Jesaja 54:9-10, over de eed van God om zijn toorn te veranderen in ontferming:

I. De verootmoedigende aanleiding tot die eed,
II. De rijke inhoud van die eed,
III. De vaste grond van die eed,
IV. De zekere vervulling van die eed.

G.W. van Houte legt in 1949 Lucas 5:27-32 uit, met als motto: 'Zaligmaker van zondaren'. We zien Hem:

I. als de Zaligmaker, die zondaren roept,
II. als de Zaligmaker, die zondaren tot bekéring roept,
III. als de Zaligmaker, die zondaren tot de vreugde leidt.

Tot slot een voorbeeld uit 1963, van J.G. Feenstra, een preek over 1 Timoteüs 3:15-16. Hij geeft twee onderverdelingen, van het motto 'Hoe men zich moet gedragen in het huis Gods'. Hij denkt aan:

I. De gemeente van de levende God,
II. Een pijler en fundament der waarheid,
III. Het grote geheimenis der godsvrucht.

Of:

I. Het werk des Vaders,
II. Het werk des Heiligen Geestes,
III. Het werk des Zoons.

Kort daarna zien we in MG het preken in punten verdwijnen, zoals dat ook verdween in de meeste gemeenten van de Gereformeerde Kerken. In enkele andere kerkgenootschappen is die methode langer volgehouden en nog steeds zijn er gemeenschappen waar de techniek wordt gehanteerd. Overigens zien we hier en daar in evangelische geloofsgemeenschappen dat de sprekers hun toespraken weer in punten opbouwen, waardoor hoorders de toespraak (zoals in die kringen de preek bij voorkeur wordt genoemd) beter kunnen volgen en onthouden.

Wat is een goede preek

Er is geen sluitende definitie van een 'goede' preek. Zelfs omschrijven wat een préék is, valt niet mee. Denk alleen al aan de verschillende termen die voor 'preek' gebruikt worden: toespraak, uitleg, verkondiging, meditatie, overweging, vermaning, overdenking, praatje... Elk van deze duidingen legt een accent dat bij de andere minder nadruk heeft. Wat al die termen gemeen hebben, is dat er in een kerkdienst (viering, bijeenkomst, samenkomst) op een gegeven moment een tekst uit de Bijbel wordt uitgelegd met de bedoeling de gemeente brood voor het hart (troost, bemoediging, vermaning, inzicht) mee te geven.
De Bijbel en het dagelijks leven van mensen – die twee komen via de voorganger in een preek bij elkaar. Misschien is dit wel de simpelste definitie van de preek. In elk geval kan de redactie ermee uit de voeten en doen we de predikers van *MG* recht door op deze wijze het moeilijke en boeiende werk van de verkondiging te omschrijven. Maar het spreekt vanzelf dat er veel en veel meer over valt te zeggen.[51]

In gesprek met *Trouw*[52] over de 'ideale preek' proberen Bert de Leede en Ciska Stark, beiden nauw betrokken bij het vak homiletiek, zo'n preek te duiden:
'Moet het uit het hoofd? Moet het van papier? Hoe spreek je de luisteraar aan? Een geslaagde preek is hard werken. "Er is een ideaal van uit het hoofd preken. Dat hoeft helemaal niet," zegt Bert de Leede. Maar, zo voegt hij toe, je moet je wel echt richten tot de luisteraar. "De tijd is voorbij dat een preek een bombardement met woorden is." Volgens hem toont de ideale preek "het leven in een wijder perspectief". De Leede: "Thuis kan ik wel een boek en een krant lezen. In een preek gaat het om de echte vragen. Wat betekent het om God te kennen en om het leven met God gestalte te geven? Het is de kunst een preek zo te houden dat de luisteraar het gevoel heeft over een grens te worden geholpen van een geheim."

51 Zie het aangehaalde werk van De Ruijter, die uitvoerig ingaat op wat een preek is, pag. 141-153.
52 Op 18 september 2012.

Ciska Stark: "Preken die volstrekt rationeel zijn, zoals we die kennen van ouderwetse leerredes, daar kunnen mensen niets meer mee. Hetzelfde geldt voor louter pastorale bemoediging of meditaties over geloofsgeheimen. De preek moet wel iets blijven betekenen, anders kun je die net zo goed weglaten in de dienst." Volgens Stark bestaat de ideale preek uit twee hoofdingrediënten: een appèl aan het gevoel én een appèl aan de ratio. "Je kunt het natuurlijk niet allemaal gelijk recht doen. Maar je kunt als voorganger de verschillende categorieën integreren en doseren: soms wat meer getuigend, soms meer meditatief, afhankelijk van bijbeltekst en situatie."'

Ja, wat is de ideale preek, wat maakt een preek goed? Nogmaals: op deze vraag is geen afdoend en eensluidend antwoord te geven. Zelfs als het lukt om enige doordachte criteria voor een goede preek vast te stellen, dan is dat geen garantie dat de hoorders de preek die aan de criteria voldoet als goed ervaren.
We kunnen wel enkele elementen noemen die in onze ogen van belang zijn om de communicatie tussen Bijbel en gemeente met de prediker als tussenpersoon zo veel mogelijk te laten slagen. Niet iedereen zal zich daarin voldoende herkennen. Er is immers zoveel te vertellen wat een preek goed maakt en onder predikers en hoorders bestaan verscheidene meningen daarover. Wat de een goed vindt, heeft misschien voor de ander weinig of geen relevantie. Onlangs was ik over de preek in gesprek met een vriend – trouwe kerkganger, werkzaam in het bedrijfsleven. Op mijn vraag wanneer een preek hem aanspreekt, antwoordde hij: 'Ik wil iets horen over de betekenis van de bijbeltekst en ik wil een verbinding zien met wat er in de samenleving gebeurt.' Voor hem zijn die twee aspecten zwaarwegend bij het kwalificeren van de preek. Stel je diezelfde vraag aan een ander, dan komt er wellicht een ander of tegenovergesteld antwoord. De kwalificatie 'goed' wordt onder meer bepaald door visie op de Bijbel, door geloofsbeleving en door persoonlijke omstandigheden. En die verschillen nogal.

Voor mij zijn de volgende vier elementen van belang voor het welslagen van de preek:

1. Het geven van inzicht in de tekst. Wat staat er precies? Wat beoogde de schrijver indertijd met dit woord? Tot wie richtte hij zich? Wat was de situatie in de dagen dat de tekst ontstond? Om antwoord te vinden op die vragen zullen predikers vooral dienen te 'luisteren' naar de tekst. Zij behoren zich in te leven in de tijd en in de personages die worden genoemd of verondersteld. Hoe

meer zij daarin slagen, hoe groter is de kans dat zij de brug naar de hoorders kunnen leggen.

2. Het zicht krijgen op de hoorders. Wie zijn zij? In welke omgeving leven zij? Aan welke wereld hebben zij deel? Wat houdt hen bezig? Welke vragen, levensvragen beheersen hen? Om antwoord te vinden op die vragen zullen predikers vooral dienen te 'luisteren' naar de gemeente. Zij moeten zich ook bewust zijn dat de omstandigheden en vragen van de hoorders vaak uiteenlopen.
3. Het leggen van verbindingen tussen de tekst en de hoorders. De eerste – de tekst – komt van verre, is eeuwenoud. Niet alles van toen is zomaar over te brengen naar vandaag. Wat in de oude tijd werkte, kan vandaag in de regel pas tot werking komen als de tekst vertaald wordt naar onze wereld, onze tijd, ons leven. De prediker moet een brug slaan tussen toen en nu. Dat is geen sinecure. Die twee werelden zijn zo anders. De mens van een paar millennia geleden is niet te vergelijken met de mens van heden.
4. In die bewegingen van tekst naar hedendaags leven en andersom van leven naar tekst is de prediker aanwezig. Hij heeft deel aan die bewegingen en verbindingen. Hij is een persoon, met een eigen denk- en leefwereld. Hij kijkt naar tekst en gemeente met 'zijn' ogen. Ogen die worden gekleurd door wie hij is. Dat is helemaal niet erg; het kan niet anders. De prediker kijkt niet neutraal. Alleen, hij moet zich dat steeds weer realiseren en hij doet er goed aan inzicht te verwerven in eigen grenzen en ruimten. Van hem wordt verwacht dat hij zowel in de huid van de tekst als in die van de gemeente kruipt, zonder helemaal in hen op te gaan. Dat laatste biedt de mogelijkheid te bemiddelen in het tegenover dat zowel in de tekst als in de horende gemeente zit.
5. Om die verbindingen zo goed mogelijk tot stand te brengen, is de vorm waarin de preek gebracht wordt niet onbelangrijk. Misschien wel belangrijker dan ooit. Mijn ouders en grootouders verzuimden de dienst niet als de voordracht van de dominee te wensen overliet. Zij zeiden: 'Als het Woord wordt bediend, dan ga je!' In onze dagen ligt dat anders. De communicatie is heel belangrijk geworden. Sommige predikers zijn begaafde sprekers; dat is hun als gave toebedeeld. Voor anderen geldt: je moet je enorm bekwamen om de boodschap te laten landen en om de hoorders te boeien. Voor een deel kun je het overdragen van een boodschap leren.

Wanneer je als prediker deze handvol elementen verwerkt, is daarmee nog niet gezegd dat de hoorder de preek goed vindt. Daarvoor spelen eigenheden van de hoorders een te grote rol. Maar de opdracht om prediker te zijn verplicht je tot een uiterste inspanning om het 'Leven' en het 'leven' op te delven en de vondst in een zodanige vorm te gieten dat zij landt in de hoofden en harten van de mensen.

Luisterend naar de preken uit de honderd jaargangen van *MG* ontwaren we grote verschillen. De eerste helft van die eeuw was de preek sterk eenrichtingsverkeer van prediker naar gemeente. In de tweede helft komen de hoorders meer en meer in beeld. Er ontstaat wisselwerking tussen preekstoel en kerkstoel. Woorden als communicatie, ontmoeting en nabijheid zijn voor de prediker essentieel geworden.

Liturgie en preek

In het historisch overzicht[53] noemden we al dat de plaats van de liturgie ten opzichte van de preek niet altijd gelijk is geweest. Aanvankelijk stond de preek onomwonden in het centrum, wat zichtbaar was aan de centrale plaats die de preekstoel genoot. De liturgie was sober; er werd slechts een enkel couplet gezongen. In de latere tijd kreeg de liturgie grotere aandacht en kwam de preek (iets) minder centraal te staan. De lengte van de preken veranderde ook. In het begin leverden de auteurs preken met vijf- tot zesduizend woorden, de laatste tien jaar schommelde het aantal woorden tussen de twaalf- tot zeventienhonderd woorden. Wat een verschil!

De liturgische verschillen tussen eerste en laatste jaargangen zijn groot. Niet alleen wordt er tegenwoordig in diensten meer gezongen en gemusiceerd, er is ook aandacht voor kinderen; we treffen symboliek van kleden, kleur en licht aan; er is in menige dienst nadrukkelijk interactie tussen voorganger en gemeente, sommige gemeenteleden spelen een actieve rol; enzovoorts. De diensten zijn kleurrijker en speelser geworden. Of dat een verbetering is, laten we hier in het midden. Wij constateren dat een dienst uit 1913 niet te vergelijken is met die uit 2013. Jazeker, de grove structuur vertoont overeenkomst, maar daarbinnen zijn er aanzienlijke verschillen. Over twintig jaar zal er weer anders gepreekt worden en zal de verhouding tussen liturgie en preek opnieuw een verschuiving laten zien. Het is zelfs niet ondenkbaar dat elementen van voorheen in de toekomst weer terugkeren. Er zullen altijd verschuivingen plaatsvinden.

---

53 Zie hoofdstuk 6.

Wat gelijk is gebleven, is de inzet van voorgangers om de boodschap van de Schrift te brengen. Of we die overdracht nu omschrijven als 'de bediening van het Woord des Heren' (de predikant heet wel *Verbi Divini Minister*, dienaar van het Woord van God) of 'het uitleggen van de Schrift' of 'het vertellen van het Verhaal' – de kernuitwerking is dezelfde. Die taak vergt veel, is intensieve arbeid, vraagt deskundigheid en een luisterende geloofshouding. Het preken is een heus vak! De oplettende waarnemer ziet die houding terug in al die preken.

22 De voorgangers en hun preken

Onze prekenserie bestond bij de gratie van predikanten. Zij waren bereid een preek en de daarbij behorende liturgie te leveren. Inderdaad, bij de gratie van... De opeenvolgende redacties hebben dat zo ondervonden. Dat predikanten bereid waren tijd en energie te steken in MG was een gebaar van goedgunstigheid, want de geringe vergoeding die zij voor een bijdrage ontvingen, was hooguit een kleine stimulans om mee te doen.
Bij de gratie van... had zeker bij veel voorgangers een andere intentie. Zij zagen het verkondigen van de heilige Schrift als genade, aangereikt door God. Zij deden hun Schriftwerk bij de gratie van Hem. Zij wilden anderen laten delen in die genade.

Een lange rij verkondigers

Het aantal auteurs dat aan MG heeft meegewerkt is aanzienlijk. Bijna twaalfhonderd predikanten hebben sinds 1911 een of meer bijdragen geleverd! Een indrukwekkende stoet van voorgangers. Zij hebben naast hun werk in de gemeente of aan de universiteit tal van gemeenten in het land en daarbuiten via MG gediend.
Denkend aan hun inzet en aan de vruchten die gemeenten van hun pen hebben geplukt, past het in deze jubileumbundel onze waardering uit te spreken. We doen dat via de omweg van een tekst uit de Bijbel:

> 'Gedenkt uw voorgangers,
> die tot u het woord van God gesproken hebben;
> beschouwt de uitkomst van hun wandel
> en volgt hun geloof na.' (Hebr. 13:7 – vertaling: de Naardense Bijbel)

Deze tekst treffen we aan in een betoog gericht aan christenen die bij de auteur bekend waren. Wie de schrijver is en wie de geadresseerden zijn, weten we niet. Ook over de exacte ontstaanstijd blijven we in het ongewisse; waarschijnlijk in de laatste decennia van de eerste eeuw. Uit de inhoud maken we wel op wat de schrijver heeft beoogd met zijn boodschap: hij wil de lezers een hart onder de riem steken, opdat zij trouw blijven aan het geloof in en het volgen van Christus. Dat doel wordt ook zichtbaar in de zojuist geciteerde tekst, die deel uitmaakt van een reeks aanbevelingen.

Hij roept op de voorgangers te gedenken. Wie zijn die voorgangers? Hij gebruikt dit woord drie keer achter elkaar. Uit die drie teksten – de verzen 7, 13 en 24 – maken we op dat deze voorgangers leiding gaven aan de gemeente; sommige vertalingen spreken dan ook over 'leiders' in plaats van voorgangers. De verkondiging van het evangelie was voor deze voorgangers een belangrijke taak. In de verzen 13 en 24 doelt de schrijver op de voorgangers in die gemeente op dat moment. In vers 7 gaat het om voorgangers van voorheen; zij hebben jaren geleden het woord van God gebracht. Vermoedelijk hadden zij indertijd de boodschap van Jezus zelf vernomen en gaven zij vervolgens zijn woorden door aan de gemeente. De auteur spoort de gemeente aan die vroegere voorgangers te gedenken. Dat wil zeggen: hun manier van leven en geloven, maar ook de afloop van hun leven. Gedenken is hier hun levens- en geloofsweg in ere houden door hen als voorbeeld te zien.
De voorgangers van het eerste uur en de voorgangers daarna vormen samen met alle gelovigen een lange stoet. Herman Wiersinga beschrijft dit beeld aansprekend: 'De stoet trekt al eeuwen voort, vóór je uit; en nog steeds sluiten nieuwen zich aan: het eind van de stoet is nog niet in zicht. De stoet vormt een optocht, want het gaat om een groep mensen die opgetogen is en opgetogen raakt, een processie met een eigen verbondenheid en bezieling. Men loopt in de rij, er zijn "voorgangers" die men volgt – hoe ongeorganiseerd en ongekontroleerd alles overigens verloopt. Men loopt in de maat: op de maat van Israëls psalmen en profetieën; de naam van Jezus wordt gezongen; voorgangers zitten – om het beeld van de stoet even te verwisselen voor dat van het stadion – op de tribune en skanderen het ritme.'[54]

En dat gaat maar door...

De eerste voorgangers gaven door wat zij hadden gehoord en de latere voorgangers gaven weer door wat zij hadden vernomen. En dat gaat maar door. In die grootse optocht lopen ook de voorgangers mee die hun boodschap, eerder gehoord van voorgangers voor hen, aan *MG* hebben toevertrouwd. Zo is in elke tijd en in uiteenlopende contexten het verhaal van de Eeuwige en Christus doorverteld. Tijd en context zijn factoren die van invloed zijn op de inhoud en vormgeving van de verkondiging. Dat maakt dat de preken uit de eerste jaargang sterk verschillen met die uit de laatste jaargang.

54 *Je kunt beter geloven – het geloofsmodel in de brief aan de Hebreeën*, Baarn 1978, pag. 158-159.

De redactie had voor die verscheidenheid in 1911 duidelijk oog, als zij schrijft dat bij de uitleg van de Bijbel 'met getrouwheid en teederheid wordt gerekend met de nooden van het menselijk hart, en wanneer de inhoud niet langs de levensvragen van onzen tijd henengaat, maar wil wezen de levende verkondiging van het Woord Gods, dat voor alle tijden, maar ook voor elken tijd bijzonder is'. De constante in de verschillende tijden en contexten is de genade: de gave van de liefde van God die zichtbaar en tastbaar in Jezus Christus is geworden. Maar die genade is wel 'menigerlei'![55]

De werving van auteurs

Hoe verzamelden de opeenvolgende redacties predikanten om gezamenlijk de gemeenten van preken (diensten) te voorzien? Er zijn nauwelijks gegevens bekend over de criteria die de redacties bij de werving hanteerden. Alleen van de laatste redactie is bekend door welke richtlijnen zij zich liet leiden bij het aantrekken van schrijvers.

Voor haar gold als hoofdcriterium: de schrijver dient gerechtigd te zijn om voor te gaan in kerkdiensten. Aanvankelijk betrof het predikanten die tot de Gereformeerde Kerken in Nederland behoorden; later voegden zich daarbij voorgangers van Samen op Weg-gemeenten en weer later deden predikanten uit de Protestantse Kerk in Nederland mee.

Daarnaast speelden nog enkele andere factoren bij de werving een rol, zoals de gave van het schrijverschap en de bereidheid zich aan de spelregels voor het vervaardigen van kopij te houden. Ook keek zij naar de woonplaats van de schrijvers (geografische spreiding), de stromingen binnen de kerken (er werd geen stroming buitengesloten) en de leeftijden (jong en oud). Zij probeerde in de laatste kwarteeuw van haar bestaan tevens een goede balans te vinden tussen deelnemende mannelijke en vrouwelijke predikanten.

De jongste redactie in de rij van redacties heeft zich bewust ervan weerhouden theologische criteria op te stellen. Zij vond het niet tot haar competentie behoren om collega's theologisch te beoordelen. Wie was toegelaten tot de bediening van het Woord, gold als een potentiële auteur van *MG*. Onder hen waren grote verschillen. Zoals onder predikanten een grote verscheidenheid in beleving en geloofsvisie valt waar te nemen, zo ook in de gemeenten. De ene preeklezer met zijn of haar gemeente daarachter voelt zich thuis bij een bepaalde manier van preken, terwijl de andere preeklezer met zijn of haar gemeente door die manier

55 Zie daarvoor de hoofdstukken 2 t/m 5.

minder wordt aangesproken. Die verscheidenheid heeft *MG* altijd uitgedragen door bijdragen op te nemen van voorgangers met uiteenlopende inzichten en homiletische vormgeving.

Als we de namen van de bijna twaalfhonderd auteurs van *MG* op ons netvlies toelaten, vallen ons een paar dingen op.[56]
In de eerste plaats zijn in de eerste halve eeuw de schrijvers voornamelijk prominenten uit de Gereformeerde Kerken: predikanten en docenten die sturend waren in het gereformeerde leven. De mannenbroeders die in hoge mate kerk en theologie inhoud en vorm gaven. In de tweede halve eeuw van het bestaan van *MG* kregen ook andere predikanten, die minder in beeld waren, gelegenheid bij te dragen aan de prekenserie. Daardoor kwamen voorgangers aan het woord die overal in het land in de gemeente werkzaam waren.
In de tweede plaats werden de laatste kwarteeuw ook hervormde predikanten uitgenodigd om diensten te leveren. Dat was in de geschiedenis van *MG* een markeermoment. Tot dat ogenblik waren de voorgangers afkomstig uit de Gereformeerde Kerken; daar kwam nu verandering in. Overigens wekte dat wel enige verbazing. Een van de eerste hervormde predikanten die werd uitgenodigd was H.J.J. Radstake, in 1992. Hij reageerde op dit verzoek met enige humor: 'Je zult begrijpen dat ik toch wel in behoorlijke mate onder de indruk ben van het feit, dat een gewone hervormde jongen wordt toegelaten in dit exclusief gereformeerde gezelschap... Want zullen ze mij niet vrijzinnig vinden? En zullen ze niet denken dat ik voor de gelegenheid m'n meest rechtzinnige preek heb toegezonden, die vervolgens gewogen zijnde toch te licht wordt bevonden?'
Tot geruststelling van hen die zich naar aanleiding van deze reactie afvragen of dit hervormde zaad zonder weerstand is geland in de gereformeerde grond: er kwamen louter positieve reacties op. Overigens was de gereformeerde aarde in het jaar daarvoor al enigszins bewerkt door de hervormde predikante L.C.J. Reedijk-Boersma. (Tussen haken: Radstake heeft vanaf zijn eerste bijdrage het zogenaamde kindergesprek opgenomen, waarmee hij tot uitdrukking brengt dat het kind in de eredienst recht heeft op echte aandacht.[57] Sommige predikanten hebben die gewoonte overgenomen in hun dienst voor *MG*.)

---

56 Zie ook bij de subtitel 'De redacties' in hoofdstuk 6.

57 Deze kindergesprekken werden geschreven door zijn vrouw; in 2012 is een groot aantal van deze gesprekken uitgegeven: Inge Radstake-van Duin, *Meester Versteegh*, Bergambacht 2012.

In de derde plaats vond er veertig jaar geleden nog een koerswijziging plaats: in 1973 werd voor de eerste keer een vrouwelijke predikant uitgenodigd mee te doen. Over de rol van de vrouw binnen MG straks meer. Als we al deze wetenswaardigheden op ons laten inwerken, kunnen we stellen dat MG voortdurend in beweging was, vooral vanaf de jaren tachtig. Zij stond open voor ontwikkelingen en had oog voor de verscheidenheid onder predikanten en binnen de kerken.

Op het verzoek aan predikanten voor een bijdrage, reageerde in de regel iedereen positief. Het gaf kennelijk voldoening dat ergens in het land een dienst van hen werd gebruikt. Dat hun bijdrage waarde had, werd soms bevestigd door reacties op een dienst. Soms lieten preeklezers hun ervaring met de dienst aan de schepper ervan weten. Wanneer voorgangers hoorden dat van hun woorden inspiratie was uitgegaan, deed dat hen goed. Natuurlijk bleven kritische geluiden niet uit. Maar die waren voor redactie en auteurs in de regel leerzaam; het hield ze scherp.

De vrouwelijke predikant

Tot 1973 waren de auteurs van MG enkel mannen. Begrijpelijk, want pas in 1970 lieten de Gereformeerde Kerken in Nederland voor het eerst vrouwelijke predikanten toe.[58] De eerste vrouwelijke predikant in deze geloofsgemeenschap was N. van Egmond; zij deed in 1970 in de gereformeerde kerk te Baarn intrede. *Menigerlei Genade* nam in 1973 de eerste bijdrage van een vrouwelijke predikant op, die van G.W. Morsink. Het zou zeven jaar duren voordat er weer een dienst van een predikante een plaats kreeg in onze prekenserie, ditmaal van G. Postma-Gosker. In de decennia daarna verschenen er jaarlijks vier à vijf preken van vrouwelijke collega's; het laatste decennium zes à zeven en in de afsluitende jaargang zelfs negen (van de twintig) bijdragen.
In totaal hebben 42 vrouwelijke predikanten meegedaan. Samen zorgden zij voor 140 diensten. We kunnen stellen dat de mate van deelname van vrouwen aan MG min of meer parallel liep met de mate van voorgaan van vrouwen in de zondagse diensten in de Gereformeerde Kerken.

Je hoort in de plaatselijke kerken weleens zeggen dat vrouwen anders preken dan mannen. Of dat juist is en wat 'anders' precies inhoudt, valt niet een-twee-drie te zeggen. Wellicht is het de moeite waard eens

58 Voor meer informatie over de vrouwelijke predikanten, zie Mirjam de Baar (red.), *Honderd jaar vrouwen op de kansel, 1911-2011*, Hilversum 2011.

een vergelijkend onderzoek te doen aan de hand van de preken van MG. Neem bijvoorbeeld de tekst van Psalm 42. Daarover hebben vijf mannen en één vrouw gepreekt. Zouden we opvallende verschillen zien tussen die vijf en die ene? Of neem Prediker 3, waarover twee vrouwen en twee mannen een preek hebben geschreven. Zijn daar verschillen waar te nemen die samenhangen met het feit dat de voorganger een man of vrouw is? Het antwoord daarop moeten we vooralsnog schuldig blijven. Maar boeiend is het wel om de opmerking 'dat vrouwen anders preken' te toetsen.

Top twintig

We zullen in een ander hoofdstuk ingaan op de tekstkeuzes van de predikanten en daarbij nagaan of er ook zogenaamde geliefde teksten zijn. Dus teksten waar men graag over preekte. Hier kijken we naar het aantal predikanten dat betrokken is geweest bij MG. Ruim elfhonderdzestig predikanten hebben in die honderd jaargangen bijgedragen. Daarvan hebben ongeveer zeshonderd auteurs één dienst geleverd. De overigen twee of meer. Voor de aardigheid een overzicht van de twintig auteurs met de meeste bijdragen:

K. Dijk	168
B. Wielenga	107
J.C. de Moor	65
H.J.J. Hoek	63
A.D.R. Polman	54
P. Schelling	44
P.A.E. Sillevis Smitt	39
A. Jobsen	30
T. Ferwerda	29
W.H. Gispen	29
J. Douma	28
F.C. Meijster	26
K. Fernhout	25
C. Lindeboom	21
J.J. van Zoelen	21
G. Wielenga	20
J.D. Wielenga	20
H. Hoekstra	19
J. Kok	18
J. Waterink	17

Dat naar verhouding redactieleden veel preken hebben geleverd, heeft twee redenen. De eerste is dat zij intens betrokken waren bij MG en van dichtbij zagen hoe gemeenten vruchtbaar van de diensten gebruikmaakten. Dat gaf hun een sterke motivatie om ook zelf preken te leveren. De tweede reden is dat soms geplande auteurs onverhoeds uitvielen en dat de redactie dan hun plaats innam; dat gebeurde vooral in de eerste jaargangen toen MG wekelijks verscheen.
Eén persoon willen we nadrukkelijk noemen: K. Dijk (1885-1968). Als hoogleraar Ambtelijke vakken lag de homiletiek hem na aan het hart. Van hem zijn 168 preken in MG verschenen. Zijn eerste bijdrage kwam uit in 1916. Gedurende negenendertig jaar, van 1927 tot en met 1965, had hij zitting in de redactie. Een periode waarin de Gereformeerde Kerken heel wat te verwerken hebben gekregen en waarin de wereld enige jaren in brand stond.[59] We overdrijven niet als we zeggen dat Dijk in de eerste halve eeuw van MG van grote invloed is geweest op de prekenserie en daarmee ook op de gemeenten die er gebruik van hebben gemaakt.[60]

Plagiaat

Niet alleen op de gemeenten had MG invloed, ook op predikanten. Menig predikant heeft voor eigen gebruik in MG zitten bladeren om ideeën op te doen. Soms ging dat verder dan ideeën opdoen.
Collega Koos Staat, van wie diverse preken in MG zijn opgenomen, vertelde dat het als pas beginnende predikant, dertig jaar geleden in Munnekezijl, een keer niet wilde lukken met de preek voor de komende zondag, terwijl het al zaterdagmiddag was. Ineens schoot het hem te binnen dat hij ergens een aflevering van MG moest hebben. Hij zocht en vond een preek van J. Wilschut uit Dordrecht.
Hij zegt daarover: ‘Ik begon te lezen. Geweldig! Ik ging geïnspireerd naar mijn bureau en schreef zo'n beetje die hele preek over. Die nacht lag ik wakker. Stel je voor dat het uitkomt, dat ik zo ongeveer de preek van een andere dominee houd? Stel je voor dat Wilschut misschien in de kerk zit? Hij zat er die zondagmorgen niet. Ik hield de preek. En niemand merkte iets. Behalve ik. Het voelde niet goed.
Ondertussen is een preek maken nog steeds een heel karwei. Die preekbundel zal ook wel *Menigerlei Genade* genoemd zijn omdat een predi-

---

59 In het hoofdstuk 6, over de geschiedenis van onze prekenserie, komt dit ook ter sprake.
60 Over K. Dijk kunt u meer lezen in hoofdstuk 6; in de hoofdstukken 11 en 12 bespreken we een paar preken van hem.

kant inderdaad heel wat genade nodig heeft om een goede preek te kunnen maken. Maar als de preek dan eindelijk af is en je gaat hem houden in je gemeente – dan is het altijd een feest.'

Mijn vader zat vijftig jaar geleden in de beroepingscommissie van zijn gemeente. In die tijd waren er nog geen advertenties waarin vacante gemeenten predikanten opriepen te solliciteren. Potentiële predikanten werden aan de hand van het 'jaarboekje' (wie stond minstens vier jaar in zijn gemeente?) en op voordracht van gemeenteleden door de beroepingscommissie geselecteerd. Zij ging de predikant ter plaatse beluisteren. Soms onaangekondigd, soms werd de predikant vooraf ingelicht al dan niet met het verzoek om een gesprek na afloop van de dienst. Dat bezoek aan de dienst werd in de regel 'horen' genoemd; vandaar dat een beroepingscommissie ook wel als hoorcommissie werd geduid.
De hoorcommissie van de gemeente waartoe mijn vader behoorde bezocht op een zondagmorgen in maart de dienst van dominee T. Een voorganger van wie de preken alom werden gewaardeerd. Onderweg naar de beoogde predikant was de stemming van de commissie positief. Er ging immers een roep van hem uit, en die keer dat hij in haar gemeente was voorgegaan, waren de reacties onbetwist positief. Hoewel de commissie hem nog niet gehoord had, wist ze al bijna zeker dat zij de kerkenraad zou voorstellen hem te beroepen, mits de predikant ervoor open zou staan.
De dienst beantwoordde aan de verwachting van de hoorcommissie. De leden hadden tijdens de dienst elkaar af en toe aangekeken met een mimiek die 'dat zit wel snor' duidde. Na afloop vond een plezierig kennismakingsgesprek plaats. Dominee T. liet doorschemeren dat hij een eventueel beroep serieus in overweging zou nemen. De ontmoeting bevestigde de positieve stemming van de beroepingscommissie. Met opgeheven hoofd en een vrolijk hart vertrok zij huiswaarts.
In de auto naar huis werd de dienst en het gesprek nog eens grondig doorgenomen. Mijn vader hield zich wat afzijdig van het gesprek. Op een gegeven ogenblik viel dat op en een van de commissieleden vroeg waarom hij zo zwijgzaam was. 'Ik ben er niet zeker van, maar ik geloof dat ik die preek al eens eerder heb gehoord, terwijl ik nooit onder zijn gehoor heb gezeten,' zei hij. 'Ach,' merkte een ander op, 'misschien heb je een preek gehoord van iemand die dezelfde commentaar heeft gebruikt en dat er daardoor gelijke gedachten zijn.'
In de dagen die volgden piekerde mijn vader over de bekendheid van de preek. Plots ging hem een licht op. Had hij een paar jaar geleden niet een preek gelezen – hij was preeklezer – over deze bijbeltekst?

Hij ging naar zijn secretaire, waar hij de preken van *MG* bewaarde, en vond de preek. Tot zijn ontsteltenis ontdekte hij dat dominee T. de preek van een collega had voorgedragen, drie jaar eerder gepubliceerd. De gevierde predikant had plagiaat gepleegd! Dit was ongepast en dat kon niet onbesproken blijven. Natuurlijk, een predikant kan het erg druk hebben; zo druk dat hij geen gelegenheid heeft een preek te maken. Predikanten kunnen niet alles, dat wist mijn vader heel goed. Maar laten ze dat eerlijk zeggen en ook vertellen van wie de preek is overgenomen!
Wat nu te doen? Hij besloot contact op te nemen met de dominee en hem ernaar te vragen. Aldus geschiedde. 'We hebben gemerkt dat u niet een eigen preek hebt gehouden, maar er een genomen hebt van dominee W. Waarom?' 'Heel eenvoudig,' reageerde dominee T., 'het ontbrak me aan tijd vanwege een paar begrafenissen.' 'Maar waarom hebt u dat niet aan de gemeente verteld, dit is plagiaat!' reageerde m'n vader. 'Ach, wat maakt dat uit; ik had die preek zelf niet beter kunnen maken. En het beste hoort thuis op de preekstoel,' antwoordde hij.
Die gemeente heeft geen beroep op dominee T. uitgebracht... (Overigens zijn ons meer van dergelijke ervaringen ter ore gekomen.)[61]

Was en is *MG* niet bestemd voor predikanten? Natuurlijk is het legitiem dat ook zij er gebruik van maken. Alleen, als de preek of een groot deel daarvan wordt overgenomen, is het correct om daar open over te zijn. Waarom zouden we als predikanten elkaars inzichten niet gebruiken!
Een collega, al jaren abonnee op *MG*, vertelde dat hij geregeld het blad doorneemt om te bezien of er voor zijn diensten bruikbare gedachten en inzichten in zitten: 'De ene keer haal ik er een exegetische lijn uit, de andere keer een praktisch voorbeeld, een derde keer een gebed.'
Van meer predikanten is bekend dat zij weleens grasduinen in onze prekenserie. En wij, redactie en auteurs, zijn daar content mee. Het is fijn te merken dat een dienst van *MG* her en der in het land haar sporen trekt.

61 Over preken en plagiaat, zie het artikel van Jacques Schenderling, in: *Predikant en Samenleving*, december 2013, pag. 10-11

23 Preeklezen is een vak

Rond 1980 waren er in Zeeland veel vacante gemeenten, vooral in kleine gemeenten ontbrak een eigen dominee. Gelukkig waren dominees in de omliggende gemeenten bereid om extra diensten te vervullen. Maar dat lukte niet elke zondag in elke kerk. En soms viel plotseling de gastpredikant uit. Vandaar dat in die tijd vrij vaak een beroep op preeklezers werd gedaan.[62] Sommigen van hen vonden die taak niet gemakkelijk en hadden behoefte aan toerusting. Zo kwam er bij de Classis Goes van de Gereformeerde Kerken het verzoek om een cursus preeklezen te organiseren. Aan die wens mocht ik voldoen.

Er kwam een cursus van vier avonden. Ruim twintig preeklezers deden mee. Het waren boeiende avonden, waar het uitwisselen van preekleeservaringen en het concreet oefenen in de kerk centraal stonden. Maar ook passeerden allerlei praktische en inhoudelijke zaken de revue. Bijvoorbeeld deze:

- De status van de preeklezer: wat is zijn opdracht en vindt er weleens terugkoppeling met de kerkenraad plaats?
- De verhouding tussen preeklezer en kerkenraad: wie is verantwoordelijk voor wat in een dienst zonder predikant?
- De liturgie: over de opbouw van de liturgie en de functie daarvan; over de wenselijkheid de aangereikte liturgie aan de liturgische gebruiken van de gemeente aan te passen.
- Het begin en einde van de dienst: over het uitspreken van votum en groet en van de zegen.
- De preek: hoe kom je tot de keuze van je preek en mag je de tekst van de preek wijzigen?
- De schrijver van de preek: is het nodig te vertellen van wie de preek afkomstig is?
- De voordracht: voordragen van teksten is een kunst, die ten dele is aan te leren.
- Reacties uit de gemeente: hoe ga je als preeklezer om met negatieve reacties uit de gemeente na afloop van de dienst?

---

62 Er zijn geloofsgemeenschappen waar preeklezen vandaag eerder standaard dan uitzondering is, zoals in veel kerken die behoren tot de Gereformeerde Gemeenten.

De cursus deed de deelnemers goed. Voor de meesten was het de eerste keer dat zij een gedachtewisseling hadden met 'collega's' en dat zij werden toegerust voor hun taak. Bij de evaluatie kwam naar voren dat preeklezers zich niet altijd gedragen weten door de kerkenraad en dat zij zich in dit werk soms alleen voelen staan.
Ook vandaag worden door landelijke kerkgenootschappen zulke cursussen aangeboden. Voor de zogenaamde leesdiensten in de Gereformeerde Gemeenten schreef ds. C. de Jongste zelfs een instructieboek.[63]

Het kan altijd beter

De titel van een vorig hoofdstuk luidt: 'Preken is een vak'. Een preek vloeit niet vanzelf uit de pen of rolt niet zomaar uit de printer van predikanten. Evenmin schudden zij de boodschap zomaar uit hun togamouw. We zagen dat er heel wat creativiteit nodig is om de preek te laten landen in de gemeente.
Hierbij aansluitend: is preeklezen ook een vak? Op het eerste gezicht denk je: een vak, nou dat valt wel mee. Preeklezers hoeven immers geen preek te bedenken, van hen wordt enkel gevraagd hem voor te dragen, en zo moeilijk is dat toch niet?
Wel, laten we niet te licht denken over het voordragen van de preek en het uitvoeren van de liturgie. Daar komt heel wat voor kijken. Het vergt veel meer dan een preek in je zak te stoppen en deze even later eenvoudigweg uit te spreken. Nodig zijn bezieling en deskundigheid.
De bezieling heeft met iemands innerlijk te maken: zijn persoonlijke betrokkenheid bij de Schrift en zijn relatie met God en de gemeenschap. Zoals een predikant zich bezinnend (meditatie, gebed, zelfreflectie) voorbereidt op het verloop en de uitvoering van de dienst, zo is het belangrijk dat de preeklezer zich ook geestelijk voorbereidt. Ik kom daar straks op terug.
Daarnaast is er de deskundigheid. Deze kun je versterken, verdiepen. Oefening baart immers kunst. De preeklezer staat voor de volgende werkzaamheden:

Voorafgaande aan de dienst:

1. De keuze van de preek;
2. Het je eigen maken van preek en liturgie.

De dienst:

1. Geestelijke voorbereiding;
2. Samenwerking met anderen;

---

63 *U zij al d' eer – ambtelijke zorg rondom de leesdienst*, Tholen 2010.

3. De voordracht van teksten.

Na de dienst:

1. Evaluatie van de dienst.

Over elk van deze momenten in het proces van het preeklezen gaan we kort in. Zeker, elke preeklezer heeft zijn of haar eigen aanpak en dynamiek, eenvoudigweg omdat hij of zij een unieke persoonlijkheid is. Die eigenheid stellen we niet ter discussie. In de komende paragrafen treft u enkele gedachten aan die wellicht richting geven aan het preeklezen en helpen de dienst goed te laten overkomen. Want preeklezen is een vak! Zelfs voor preeklezers van wie we zeggen dat zij de gave van de voordracht hebben, geldt: het kan altijd beter.

De keuze van de preek

Er zijn gemeenten waar de eigen predikant een extra preek met liturgie heeft geschreven voor de zondag waarop de aangekondigde voorganger plots verhinderd is. De preeklezer hoeft in dat geval niet op zoek te gaan naar een preek; deze ligt in de kerkenraadskamer en is elk moment beschikbaar. Tegenover dit gemak staat dat de preeklezer het met die preek 'moet doen', ook al sluit die preek misschien onvoldoende aan bij zijn of haar beleving en taalgevoel. Bovendien past een dergelijke preek niet altijd bij de fase van het kerkelijk jaar.

Uit de verhalen van preeklezers maken we op dat zij bij voorkeur zelf een preek kiezen en die proberen eigen te maken. Hoe kom je als invaller tot een keuze?

In de eerste plaats is het gebruikelijk dat de preken afkomstig zijn van voorgangers die gerechtigd zijn om in de gemeente voor te gaan. Bijvoorbeeld: wie toestemming heeft om voor te gaan in de gemeenten van de Protestantse Kerk in Nederland, komt in aanmerking een preek te leveren voor de leesdienst. Als een gemeente daarvan afwijkt, is dat een beslissing van de kerkenraad. De preeklezer zal niet op eigen houtje een preek kiezen van iemand die niet gerechtigd is te preken.

In de tweede plaats doet de preeklezer er goed aan rekening te houden met de aard van de gemeente. Het is denkbaar dat een dienst van een confessionele predikant onvoldoende aansluit bij een gemeente met een vrijzinnige signatuur, en andersom. Een liturgie waarin enkele opwekkingsliederen zijn opgenomen zal wellicht niet goed overkomen in een gemeente waar men wars is van zulke gezangen. Natuurlijk dient de preeklezer enige ruimte te krijgen. Alleen, niet onbegrensd. En als de preeklezer twijfelt over wat hij leest en over hoe hij het aanpakt, dan zal

hij dat delen met de kerkenraad.
In de derde plaats moet de preeklezer zich herkennen in de inhoud van de preek. Hij dient zich met het gedachtegoed verbonden te voelen. Hoe meer zijn geloofsbeleving en visie in een preek wordt herkend, hoe beter hij in staat is zich in te leven en hem daardoor beter voor te dragen. De eigenheid – beleving, visie – van de lezer mag een factor zijn bij de keuze. Het is moeilijk teksten voor te dragen waar de preeklezer moeite mee heeft.
In de vierde plaats zal hij zich laten leiden door de taal van de preek. Elke predikant heeft een eigen taalgebruik. Dat komt tot uiting in zinsopbouw, woordkeuze, zinslengte, omgang met beelden en metaforen. Het ene gebruik spreekt meer aan dan het andere. De preeklezer voelt zich in het ene taalveld meer thuis dan in het andere. Hij zal bij zijn keuze ook letten op de moeilijkheidsgraad van een preek. Een preek met allerlei moeilijke woorden en termen of met ingewikkelde zinsconstructies is niet gemakkelijk voor te dragen. Het is goed daar rekening mee te houden.

De preek en liturgie je eigen maken
Zodra de keuze op een preek is gevallen, zal de lezer zich deze eigen maken. Daarmee bedoelen we: er vertrouwd mee raken, hem tot je door laten dringen, in je opnemen, de boodschap bij jezelf laten landen. Concreet houdt dat doorgaans in dat de preeklezer de preek intensief doorneemt en de bijbeltekst die aan de orde is aandachtig leest.
Wat doe je als de preek als geheel je aanspreekt maar als sommige fragmenten minder passen in de gemeente of moeilijk voor te dragen zijn? Hier raken we een heikel punt. Is het toegestaan dat de preeklezer veranderingen aanbrengt?

Pieter Kik, preeklezer in zijn gemeente, schreef: ‘Bij de eerste lezing van de preek denk ik: een goede preek. Maar als ik me dan ga inleven in het verhaal, komt de vraag: wil ik dat zo wel voorlezen...? Vervolgens ga ik ermee aan de gang. Het wordt dan toch ook een beetje mijn eigen verhaal. Aan het begin van de dienst noem ik altijd de predikant die de preek heeft geschreven, maar ik zeg er bij: veel van dominee X en een beetje van Pieter.’
Deze anekdotische opmerking is illustratief voor wat preeklezers geregeld ondervinden. Je stuit op iets in de preek wat je liever niet overdraagt. Dat kan iets taalkundigs zijn, maar ook iets inhoudelijks. En dan? Een andere preek kiezen? Of vrijmoedig wijzigingen aanbrengen? Strikt genomen is een verandering niet toegestaan. De predikant achter

de preek is gerechtigd te preken en de preeklezer heeft dat recht niet. Hem is wel toegestaan voor te dragen wat een ander heeft geschreven. Elke wijziging die hij aanbrengt, verandert de preek. Toen wij vijfentwintig jaar geleden redacteur van *MG* werden gold de regel: als je wilt veranderen, neem dan zo mogelijk contact op met de auteur. Bijna elke predikant, zo hebben we ondervonden, staat welwillend tegenover aanpassingen. Immers, een gemeente vraagt soms een benadering die onvoldoende in de preek is verwoord en de preeklezer moet zich goed voelen in de jas van de prediker.
De laatste jaren zien we dat preeklezers gemakkelijker veranderingen aanbrengen zonder overleg. Toch vinden we het contact opnemen met de prediker nog steeds een juist uitgangspunt, zeker als het wijzigingen op theologisch en exegetische gebied betreft. Als het gaat over kleinigheden, bijvoorbeeld op het gebied van de taal, dan is er de vrijheid aanpassingen te doen; de essentie wordt daarmee niet aangetast.
Anders is dat met de liturgie die bij de preek geleverd wordt. Elke gemeente heeft haar eigen liturgische gebruiken en daar heb je als preeklezer rekening mee te houden. Dat noopt hem soms veranderingen aan te brengen.

Geestelijke voorbereiding

Naast de voorbereiding op de voordracht en het leiden van de dienst, bereiden de meeste predikanten zich ook geestelijk voor. De een maakt voorafgaand aan de dienst een wandeling, de ander mediteert en gaat in gebed, de derde zoekt contact met de Eeuwige, weer een ander luistert naar muziek, een vijfde kiest voor een combinatie van deze heilige momenten en een zesde heeft zo'n moment niet nodig. Er is geen voorschrift voor geestelijke voorbereiding. Ieder kiest de vorm en inhoud die hem of haar inspireert en ruimte geeft om de dienst te leiden.
Hetzelfde geldt voor de preeklezers. Wat wij van hen horen, is dat de meesten een geestelijke voorbereiding zinvol vinden. Onze richtlijn is: doe dat waar je je vrij bij voelt, inspiratie aan ontleent en waarbij het besef wordt versterkt dat je je gedragen weet. Beiden, predikant en preeklezer, hebben de adem van de Geest nodig en om die adem binnen te laten, dienen zij 'ruimte' in zichzelf te scheppen. Hoe zij dat doen, is aan hen.

Samenwerking met anderen

Een predikant doet nooit een dienst alleen. Dat geldt ook voor de preeklezer. Meer gemeenteleden participeren in de dienst. Natuurlijk is daar de organist en in sommige gemeenten treden ook andere mu-

sici op. Er is in veel gemeenten de leiding van de kindernevendienst en de jeugdkerk. Uiteraard heb je te maken met de koster. Soms is er een presentatieteam dat de liederen en andere teksten via de beamer presenteert. Ook zijn er gemeenten waar gemeenteleden als lector optreden. Met hen allen zal de preeklezer goed moeten communiceren. Door gemeenteleden bij de dienst te betrekken, zal de preeklezer zich meer gedragen voelen en dat komt het geheel ten goede.
Het is raadzaam dat er eveneens overleg is tussen de preeklezer en de ouderling van dienst. Uiteindelijk vindt de dienst plaats onder verantwoordelijkheid van de kerkenraad, wat zichtbaar wordt in het optreden van de ouderling van dienst.

De dienst

Wanneer de ambtsdragers in de kerkenraadskamer zich in gebed hebben voorbereid op de dienst, gaat de kerkenraad met de 'voorganger' de kerk in. Nadat de preeklezer de hand van de ouderling van dienst heeft ontvangen, ligt op zijn schouders de taak om de dienst te leiden. Als het goed is heeft hij thuis de tekst aandachtig gelezen. Het verdient aanbeveling om vooraf thuis in een rustige ruimte de teksten hardop uit te spreken en eventueel op te nemen. Oefening baart kunst! Er zijn preeklezers die (een deel van) de preek voordragen aan hun partner. Zij vragen hem of haar kritisch te luisteren en zo nodig suggesties ter verbetering te doen. Daar is durf voor nodig. Maar in een vertrouwde en vertrouwelijke omgeving is dat zeker mogelijk. Je kunt er veel aan hebben.
Tot slot, ter bemoediging, een paar vuistregels voor de preeklezer:

1. Breng rust aan in je optreden. Voorkom gejaagdheid. Door rust te creëren in jezelf, draag je rust over op de gemeente.
2. Articuleer goed en spreek duidelijk. Spreek niet te snel; denk eraan dat de gemeente de woorden die je gaat uitspreken voor het eerst hoort.
3. Wees niet bang een fout te maken. Gebeurt dat en is dat merkbaar voor de gemeente, geef dat aan: 'Dit was niet de bedoeling, maar....'
4. In het geval er iets onverwachts gebeurt: blijf rustig. Vraag eventueel de ouderling van dienst of de koster om hulp.
5. Wees ervan doordrongen dat er in de gemeente mensen zijn die je in stilte steunen. Er zijn gemeenteleden die je vooraf hebben opgedragen aan God. Je staat er niet alleen voor.
6. Vertrouw erop dat God met zijn Geest bij je is. Je hebt je goed voorbereid, je gebruikt je kwaliteiten, je geeft je helemaal. Welnu, laat de rest over aan de Geest. Dat vertrouwen voorkomt dat de spanning te groot wordt.

Na de dienst

Na de dienst kun je reacties verwachten. Als die positief zijn, doet je dat goed. Eveneens zijn negatieve reacties mogelijk. Daarvan kun je van slag raken, vooral wanneer die als onredelijk worden ervaren. Probeer reacties als kansen te zien om je als preeklezer te verbeteren. Nooit ben je uitgeleerd.

Durf het aan om met een paar gemeenleden, mogelijk kerkenraadsleden, terug te blikken op je optreden. Inderdaad, daar is moed voor nodig, want je kunt kritiek krijgen. En laten we eerlijk zijn: we horen niet graag kritiek. Toch is het goed om terug te kijken op de dienst. Noteer wat uit de evaluatie naar voren komt en verwerk die opmerkingen als je later weer wordt gevraagd voor te gaan.

Wie is geschikt

Zoals uit het voorgaande blijkt, wordt er van preeklezers het nodige verwacht. Voorgaan als preeklezer is geen sinecure. Preeklezen is een vak! Door oefening en training is het mogelijk je meer te kwalificeren. Maar dit 'vak' is niet voor iedereen weggelegd.

Vroeger werd in tal van gemeenten de taak van preeklezen toebedeeld aan de ouderlingen. Echter, niet elke ouderling was daarvoor geschikt en beschikbaar. Er zijn verhalen bekend van ouderlingen die in noodgevallen geacht werden voor te gaan, terwijl ze zichzelf absoluut ongeschikt vonden.

De vrouw van een ouderling vertelde haar predikante dat haar man, preeklezer, nooit vrij is van angst voor het moment dat hij zou moeten voorgaan. 'Ik merk elke zondag spanning bij hem, want stel dat de predikant niet komt opdagen...' Zij vroeg haar deze taak niet langer als vanzelfsprekend op de schouders van ambtsdragers te leggen.

Tegenwoordig geldt in de meeste kerken dat de preeklezer niet pers se een ambtsdrager hoeft te zijn. Bij de benoeming tot preeklezer dient het uitgangspunt te zijn of iemand voor die taak geschikt is. Wanneer is iemand geschikt? De ervaring leert dat de volgende criteria een rol kunnen spelen bij de werving. Van de preeklezer mogen we vragen dat hij of zij...

- vrijmoedigheid heeft om in het openbaar op te treden;
- een duidelijke spreekstem heeft;
- betrokkenheid toont bij kerkdiensten;
- kan luisteren naar en zich kan inleven in het wel en wee van de gemeente;
- kan samenwerken met anderen (koster, ambtsdragers, musici, leiding kindernevendienst);

- zich wil laten toerusten om de taak optimaal uit te voeren en openstaat voor opbouwende kritiek.

Van de kerkenraad mag worden gevraagd dat hij...

- aan de preeklezer een duidelijke opdracht geeft;
- vastlegt voor welke periode de preeklezer wordt aangesteld;
- de preeklezer ruimte biedt om geschikte preken te verzamelen en zich toe te laten rusten;
- aangeeft hoe de kerkenraad en de preeklezer contact met elkaar onderhouden, zodat de laatste zich gedragen weet.

24 Glimlachen rondom preeklezen

In de tijd dat ik als predikant in Zeeland begon, in 1976, kende haast elke plaatselijke gereformeerde kerk een of meer preeklezers. Over hen doen allerlei verhalen de ronde. Verhalen waaruit waardering spreekt voor dit werk. Ook verhalen met een humoristische lading. Verhalen die niet alleen iets onthullen van de preeklezer maar doorgaans ook van de gemeente. Want hoe de preeklezer functioneert en overkomt, zegt evengoed iets over de gemeente. Die twee horen bij elkaar. In dit hoofdstuk brengen we de preeklezer, het lezen van de preek en de luisterende gemeente in beeld, hier en daar met een glimlach.

Machtig mooi

Ouderling Timmers (naam gefingeerd), die bij voorkeur in het Zeeuws praatte en zich in die taal ook het best kon uitdrukken, was de preeklezer in zijn gemeente in de jaren tachtig. Hij beschouwde die opdracht als een roeping. Hij nam die taak heel serieus op, voelde zich ermee vereerd. Ook genoot hij ervan; als 'machtig mooi' typeerde hij zijn roeping.
Hij speelde graag de rol van dominee. Er zijn preeklezers die er enorm tegenop zien als zij op een zondag de kansel op moeten. Zij kunnen er soms niet van slapen. Zo niet Timmers. Hij keek ernaar uit. Voor hem kon het niet vaak genoeg gebeuren dat de predikant uitviel. Wanneer bij de eigen predikant zich de eerste griepverschijnselen manifesteerden, haastte ouderling Timmers zich om hem in bescherming te nemen met het advies: 'Dominee, wees zuinig op uw gezondheid, neem een weekje rust. Met de dienst van zondag komt het wel goed.' En had de eigen predikant behoefte aan een extra vrije zondag, in de ouderling-preeklezer vond hij meteen een bondgenoot. Nu stond deze ambtsdrager bekend als een lastig persoon. Op kerkenraadsvergaderingen lag hij met zijn behoudend gedrag nogal eens dwars. Behalve als er een besluit genomen moest worden waarbij de kans op preeklezen toenam, dan was hij uiterst toeschietelijk. De predikant doorzag dat en maakte er optimaal gebruik van.
De leesdienst ging Timmers goed af. Alleen, hij had moeite met vreemde woorden. Heel snel struikelde hij daarover of sprak het verkeerd uit. Er waren gemeenteleden die daar op 'zaten te wachten' en wanneer het gebeurde werd er zichtbaar gegniffeld in de kerkbanken. Zo las hij eens een preek voor waarin Florence Nightingale werd genoemd. Hij sprak

haar naam uit op zijn Nederlands, en vermengd met Zeeuws accent klonk het in de kerk als *nichtgarnaal*. De hilariteit was niet van de lucht. De preeklezer zelf had niets in de gaten.

In *Eben-Haëzer*[64] vermeldt Ruurd Verbeek een dergelijk voorval. In 1913 had de gereformeerde kerk van Drachtstercompagnie een abonnement op MG genomen 'teneinde langdurige kranken en ouden van dagen 's zondags van de preek te voorzien'. Ook werd de prekenserie gebruikt in het geval er preek gelezen moest worden.
In 1922 wordt veehouder Jan de Boer tot ouderling bevestigd en tot zijn takenpakket behoort dat hij af en toe de Schriftlezing en het preeklezen voor zijn rekening neemt. Op een zondag moet hij Psalm 125 lezen, waarbij het hem moeite kost de zin 'Rondom Jeruzalem zijn bergen' juist uit te spreken, omdat hij het woord bergen associeert met *bargen*, het Friese woord voor varkens. Hij oefent thuis om het goed uit te spreken.
Maar tijdens de dienst ging het toch mis: de gemeente hoorde deze veehouder plechtig verkondigen dat er rondom Jeruzalem 'zijn bargen' waren.
Natuurlijk komen onder predikanten ook zulke blunders voor. Ik preekte eens over Jona. In het vuur van de preek zei ik dat Jona een 'grote hekel aan *Nivea'* had. Ik zag enkele beminde gelovigen glimlachen, maar wist niet waarom. Na de dienst maakte de koster me er attent op. Hij was ook de drogist van het dorp en liet me fijntjes weten dat hij niet blij was met mijn verspreking...

Overigens hebben ervaringen met de uitspraak de redactie van MG tot de volgende spelregel voor deelnemende predikanten gebracht: gebruik geen vreemde en moeilijke woorden. Eveneens werd nadrukkelijk geadviseerd geen zinnen met *ik* te hanteren, want het kan raar overkomen als een preeklezer moet voordragen 'Ik was onlangs in Londen bij een collega' of 'Tijdens mijn vakantie in Zwitserland', terwijl iedereen weet dat de preeklezer nog nooit buiten de landsgrenzen is geweest.

Overzee

De invloed van MG is niet beperkt gebleven tot kerken op Nederlandse bodem. Ook kerken in landen waarmee Nederland een band had of waar veel emigranten uit Nederland heen zijn getrokken – denk aan Canada,

64 *Eben-Haëzer. Honderd jaar gereformeerd kerkelijk en verenigingsleven in Drachtstercompagnie*, Drachtstercompagnie 2007, pag. 110.

Indonesië, Nieuw-Zeeland, Zuid-Afrika – waren geabonneerd op dit tijdschrift. In hun nieuwe omgeving maakten de emigranten en de zusterkerken er graag gebruik van. Aanvankelijk meestal in huisgemeenten, later ook in grotere gemeenschappen bij afwezigheid van een predikant.

In het leven van het echtpaar Van der Horst-van den Hoven nam *MG* een bijzondere plaats in. Kort na hun huwelijk, in de jaren dertig, vertrok het echtpaar naar Curaçao. Nadat in 1914 in die regio grote aardoliereserves werden ontdekt, vestigde Shell daar op het eiland een olieraffinaderij. De heer Van der Horst ging daar voor Shell werken. Na de kerkelijke bevestiging van hun huwelijk, vroeg J.J. Wielenga (predikant in Alblasserdam), die ook publiceerde in *MG*, of zij op het eiland een vereniging wilden oprichten om het kerkelijk leven te stimuleren. Aan die oproep gaven zij gehoor, met verve en vol geestdrift. Zij hebben aan de wieg van de christelijke gemeente op het eiland gestaan.
Op 29 december 1929 vond de eerste huiskamerbijeenkomst plaats bij het echtpaar. Negen personen waren erbij. Daarbij las Van der Horst de preken uit *MG*, aangezien er nog geen dominee was; zijn vrouw bespeelde het orgel om de liederen te begeleiden. Uit deze huisgemeente is enige tijd daarna de Gereformeerde Kerk ontstaan, in 1984 opgegaan in de Verenigde Protestantse Gemeente te Curaçao. In 1936 is er een kerk gebouwd en kwam er een vaste predikant uit Nederland. In de jaren nadien hebben duizenden mensen daar gekerkt, belijdenis gedaan, hun huwelijk laten inzegenen en hun kinderen gedoopt. We overdrijven geenszins als we zeggen dat *MG* een wezenlijke rol heeft gespeeld in de opbouw van het kerkelijk leven in dit overzeese gebiedsdeel. Overigens waren deze preken mevrouw Van der Horst niet onbekend. In haar geboorteplaats Groot-Ammers werden in haar ouderlijk huis op zondagmiddag huiskamerdiensten gehouden. Als kind was zij daarbij en omdat zij 'zo goed kon lezen' werd haar gevraagd uit de bundel *MG* voor te lezen.
De huisgemeente op Curaçao groeide mede door de bezielende leiding van het echtpaar uit tot een volwassen gemeente, waaraan later ook een predikant vanuit Nederland werd verbonden.[65]

Preek op zak

Meer dan eens heb ik het gehoord: degene die tot preeklezer is aangesteld, heeft steevast een preek in de binnenzak van zijn zondags pak. Mocht de eigen predikant plots verhinderd zijn of de gastpredikant

65 Zie over de rol van MG op Curaçao ook hoofdstuk 6.

onverhoeds niet komen opdagen, dan is met een eenvoudig gebaar de preek met liturgie uit de binnenzak gehaald. De preeklezer heeft die preek eerder uitgekozen voor het geval deze situatie zich voordoet. Hij kent de preek, voelt zich ermee verbonden, heeft hem eigen gemaakt. Het komt echter voor dat de preek nooit uit de binnenzak komt op zondag, omdat de predikant het eenvoudigweg niet laat afweten.

De echtgenoot van Nel Andeweg-van Brakel was preeklezer in Zuid-Beijerland. Nooit ging hij ter kerke zonder preek op zak. Voor het geval dat... Zij schreef daarover een gedicht, waarvan we een paar strofen opnemen. De titel ervan, 'Het brandende braambos', verwijst naar Mozes' roeping, het thema van de preek.

Hij was al jaren ouderling,
dit ambt stond hem op 't lijf geschreven,
maar de last, die op z'n schouders hing,
was óók een deel van zijn leven.

Elke zondag twee diensten met predikant,
maar de angst dat hij niet zal komen,
als het sneeuwt of ijzelt in het land,
hij gaat als ouderling nooit zonder schromen.

Dan neemt hij voor alle zekerheid
'Het brandende braambos', één van de preken
die hij in reserve heeft, en van tijd tot tijd
voor de goede orde heeft doorgekeken.

'Het brandende braambos' in z'n beste pak,
als de gastpredikant 'z'n trein zou missen',
zo voelt de ouderling zich op z'n gemak
en kan hij zich nooit vergissen.

Maar nu verklap ik dan bij dezen:
hij heeft die preek nog nooit hoeven voorlezen!

Achter deze woorden zien we de preeklezer, altijd bereid om voor te gaan. Voor een enkeling was het een bevrijding dat de preek altijd in de binnenzak kon blijven, voor anderen een teleurstelling.

Schip in nood!

Op de Waddeneilanden waren er vroeger vaak leesdiensten. Begrijpelijk, want voor de vacante gemeente viel het niet mee om in alle diensten een voorganger (van het vaste land) aan te trekken. Als dat wel lukte, was de overtocht een onzekere factor.

Op Terschelling werd lange tijd wekelijks preekgelezen, hetzij in de ochtenddienst, hetzij in de avonddienst. En in de periode dat de gemeente vacant was nog vaker. Er was maar één predikant op het eiland en die kon natuurlijk niet gelijktijdig dienstdoen in de twee gereformeerde kerken. Het behoorde tot de taak van de ouderling om ten minste eenmaal in de drie weken voor te gaan. *Menigerlei Genade* was een bron waar ze dankbaar uit konden putten, maar evengoed maakten ze gebruik van de preken van de vermaarde radiodominee G. Toornvliet (1908-1971), wiens preken door Radio Bloemendaal werden uitgegeven.

Rondom dat preeklezen gebeurde er wel eens wat en er doen kostelijke verhalen de ronde. Een zo'n verhaal gaat over de nu 86-jarige Klaas van der Wielen. Hij voer van 1955 tot 1959 als stuurman en vanaf 1960 als kapitein op de zeesleepboot de Holland. Deze sleper heeft met zijn talloze spectaculaire bergingen van schepen een belangrijke rol gespeeld. Als meest noordelijk gelegen zeesleper in de haven van West-Terschelling had de Holland een zeer strategische positie om als bergingsschip bij noodsituaties assistentie te verlenen. Vanaf 1951 tot 1975 heeft het honderdeenenzestig schepen behouden binnen kunnen brengen.

Op een zondagmorgen leidde Van der Wielen als preeklezer de kerkdienst. Halverwege de dienst kwam een van de bemanningsleden de kerk binnen met de mededeling dat de boot moest uitvaren omdat er een schip in nood was. Van der Wielen had geen keus: hij moest zijn preekpak uittrekken en zijn kapiteinspet opzetten. Hij riep de andere ouderling, gaf aan waar hij in de preek was gebleven en vertrok naar de haven.

Een enkeling stoorde zich aan het onderbreken van de dienst. Maar de meesten, vertrouwd met de zee, zagen het glimlachend aan. Echter, na afloop van de kerkdienst bleek de Holland nog in de haven te liggen! In de daaropvolgende week moest de kapitein bij de kerkenraad zich verantwoorden, want had hij niet te snel de preekstoel verlaten...

Preken in de bakkerij

Bakker Van Zwieten (naam gefingeerd) uit Twente was benoemd tot preeklezer in de Dorpskerk. Hij was verguld met de benoeming. Reikhalzend zag hij uit naar de eerste keer dat hij zijn gave ten toon kon spreiden. Want dat hij de gave van het woord had, daarvan was hij overtuigd. Schroom om die overtuiging kenbaar te maken, was hem vreemd.

Twee maanden na zijn benoeming hoorde hij op woensdagavond dat hij aanstaande zondag moest lezen. De dominee was uitgevallen en het lukte de preekregelaar niet een vervanger te vinden.
Van Zwieten verstond de kunst om als een acteur lange stukken tekst uit zijn hoofd te leren en deze tekst vervolgens voor te dragen, zonder op zijn papier te kijken. Hij wilde die zondag, de eerste keer, goed voor de dag komen. Op vrijdagmiddag hield hij de generale repetitie. Hij verzocht het twaalfkoppige personeel zich – onder werktijd – te verzamelen in de kantine van de bakkerij. In het bijzijn van hen droeg hij de preek voor. De generale verliep naar wens. De zondag mocht wat hem betreft komen. Op zondagmorgen verscheen hij voor het aangezicht van de gemeente en, zoals hij het in zijn openingsgebed verwoordde, voor het aangezicht van de Heer. Daar stond hij, op de preekstoel waarvan hij had gedroomd dat daar ooit zíjn plaats zou zijn. Vóór hem de gemeente. Inderdaad, hij preekte uit zijn hoofd. Met zangerige en soms verheven stem stuurde hij de boodschap de gemeente in. Vrijmoedig maakte hij weidse gebaren, boog nu eens over de rand van de preekstoel naar voren, deed dan weer een stap naar achter of opzij. Alsof hij al jaren op de kansel stond.
Na afloop, thuis onder de koffie, was in menig huis de bakker het onderwerp van gesprek. 'Hij ging tekeer als een dominee,' zei de een. 'Maar wel een ouderwetse,' voegde de ander toe. Sommige kerkbezoekers vonden het 'belachelijk' wat hij deed; anderen hadden er wel enige bewondering voor. Een deel van de gemeente liet weten dat het herhaling van zijn optreden ongewenst vond, van een ander deel mocht hij terugkomen. En hij kwam terug. Tweemaal zelfs. Toen was het genoeg, er was te veel verzet vanuit de gemeente. Nog een aantal keren is hij in naburige gemeenten voorgegaan, maar ook dat duurde niet lang. De belangrijkste reden dat hij uiteindelijk in ongenade viel, was waarschijnlijk deze: van preeklezers wordt verwacht dat zij gewoon doen, echt zijn en in elk geval dienen zij geen 'dominee te spelen'.

Kauwgom tussen de preek

Hoe komt iemand ertoe preeklezer te worden? Veelal zal de kerkenraad kandidaten persoonlijk benaderen, nadat hij eerst heeft geïnventariseerd wie voor deze taak in aanmerking komt. Voorheen, zoals we daarnet zagen, was die taak nogal eens gekoppeld aan het takenpakket van de ouderling.

Bé Bultena, indertijd leraar aan de mavo, trad in 1978 toe tot de kerkenraad van de gereformeerde kerk van Bedum. Op de eerste kerkenraadsvergadering werden enige functies verdeeld. Hij werd scriba. De laatste functie die nog moest worden bekleed was die van preeklezer. 'Wie wil dat doen?' vroeg de preses. Niemand reageerde. Ook de verse scriba niet, want die functie trok hem zeker niet. De predikant keek nadrukkelijk zijn kant op en vond dat hij dat er wel bij kon doen: 'Broeder Bultena, u hebt een pratend beroep, wat let u. Het stelt niet veel voor, want de afgelopen tien jaar is er geen leesdienst nodig geweest. Dominees zijn nooit ziek en zeker niet op zondag.' Zo werd hij preeklezer van Bedum.

'Maar hoe kom ik aan een preek?' vroeg hij. 'O, die is er wel,' zei de predikant. Hij stond op en opende een kast in de kerkenraadskamer en haalde daar een stapeltje dunne boekjes uit, met als titel *Menigerlei Genade*. Dat was zijn eerste kennismaking met MG. Na de kerkenraad nam hij het stapeltje mee naar huis en borg het op, denkend dat hij het niet nodig zou hebben. Een paar weken later bracht de post een nieuwe aflevering van MG; hij was door de predikant als abonnee opgegeven.

Door vertrek van de ene predikant en ziekte van de andere, vielen er ineens gaten in het preekrooster. Sneller dan tijdens de eerste kerkenraadsvergadering werd gesuggereerd ('het komt zelden voor'), werd er op de preeklezer van Bedum een beroep gedaan. De preekregelaar sprak hem aan: 'Bé, je moet me uit de brand helpen. Ik heb voor aanstaande zondag geen voorganger en ik weet niet meer wie ik moet bellen. Kun jij in hemelsnaam zondagochtend preeklezen?' Hij zegde toe.

Hij ging meteen naar zijn werkkamer op zoek naar een geschikte preek. Het moest niet een al te ingewikkelde en evenmin een al te zware preek zijn, vond hij. En gemakkelijk te lezen.

'Ik vond er een, over de laatste zendingsreis van Paulus op weg naar Rome. Onderweg leed men schipbreuk; de schepelingen kwamen op Malta terecht. De predikant vertelde erover alsof hij er zelf bij was geweest. Je voelde als het ware de golven tegen het schip beuken en je zag de schipbreukelingen aanspoelen op het strand. Ik typte de hele liturgie uit; ook de Schriftlezingen, want stel dat ik van de zenuwen het bijbelgedeelte niet kon vinden! Ik zag er erg tegenop. Helemaal alleen op die preekstoel in die grote kerk met bijna duizend mensen! Op zaterdagavond heb ik de sleutel van de kerk bij de koster gevraagd en ben op de kansel een poos "droog" gaan oefenen. Daardoor werd ik een stuk zekerder. Ik wil wel bekennen dat ik die nacht van zaterdag op zondag slecht heb geslapen.'

Op zondagmorgen ging Bultena op tijd naar de kerk, met de preek op zak. Vol spanning. Hoe zou de gemeente reageren als híj in plaats van de aangekondigde predikant naar de preekstoel zou worden geleid, want behalve een paar kerkenraadsleden was niemand op de hoogte. Bij de kerk aangekomen, werd hij gekscherend door een kerkenraadslid met

(op zijn Gronings) 'Moi Doimie, hau ist mien jong?' begroet. Even later stapte hij met de kerkenraad de kerk in.
'Toen ik na een stevige handdruk van de ouderling van dienst de kansel beklom, ging er een geroezemoes door de kerk. Wat was dat nou? Bultena preken? Ja dus. Ik legde eerst even uit wat de reden was en vertelde dat ik mijn best zou doen. Mijn vrouw en kinderen zaten bescheiden helemaal achterin. Eenmaal begonnen verdwenen de zenuwen. Voor ik de preek ging voordragen, deelde ik mee van wie de preek was.'
De aandacht tijdens de preek was goed. Hij kwam toe aan de laatste bladzijde. Er werd verwezen naar een passage enkele bladzijden ervoor. Maar hij herinnerde zich niet dat hij die passage gelezen had. Hoe kan dat nou? Tijdens het lied na de preek, bladerde hij de preek nog eens door, en toen zag hij tot zijn schrik dat er twee bladzijden aan elkaar waren vastgeplakt, kauwgom. 'Verdorie, kauwgom, hoe kon dat nou? Ik gebruik dat spul nooit. Toen werd het mij duidelijk. Onze oudste dochter had wel vaak kauwgom in haar mond. En zij had zaterdagavond kennelijk aan de preek gezeten en toen was de kauwgom uit haar mond gevallen, precies tussen twee bladzijden. Bij navraag later bleek niemand het gemerkt te hebben!'
Er zijn meer verhalen van preeklezers die in de dienst een bladzijde misten of per abuis een bladzijde te ver omsloegen en daardoor de draad kwijtraakten; bij een enkeling sloeg op dat moment de paniek toe. Dat dit bij predikanten ook weleens gebeurt, is voor de preeklezers een schrale troost.

Maar wat te doen als je weet dat je op zondagmiddag bent gevraagd om in je gemeente preek te lezen en je merkt 's morgens dat de voorganger de door jou uitgekozen preek voordraagt? Dat overkwam Adrie Bijl. Hij had voor de middagdienst een preek van dominee R. Klijnsma gekozen, met het thema 'Niet bezorgd zijn!'. Hij vond dat een passende preek en dacht daar de gemeente mee op te bouwen. 's Morgens was er evenmin een predikant en ging een 'heer' voor. En wat bleek, deze voorganger droeg dezelfde preek voor.
'Toen ik voor de morgendienst de kerkzaal in kwam, viel het me op dat veel liederen uit de liturgie overeenkwamen met de liederen die ook ik tijdens de middagdienst zou laten zingen. Bij de schriftlezingen voelde ik al enige nattigheid en toen hij met de preek begon en daarbij het thema "Niet bezorgd zijn!" vermeldde, brak het zweet me uit en groeide mijn bezorgdheid.'
Wat moest hij doen? Na afloop van de dienst ging hij naar de kerkenraadskamer om een andere preek te halen. Ook de voorganger was daar en die wenste hem voor de middagdienst Gods Zegen toe, en vroeg gek-

scherend: 'Ik heb toch niet de preek gelezen, die jij vanavond wilde lezen?' Bijl: 'Uit beleefdheid heb ik maar gejokt, waarna ik snel naar huis ben gegaan om me voor te bereiden op een nieuwe preek.'

De kaartenbak van de VU

Ook J.L. Post, voorganger van Baptisten Gemeente Amsterdam-West, liet en laat zich verrijken door MG. In 1980 kreeg hij zijn eerste spreekbeurten in Baptisten Gemeenten en Vrije Evangelische Gemeenten. Om zich op de dienst voor te bereiden bracht hij steevast een bezoek aan de Vrije Universiteit te Amsterdam, waar op de dertiende verdieping een uitgebreide collectie commentaren op en verklaringen van de Bijbel aanwezig was. Daar deed hij inzichten op voor de preek. Op een zeker moment ontdekte hij dat er eveneens een prekenserie, getiteld *Menigerlei Genade*, was. Hij zag dat auteurs van wie hij boeken bezat ook in MG hebben gepubliceerd. Voor hem bleek dat een goudmijn te zijn. Tegenover de uitleenbalie stond een kaartenbak waarin de bijbelboeken waren gecatalogiseerd, zodat je snel beoogde teksten kon vinden.
'Jarenlang heb ik de kaartenbak geraadpleegd. Op een dag schrok ik: de kaartenbak was weg! Zouden ze, in het kader van de in die tijd ontluikende reorganisatiedrang, de voor mij zo kostbare bak weggegooid hebben? Daar bleek gelukkig geen sprake van te zijn; men had hem ergens in het magazijn neergezet. Voortaan mocht ik zelf het magazijn in om het register te raadplegen, waarna ik dan direct de betreffende delen van MG van de plank kon meenemen. Een makkie dus voor het uitleenpersoneel, gezien het feit dat ik soms wel met zes delen tegelijk het magazijn weer verliet.
In 2011 ging de boel daar opnieuw op de schop. De uitleenbalie theologie verhuisde van de dertiende naar de negende verdieping. Nadat de – letterlijke – stofwolken waren opgetrokken en ik de nieuwe situatie in ogenschouw nam, merkte ik dat de kaartenbak weg was. Ook was er online geen index beschikbaar. Zou ik nu toch definitief afscheid moeten nemen van de serie? Want om steeds al die delen door te ploegen om erachter te komen of over het betreffende Bijbelgedeelte een preek was opgenomen, zou echt te tijdrovend worden. Was het eind in zicht?
Toch niet! Wat bleek? De vakreferent theologie, die op de hoogte was van mijn belangstelling voor MG, had de kaartenbak naar zijn kamer gehaald. Hij deelde mij dat mee en voegde daar aan toe: "Je mag hem hebben, neem maar mee." In een grote boodschappentas heb ik het attribuut uiteindelijk in twee etappes naar huis versleept. Alwaar het een plek heeft gekregen in mijn studeerkamer.'
En nog steeds raadpleegt collega Post bij zijn preekvoorbereiding het

register. Vindt hij de gezochte tekst dan reserveert hij het deel digitaal. En de broeders en zusters van de gemeente waar hij voorgaat, worden mede gevoed door preken uit de gereformeerde traditie.

Wie dacht dat alleen gemeenten van gereformeerde huize gesticht werden en worden door de prekenserie *MG*, heeft het dus mis. Zelfs in de Rooms-Katholieke Kerk heeft *MG* sporen nagelaten. Een opleidingsinstituut voor priesters was geabonneerd op *MG*. Een van de docenten vertelde dat de preken worden gebruikt bij het vak homiletiek, waar de aanstaande priesters het preekvak leren. 'Want protestantse collega's staan in een rijkere preektraditie dan wij.'

Dank aan Menigerlei Genade

Nadat redactie en uitgever van *MG* de aanstaande beëindiging van de preekserie hadden bekendgemaakt, kwamen er heel wat reacties binnen. Reacties die prijsgeven dat de preken ooit en ergens hun werk hebben gedaan. Een paar reacties laten we horen.

In het Friese Haulerwijk-Waskemeer is sinds jaren de taak van preeklezer toegekend aan Hetty Visser. Vanuit de gemeente was het verzoek gekomen om naast de mannelijke een vrouwelijke preeklezer te benoemen. Zo werd zij de eerste vrouwelijke preeklezer in haar gemeente. Haar ervaring is dat de preken van *MG* door de gemeente steeds als waardevol werden beleefd. Ook maakte ze vaak gebruik van de meditaties (de laatste jaren waren er jaarlijks vier bijdragen als 'dienst van meditatie en gebed', speciaal bedoeld voor gebruik in verzorgings- en verpleeghuizen). Die sluiten goed aan bij het doel van de weeksluiting in het verzorgingshuis. Ze eindigt haar reactie met de zin: 'Ik zal deze preekserie zeker gaan missen.'

Voor preeklezer Durk Bijlsma heeft *MG* veel gebracht. Voor hem waren de preken zijn paradepaard in de kerkelijke praktijk. Het heeft hem meer dan eens geraakt dat hij door het lezen van preken het woord van God mocht uitdragen. Een voorrecht dat via die preken en zijn voordracht Gods stem tot spreken kwam en de mensen erdoor werden gevoed. Bij het afscheid van *MG* spreekt hij zijn dank uit met de woorden:

'Dank aan Menigerlei Genade
voor die trouwe jaren
dat er preken waren
en het sparen
om Gods woord te aanvaarden
tegen de afgodendienaar.'

Predikantsvrouw J.A. Bouw-Nieuwenhuyse noemt het een voorrecht dat zij via de bibliotheek van haar man veel preken van MG heeft kunnen lezen. 'Wat heb ik daar veel onderwijs van mogen ontvangen voor mijn geestelijk leven! Ik had behoefte aan Schriftuurlijk-bevindelijk onderwijs.' Het waren de leerredenen van de jaargangen tussen 1912 en 1936. Vanaf 1980 heeft zij die oude jaargangen gelezen, in haar stille tijd. 'Het was vaak dat ik er zo door bemoedigd werd dat ik de tijd zou vergeten en het jammer vond te moeten stoppen vanwege het werk dat wachtte. Door het lezen werd ik dan gedrongen tot gebed en dat gaf me rust voor de hele dag.'

Zij hield wat zij las niet voor zichzelf. Wekelijks ging ze bij een paar ouderen de preken voorlezen. 'Het gaf me veel voldoening om dat te mogen doen. We hebben samen vaak de nabijheid van de Heere mogen ervaren en aan het eind zongen we een psalm...'

Zij heeft een verlangen dat de prediking uit die eerste kwarteeuw van MG weer terugkomt en die Schriftuurlijke boodschap weer van de kansels klinkt. En dat, zoals ze haar ervaringen met MG besluit: 'Tot eer van God: Soli Deo Gloria!'

Bij het lezen van het bericht dat de laatste jaargang van MG is aangebroken, ontwaakten bij Bertha G. Hiemstra-van Nierop herinneringen. Haar grootmoeder las in de jaren 1940-1943 op zondag, onder kerktijd, een preek. Omdat zij niet in staat was de kerkdienst te bezoeken, voorzag dit persoonlijke preeklezen in een leemte. Zij herinnert zich goed dat onder diverse gereformeerde vrienden de preken werden uitgewisseld. In de jaren zestig maakte zij het in Friesland voor het eerst mee dat een ouderling een preek las in de kerkdienst. In die dagen verscheen er in het plaatselijk kerkblad een vraag of er gemeenteleden bereid waren een preek te lezen voor het geval de predikant absent was. Zij had ervaring met lezen van teksten, want als medewerker van de afdeling Weerdienst van het KNMI in De Bilt las zij 's morgens vroeg de weerberichten voor. Ze ging op het verzoek in. 'Ik meende met die ervaring de kerk te kunnen dienen. Helaas, geen dankbaarheid bij de kerkenraad voor mijn aanbod. Maar verontwaardiging: er kon toch geen vrouw op de preekstoel staan! De tijden zijn inmiddels – gelukkig – veranderd!'

Ook de 88-jarige Gerrit Tolsma denkt met warme gevoelens terug aan MG. Zijn vader, kleine zelfstandige en ouderling, was preeklezer in de jaren dertig. Hij trad op als de dominee verhinderd was. Meestal wist zijn vader dat van tevoren. 'Op de dag voor de zondag werd ons als kinderen op het hart gedrukt: "Jongens, stil zijn! Vader bereidt zich voor op de

dienst." Hij trok zich dan terug in het slaapkamertje. We hoorden dan de duidelijke stem van vader die daar de preek hardop las.' Als kind zag hij vader als de 'dominee'; met ontzag keek hij naar hem.
'Terug uit de kerk controleerde vader of we geluisterd hadden. Hij ging het rijtje van de kinderen – we waren met ons achten – af met een vraag. Zo kreeg ik eens de vraag: 'Gerrit, wat was de tussenzang?' Die controle ervoeren we niet als een last. Het hoorde er gewoon bij.
Menigerlei Genade was een begrip in die tijd. Die preken heeft mijn vader, en daardoor ook ons, veel kennis opgeleverd. Een van mijn broers is in het spoor van mijn vader gegaan en werd ook preeklezer.'

Toerusting en bemoediging

De preken van *MG* werden niet alleen in huisgemeenten en kerkdiensten zonder predikant gelezen, ook buiten deze vieringen vond de uitgave aftrek. In menig gereformeerd gezin lazen de ouders, doorgaans de mannen, op zondag naast de kerkdienst een preek om zich te voeden met het Woord van God.
Ook waren er gemeenten die een aflevering van *MG* uitdeelden aan mensen die geen gelegenheid hadden om de diensten te bezoeken. In een historische schets van de gereformeerde kerk van Arnemuiden wordt verhaald dat H. Scholing, predikant daar gedurende de Tweede Wereldoorlog, tijdens ziekenbezoek deeltjes van *MG* uitdeelde aan de zieken. Hij deed dit opdat zij 'in geestelijk opzicht niets tekort kwamen'.

Jikke Kleefman vertelt over een gewoonte in Drogeham, rond 1951. Twee meisjes, de zesjarige Jikke en haar vier jaar oudere zusje Irene, brengen op zaterdag een nieuwe preek bij ouderen die niet meer naar de kerk kunnen komen.
'Na het "Volluk" gaan ze naar binnen en leggen het preekboekje op het pluchen tafelkleed, waarop al twee losse centen klaarliggen en een koekje. De gelezen preek met het geld gaan in de tas en het koekje wordt opgegeten.
Op het volgende adres is niemand thuis. Er staan een paar klompen op de stoep, in de linker klomp ligt de preek en het geld, in de rechter een pepermuntje. De gelezen preek en het geld gaan in de tas, de preek uit het vorige huis neemt de plaats in van het pepermuntje. Op het derde adres is altijd iemand thuis, zodat de preek geruild kan worden.
Zes centen en de oudste preek moeten zij naar het uitdeelpunt van de Menigerlei Genade brengen. En elke week is het snoepje hun beloning.'
Dit stukje werk was voor de meisjes het begin van hun betrokkenheid met de kerkelijke gemeente. Met plezier kijken ze erop terug.

We kunnen stellen dat *MG* de voorloper was van de latere bandrecorder, cassetterecorder, cd-speler, kerktelefoon en het internet. Weliswaar ging (en gaat) het bij de laatste communicatiemiddelen primair om het beluisteren van de diensten in de eigen kerk, maar de gedachte erachter is gelijk: het bieden van de mogelijkheid om iemands geloofsleven op te bouwen buiten het bezoek van de diensten om.

Zo heeft de prekenserie onuitwisbare sporen getrokken. Bij preeklezers, in gemeenten tijdens kerkdiensten, ergens in huis- en ziekenkamers. In binnen- en buitenland. En af en toe bracht het preeklezen een glimlach op het gezicht van mensen.

25 De preek van de leek

Enige jaren geleden deed de zogenaamde preek van de leek zijn intrede. Voor zover we kunnen nagaan is hij voor het eerst gehouden in Amsterdam, in de Singelkerk.[66] Van Amsterdam is hij overgewaaid naar andere plaatsen in ons land. Naar Leeuwarden, Amersfoort, Enkhuizen, Leersum, Goes, Leiden enzovoorts. Ja, zelfs is hij als 'die Preek van die leek' terechtgekomen in het Zuid-Afrikaanse Stellenbosch.
De activiteit heeft steeds opmerkelijk veel media-aandacht gekregen. Begrijpelijk, want het is niet gebruikelijk dat een leek, los van zijn of haar kerkelijke betrokkenheid, vanaf de kansel een boodschap mag uitspreken. De belangstelling voor de bijeenkomsten is opmerkelijk. Cees Veltman schrijft naar aanleiding van het vijfjarig bestaan ervan: 'Het succes van de Preek van de Leek lijkt het uit te schreeuwen: "De wijsheid moet van buiten komen." Wat de dominees te vertellen hebben, is bekend en misschien wel verdacht, denken mensen. Het wordt pas weer interessant in de kerk als buitenstaanders laten horen wat zij op hun hart hebben. Je hoeft niet gelovig te zijn om te kunnen preken, zo blijkt. Eindelijk worden de mensen die normaal gesproken geen dienst bijwonen, serieus genomen in de kerk.'[67]

Dat deze 'preek' interesse wekt in de media, valt op. Immers, in onze cultuur wordt het begrip preek nogal eens gebruikt in een negatieve context. Ouders en docenten die tegen jongeren 'preken', roepen daarmee in de regel ergernis op. En o wee, als iemand zich opwerpt als behoeder van normen, hij of zij kan dan de kwalificatie van zedenmeester verwachten. De preek is in onze samenleving meer dan eens een synoniem van saaiheid, betweterigheid en van het opgeheven vingertje.
In sommige geloofsgemeenschappen bestaat de neiging om de duiding preek als onderdeel van de dienst niet langer te gebruiken. Zij geven de

---

66 Op de website www.preekvandeleek.nl kunt u uitgebreide informatie vinden. Ook de digitale zoekopdracht 'preek van de leek' geeft veel voorbeelden van plaatsen waar zulke preken worden gepraktiseerd. Er is zelfs een cursus voor het opzetten van de preek van de leek ontwikkeld.

67 Zie *Volzin*, 2 maart 2012.

voorkeur aan termen als toespraak en praatje. Preek is te formeel, te kerkelijk wellicht, en te weinig aansprekend bij jonge generaties.
En dan, hoe verassend, zien we op de grens van kerk en samenleving de preek in volle glorie terugkomen, nu gekoppeld aan het subject leek. Preken waar mensen van heinde en verre en van buiten de kerk belangstellend naar komen luisteren.

De leek die preekt en leest

Is er een verband tussen het verschijnsel 'preeklezen' en het verschijnsel 'preek van de leek'? Wat beide gemeen hebben is dat een leek een voordracht houdt in de kerk, in de regel vanaf de kansel. Bij beide voordrachten zijn hoorders aanwezig. De preeklezer draagt een preek voor van een dominee die gerechtigd is om in kerkdiensten voor te gaan. Degene die de preek van de leek houdt, vertelt een eigen verhaal. In een bundel over preken en preeklezen valt aandacht voor de preek van de leek zeker niet uit de toon. Maar er zijn wel verschillen tussen het ene en het andere verschijnsel.
Het eerste kent, zo zagen we, een lange traditie. Het tweede kennen we sinds enige jaren. Overigens kent ook de Rooms-Katholieke Kerk de verbinding leek en preek; in de Dienst van het Woord is het eveneens toegestaan aan leken om de preek houden. Ook dat is een preek van de leek, maar die leek maakt actief deel uit van de geloofsgemeenschap. De sinds kort breder in zwang geraakte preek van de leek, heeft een andere statuur.
Preeklezen en preek van de leek – ze hebben raakvlakken en zijn verschillend. Aan het preeklezen zijn in deze bundel veel woorden besteed, daar hoeven we niets meer aan toe te voegen. De preek van de leek is een nieuwe activiteit die succesvol schijnt te zijn en die we daarom nader willen duiden.

Het profiel van de persoon die de preek van de leek houdt is divers. Wat deze predikers gemeen hebben, is dat zij in de samenleving (landelijk, regionaal of lokaal) bekendheid genieten. Politici, wetenschappers, journalisten, dichters, musici, mensen uit het zakenleven, columnisten, bestuurders, kunstenaars enzovoorts. Zij worden niet gevraagd om hun geloofsovertuiging of kerkelijkheid, maar omdat zij zich mengen in het publieke debat. Het zijn mensen die iets hebben te zeggen op een bepaald terrein, en daarbij gaat het niet alleen om hun visie, maar ook om hun passie en de bron waaruit zij hun inspiratie putten. Zij laten zien wat hen beweegt en laten daarin iets van zichzelf zien. In die hoedanigheid hebben zij, evengoed als predikanten, wat te zeggen.

Dat geldt ook voor de verhalen van hen die optreden in de variant 'de preek van de loser', zoals een dakloze met nauwelijks kansen of een ex-hoogleraar die zijn toog aan de wilgen moest hangen vanwege plagiaat.[68]

Wat men wil bereiken

Wat beogen degenen die de preek van de leek in hun woonplaats organiseren? Niet overal – het gaat om tientallen plaatsen – zijn doel en motief gelijk. Elke kerk of groep die deze preek organiseert heeft haar eigenheid. In de ene plaats heeft de bijeenkomst meer weg van een kerkdienst dan in de andere plaats. Vaak heeft de dienst een experimenteel karakter waarin men met uiteenlopende instrumenten het bijbelverhaal (traditie) en het verhaal van mensen (deze tijd) bij elkaar brengt, zodat ze elkaar raken en verdiepen. Maar tussen de verschillen zien we duidelijk overeenkomsten. In deze bundel past het niet uitvoerig op deze kerkelijke activiteit in te gaan; we beperken ons tot een paar kenmerken. Ruwweg willen de organisatoren:

- dat de kerk ruimte biedt voor de boodschap van mensen die echt iets te zeggen hebben; daarmee brengen zij kerk en cultuur, kerk en samenleving bij elkaar;
- dat de kerken zich openstellen voor wat er in de breedte van de samenleving en de cultuur speelt en zich ook door anderen dan dominees laten inspireren;
- dat mensen van heinde en verre gelegenheid krijgen om in aanraking te komen met een persoonlijk verhaal van iemand uit het publieke leven en daardoor wellicht worden geïnspireerd.

De boodschap

Hun wordt gevraagd hun boodschap te delen binnen de context van een kerk, op een kansel en eventueel met reflectie op woorden uit de Bijbel. Kort enkele voorbeelden.

Tinkebell, columniste en controversieel kunstenares, laat Marcus 7:14-30 lezen, over wat onze mond in- en uitgaat. Zij brengt die tekst in verbinding met haar kritische houding ten opzichte van de dierenindustrie. Deze kwalijke industrie is een thema dat haar diep raakt en dagelijks

---

68 In *Trouw* van 11 november 2013 doet Nynke Sietsma verslag van zo'n preek. De leek is de ex-hoogleraar Diederik Stapel. Zij schrijft: 'Het is bijzonder om te zien dat iemand zich zo kwetsbaar op durft te stellen. Het is ongemakkelijk, menselijk, spannend en eerlijk tegelijk.'

bezighoudt. Het is typerend voor de aard van de preek van de leek dat zij zich aankondigt met haar oorspronkelijke naam: 'Voor u staat Katinka Simonse en zij heeft haar alter ego Tinkebell voor één maal thuis gelaten. Waarom? Omdat alter ego's zelden de waarheid spreken en liegen in de kerk, zo is mij verteld, mag niet van God.'
In Leersum hield plaatsgenoot Hans van Zetten, sportjournalist die beroemd is geworden door zijn verslag van de gouden turnwedstrijd aan de rekstok van Epke Zonderland, de preek. Hij maakte een vergelijking tussen wat de topturner voor ogen heeft en wat een tekst van de apostel Paulus bij hem losmaakt.
Politica Nebahat Albayrak beklom de preekstoel met het motto: 'Hoezo derde weg? Wat is er mis met de eerste?' Zij sprak over de Wet van Mozes en de ontwikkelingen in het integratiedebat van de afgelopen tien jaar. Voor haar zijn economische integratie en sociale gerechtigheid onmisbaar voor het functioneren van de democratische rechtstaat.
De Goese burgemeester René Verhulst gaat in zijn preek van de leek in op het thema rechtvaardig besturen. Een thema dat hem als burgemeester na aan het hart ligt. Hij verbindt dat thema met twee 'onrechtvaardige' bijbelverhalen: het verhaal van Mozes die van God het beloofde land niet binnen mag en dat van de arbeiders in de wijngaard waarbij de arbeiders die kort hebben gewerkt evenveel loon ontvangen dan zij die zich de hele dag hebben uitgesloofd.
Burgemeesters zijn kennelijk in trek bij de organisatoren. Want ook de burgemeesters van onder andere Alblasserdam, Amsterdam, Assen, Berkelland, Castricum, Heiloo, Losser, Nieuwegein bestegen de kansel. Dat burgemeesters worden gevraagd, is niet zo verwonderlijk. Ten eerste zijn zij centrale personen in hun omgeving en ten tweede staan zij door hun werk midden in de samenleving.

Stuk voor stuk boodschappen die de hoorders aan het denken zetten en inspiratie voor onderweg mee willen geven. En dat de kerk, waar ook in het land, haar kansel opent voor deze boodschappen laat zien dat zij ervan uitgaat dat buiten haar muren ook veel wijsheid te vinden is.

Geliefde bijbelteksten
van de 100-jarige

door Piet Schelling

26 Steeds horen we weer iets nieuws

Het hart van het preeklezen vormt de preek. *Menigerlei Genade* is een 'preken'-serie. En degene die bij afwezigheid van de predikant voorgaat in de dienst is de 'preek'-lezer. We zien dat er vanaf de jaren zeventig meer aandacht voor de liturgie is gekomen, zoals dat eveneens plaatsvond in de kerkdiensten. De uitgaven van *MG* zijn immers een afspiegeling van wat zich afspeelt in de zondagse eredienst.
Toen de redactie de teksten waarover in die honderd jaar is gepreekt op een rijtje zette, kreeg zij inzicht in de keuzes van die teksten. In dit hoofdstuk gaan we op die keuzes in.

Hoe de tekstkeuze tot stand komt

Sinds de invoer van leesroosters in de grotere protestantse kerken, sluiten veel predikanten en leiding van kindernevendiensten zich daarbij aan. De keuze voor de lezingen en preekteksten wordt goeddeels aangereikt door deze roosters. Voorheen bepaalden de voorgangers zelf welke bijbelgedeelten zij lazen en welke tekst zij als uitgangspunt voor de preek namen.
Het is hier niet de plaats het voor en het tegen van leesroosters te bespreken. Wij constateren alleen dat de afgelopen decennia leesroosters van invloed zijn geweest op de tekstkeuzes.
Hoe uitte zich dat in *MG?* Onze prekenserie was niet gekoppeld aan een leesrooster. Zeker, een aantal diensten in elke jaargang was gerelateerd aan kerkelijke feesten. Die verbinding gaf een zekere richting aan de tekstkeuze. Zo zien we bijvoorbeeld dat veel paaspreken gaan over de opstandingsverhalen volgens de evangeliën en dat in de meeste kerstpreken Lucas 2 centraal staat. Maar auteurs waren vrij in hun keuze. Behalve in de jaargangen waarin de Heidelberger Catechismus het uitgangspunt vormde voor de diensten[69]; in dat geval werd aan de medewerkers een zondag toegewezen.
De jongste redactie adviseerde de schrijvers een preek te leveren die zij eerder in de gemeente hadden gehouden en die naar hun gevoelen goed overkwam in de gemeente. Behalve dat dit hen tijd bespaarde – ze hoefden

---

69 Zie de hoofdstukken 14 t/m 17.

geen nieuwe preek te maken – werd dat advies ingegeven door het volgende: de ervaring dat een preek goed was overgekomen, vergrootte de kans dat de preek ook de preeklezers en hun gemeenten zou aanspreken.
Toch hebben leesroosters zijdelings invloed gehad op de keuzes van preekteksten voor MG. Meer dan eens werden preken aangeleverd over bijbelteksten die het jaar daarvoor op het leesrooster stonden.
In ruwweg de eerste helft van het bestaan van MG was er geen invloed van een leesrooster op de tekstkeuze. In die jaren overheerst de keuze voor een korte tekst of deel daarvan (bijvoorbeeld 2 Kron. 30:8m; Mat. 11:19b; Hand. 22:3a; Gal. 2:2 midden). In de latere periode komt vaker de perikoop voor (bijvoorbeeld Num. 13; Mat. 25:1-12; Joh. 21:1-14; Hand. 2:1-13). De tendens om later een perikoop centraal te stellen, hangt samen met de grotere aandacht voor gedichten, verhalen en boodschappen als geheel. En daarmee, zo groeit de gedachte, doen we de bedoeling van de auteurs meer recht.[70]

Wat een predikant aanzette om die bepaalde tekst te kiezen, valt niet exact te achterhalen. We kunnen ons wel een paar redenen voorstellen.
Ten eerste: het kerkelijk jaar. We noemden al de paas- en kerstpreken. Hetzelfde geldt voor de adventstijd en de lijdensweken (tegenwoordig spreken we eerder over de veertigdagentijd). Preken bedoeld voor de advent hebben duidelijk een voorkeur voor Matteüs 1 en Lucas 1, over de aankondiging van de geboorte van Jezus. In de lijdenstijd staan teksten over de periode kort voor Jezus' dood en over de kruiswoorden in de belangstelling. En preken over Pinksteren gaan meestal over Handelingen 2.
Ten tweede: de persoonlijke voorkeur van de predikant voor een bepaalde tekst. Elke predikant kent teksten die hem dierbaar zijn. Omdat die tekst voor hem persoonlijk betekenis heeft gekregen of omdat hij in die tekst een boodschap hoort die hij graag wil doorgeven aan hoorders. Veelal zijn het woorden uit de Bijbel die dicht bij de beleving van de gemeente staan; zij spreken om zo te zeggen 'tot het hart' van mensen.
Er zijn bijbelteksten die in de eeuw van MG bij herhaling het uitgangspunt voor de preek zijn. Dan doelen we niet zozeer op teksten die door het kerkelijk jaar zijn ingegeven, maar teksten die kennelijk in de breedte geliefd zijn. Zij vallen op als we de lange lijst van preekteksten overzien.

---

70 In *U zij al d' eer!*, Tholen 2010, vermeldt C. de Jongste, predikant in de Gereformeerde Gemeenten, dat K. de Gier, docent homiletiek, waarschuwt voor zogenaamde mottoprediking, waarbij uit een perikoop of tekst slechts één zin, één zinsnede, of zelf één woord wordt genomen. Daardoor krijgt het tekstverband te weinig gehoor (pag. 71).

Bijbelboeken in beeld

Voor we naar geliefde teksten kijken, richten we ons eerst op de bijbelboeken. Uit welke boeken uit de Bijbel is gepreekt in die honderd jaar?

Bijbelboeken

Genesis	159	Nahum	2
Exodus	64	Habakuk	10
Leviticus	3	Sefanja	8
Numeri	27	Haggai	2
Deuteronomium	31	Zacharia	36
Jozua	8	Maleachi	14
Rechters	42	Matteüs	422
Ruth	13	Marcus	152
1 Samuël	35	Lucas	445
2 Samuël	34	Johannes	371
1 Koningen	54	Handelingen	192
2 Koningen	42	Romeinen	91
1 Kronieken	5	1 Korintiërs	77
2 Kronieken	15	2 Korintiërs	48
Ezra	0	Galaten	29
Nehemia	8	Efeziërs	40
Ester	3	Filippenzen	33
Job	37	Kolossenzen	27
Psalmen	242	1 Tessalonicenzen	17
Spreuken	36	2 Tessalonicenzen	5
Prediker	32	1 Timoteüs	10
Hooglied	17	2 Timoteüs	18
Jesaja	171	Titus	6
Jeremia	58	Filemon	2
Klaagliederen	7	Hebreeën	96
Ezechiël	31	Jakobus	15
Daniël	24	1 Petrus	41
Hosea	23	2 Petrus	17
Joël	2	1 Johannes	28
Amos	20	2 Johannes	2
Obadja	4	3 Johannes	0
Jona	10	Judas	7
Micha	8	Openbaring	117

Van hoog tot laag

Lucas	445	Kolossenzen	27
Matteüs	422	Daniël	24
Johannes	371	Amos	20
Psalmen	242	2 Timoteüs	18
Handelingen	192	Hooglied	17
Jesaja	171	1 Tessalonicenzen	17
Genesis	159	2 Kronieken	15
Marcus	152	Jakobus	15
Openbaring	117	2 Petrus	15
Hebreeën	96	Maleachi	14
Romeinen	91	Ruth	13
1 Korintiërs	77	Jona	10
Exodus	64	Habakuk	10
Jeremia	58	1 Timoteüs	10
1 Koningen	54	Jozua	8
2 Korintiërs	48	Nehemia	8
2 Koningen	42	Micha	8
Rechters	42	Sefanja	8
1 Petrus	41	Klaagliederen	7
Efeziërs	40	Titus	6
Job	37	1 Kronieken	5
Spreuken	36	Obadja	4
Zacharia	36	2 Tessalonicenzen	5
1 Samuël	35	Leviticus	3
2 Samuël	34	Ester	3
Filippenzen	33	Joël	2
Prediker	32	Haggai	2
Deuteronomium	31	Filemon	2
Ezechiël	31	2 Johannes	2
Galaten	29	Nahum	2
1 Johannes	28	Ezra	0
Numeri	27	3 Johannes	0

Wat vertellen en onthullen deze gegevens? Een paar dingen vallen ons op. Ten eerste: van de 3554 teksten komen er 2293 uit het Nieuwe Testament en 1261 uit het Oude Testament. Duidelijk geniet het Nieuwe Testament meer belangstelling dan het Oude Testament. Mogen we hier conclusies uit trekken? Voorzichtigheid is geboden. Getalsmatig kunnen we

stellen dat het Oude Testament in deze eeuw minder in de belangstelling staat, zeker als we mee laten wegen, dat het veel omvangrijker is dan het Nieuwe Testament. Maar dat impliceert nog niet dat het Oude Testament in deze prekenserie van minder belang is geweest dan het Nieuwe Testament.
Van de hervormde hoogleraar A.A. van Ruler is de uitspraak bekend dat de geschriften van het Nieuwe Testament niet meer willen zijn dan het lijstje van verklarende aantekeningen achter in het Oude Testament. De woorden 'verklarende aantekeningen' betekenen niet, dat het Nieuwe Testament aan het Oude Testament een nieuwe zin geeft. De aantekeningen achterin willen dan zeggen dat het Oude Testament totaal compleet is door de komst van de Messias.[71] Zonder nu op de aloude kwestie van de verhouding tussen de beide Testamenten in te gaan, kunnen we, mijmerend over Van Rulers uitspraak, ons afvragen hoe het komt dat we in de eredienst meer aandacht hebben voor de 'aantekeningen' dan voor de bron zelf. Een vraag die prikkelt. Willen we de vraag naar de verhouding tussen de twee Testamenten recht doen dan is het onvoldoende om enkel getalsmatig naar de belangstelling voor beide te kijken. Belangrijker is om na te gaan 'hoe' over de beide Testamenten gepreekt wordt in relatie tot elkaar. Voor hen die nadrukkelijk over dit thema willen nadenken, biedt *MG* veel materiaal.

Ten tweede: Als we de 'top tien' weergeven van bijbelboeken waarover het meest gepreekt is, zien we:

Lucas	445
Matteüs	422
Johannes	371
Psalmen	242
Handelingen	192
Jesaja	170
Genesis	159
Marcus	151
Openbaring	117
Hebreeën	95

De som van deze tien bedraagt 2363 van de in totaal 3554 preken, dat houdt in dat ongeveer 65% van de preken teksten uit deze tien bijbelboe-

71 Zie A.A. van Ruler, *Religie en Politiek*, Nijkerk 1945, pag. 142.

ken behandelen. Deze bijbelboeken zijn duidelijk geliefd geweest bij de predikers. Kijken we naar de plaats van de vier evangeliën dan hebben de voorgangers 1388 keer voor een tekst uit deze boeken gekozen, dat is bijna 40%. Door al die jaren heen vormen de evangeliën de kernbron van de verkondiging.
Stel dat u aan een groep predikanten en een groep gemeenteleden zou vragen, zonder dat zij deze gegevens kennen: uit welke bijbelboeken is gedurende de eeuw *MG* het meest gepreekt en zet die in een top tien? Hoe ziet hun lijst er dan uit? Loopt die parallel aan de lijst volgens de gegevens van *MG?* Dit zou een aardig 'spelletje' zijn om in gesprek te gaan over onze voorkeuren. We kunnen ook kijken naar bijbelboeken waarvoor geen of nauwelijks belangstelling is, en daarbij vragen: waarom staan deze boeken niet in de belangstelling en wat betekent dat?

Geliefde teksten

Ik ken een trouwe kerkganger die in de kantlijn van haar Bijbel gedurende bijna veertig jaar zondag na zondag de naam van de voorganger en zijn of haar preektekst heeft genoteerd. Haar aantekeningen mocht ik inzien. Ik zag dat bij sommige teksten veel en bij andere weinig of geen aantekeningen stonden. Ook waren er bijbelboeken waar helemaal niets stond en andere die veel notities bevatten. Heel boeiend. De vrouw heeft zonder zich daarvan bewust te zijn ons homiletisch gezien min of meer een historisch document nagelaten. (Tussen haken: met haar aantekeningen kon zij eveneens controleren of een dominee over die tekst al eens eerder had gepreekt. Een paar keer kwam dit voor en dat liet ze ook weten aan de voorganger. Met milde humor zei ze dan zoiets als: 'Dominee, het was een mooie preek. Nog mooier dan de vorige keer toen u ook bij ons over deze tekst preekte.' Soms belde een predikant, die wist van haar 'boekhouding', haar op met de vraag of ze na kon gaan of hij al eens over die tekst had gepreekt in haar gemeente.)

Menigerlei Genade geeft met haar honderd jaargangen inzicht in de teksten waarover gepreekt is. We geven de teksten waarover minstens tien keer is gepreekt in onderstaand overzicht weer. We zien daarin de voorkeuren, die voor een groot deel samenhangen met een kerkelijke feestdag, advent of de lijdensweken. Daarnaast treffen we teksten aan die los van een bijzondere (zon)dag zijn gekozen, zogenaamde geliefde teksten.

Handelingen 2	77	Matteüs 25	15
Lucas 2:1-20	73	Johannes 10	14
Lucas 24	45	Matteüs 13	14
Matteüs 27	43	Openbaring 21	14
Johannes 19	34	Marcus 16:13-18	13
Lucas 1	33	Openbaring 22	13
Johannes 18	29	Genesis 32	12
Romeinen 8	29	Psalm 119	12
Hebreeën 11	28	Matteüs 2	12
Johannes 21	27	Marcus 15	11
1 Korintiërs 15	27	Psalm 23	10
Johannes 20	23	Matteüs 1	10
Handelingen 2:1-4	17	Matteüs 6	10
Jesaja 40	16	Matteüs 11:28-30	10
Hebreeën 12	16	Lucas 24:50-53	10
1 Koningen 19	15		

Aan een paar frequent voorkomende teksten schenken we aandacht bij de bespreking van Pasen en Pinksteren. In de volgende drie hoofdstukken verwerven we ons inzicht in drie andere zogenaamde geliefde teksten: Psalm 23, Matteüs 11:28-30 en 1 Koningen 19:1-8. We kiezen bij elke tekst drie preken over die tekst, geschreven in verschillende decennia van de afgelopen eeuw. We krijgen daardoor een beeld hoe het preken zich gedurende die eeuw heeft ontwikkeld. Daarnaast bieden we via die preken informatie over de tekst, waarmee predikers van vandaag wellicht hun voordeel kunnen doen.

27 Nabijheid

Over Psalm 23

Er zijn weinig psalmen die meer geliefd zijn dan Psalm 23. Het lied wordt graag gezongen, in tal van variaties. Alleen al in het *Liedboek. Zingen en bidden in huis en kerk* treffen we zeven versies aan (Lied 23a t/m 23g). Elke liedbundel, wat zijn kerkelijke achterland ook is, heeft een of meer liederen waarvan Psalm 23 de bron is.[72] De psalm inspireert velen, nu en voorheen. Predikanten weten daarvan. Zij dragen, zingend of lezend, het gedicht vaak voor. Bij een ziekbed, tijdens een uitvaart, in een huwelijksdienst – mensen grijpen op cruciale momenten naar de woorden van de psalm.

Vanwaar die populariteit? Het precieze antwoord valt niet te geven, maar we hebben wel een vermoeden. Luisterend naar mensen die het lied willen horen of zingen mogen we stellen dat de woorden van de psalmist herkenbaar zijn voor mensen. Wat de auteur verwoordt, komt hen bekend voor; zij delen de ervaringen die hij in dit gedicht onder woorden brengt.[73]

Het verbaast ons daarom niet dat deze psalm meer dan eens voor de medewerkers van MG het uitgangspunt voor de preek was. In het vervolg kijken we aandachtig naar drie voorbeelden daarvan, met soms een uitstapje naar nog een andere preek over deze tekst.

Drie preken, drie accenten

We lezen drie preken over Psalm 23 van drie verschillende predikanten. Met het maken van de preek hadden zij alle drie dezelfde Hebreeuwse tekst op hun bureau liggen. Hun bron is gelijk, de uitwerking verschilt.

De eerste: een preek van Js. van der Linden[74], uit 1913. Hij was predikant in 's-Gravenhage. Als motto heeft hij gekozen voor 'De Heere mijn

---

72 Zie o.a.: *Evangelische Liedbundel* (1999): Lied 6, 7a, 7b, 7c; *Gezangenboek van de Oud-Katholieke Kerk van Nederland* (1990): Lied 214, 215, 216; *Gezangen voor Liturgie* (1996): Psalm 23I, 23II, 23III; *Verzameld Liedboek* (Oosterhuis, 2004): Psalm 23, Psalm 23-vrij.

73 Over liederen die onze ziel raken, zie Maarten Diepenbroek, in: *Van horen zingen* (Toerreeks), Zoetermeer 2013, pag. 51-61.

74 MG III (1913), pag. 241-255.

Herder' en de kerntekst luidt 'De Here is mijn Herder, mij zal niets ontbreken' (vers 1, volgens de Statenvertaling). De psalm is de enige Schriftlezing. De predikant laat alleen uit het Psalter zingen: Psalm 100, 119, 79 en 23; in totaal zes coupletten. De omvang van de preek is ongeveer achtenveertighonderd woorden.

Vervolgens lezen we een preek van H.W.H. van Andel[75], uit 1962. In dat jaar diende hij de gemeente te Utrecht-Oost. Aan de preek heeft hij het motto 'Mij ontbreekt niets' toegekend. Hij kiest evenals Van der Linden voor één tekst uit de psalm, ook het eerste vers, maar dan in de NBG-vertaling 1951. Behalve de psalm leest hij ook Lucas 22:35-38, over de leerlingen die zonder iets op zak te hebben worden uitgezonden, maar geen gebrek lijden. De preek wordt getypeerd als dankzeggingspreek, te houden na de viering van het heilig avondmaal.[76] De liturgie is rijker dan in de eerstgenoemde dienst. Het aantal woorden van de preek is nog steeds omvangrijker dan in onze tijd: drieënveertighonderd.

De derde dienst die we beluisteren is van W. de Vroe[77], gepubliceerd in 2008. Zij stond in het jaar dat deze dienst verscheen in Vlijmen. Het is een zogenaamde dienst van meditatie en gebed. Dat zijn diensten gericht op het gebruik in verzorgings- en verpleeghuizen. Het uitgangspunt is de psalm als geheel, in combinatie met de tekst uit Lucas 15:3-7, de gelijkenis van het verdwaalde schaap. De dienst draagt als motto: 'Gezocht'. De preek of meditatie is met ongeveer twaalfhonderdvijftig woorden aanzienlijk korter dan de vorige twee. De liturgie is echter uitgebreider en ook de gebeden zijn opgenomen, zoals dat de laatste jaren in *MG* gebruikelijk was.

Zojuist zeiden we dat het uitgangspunt van de drie gelijk is maar dat de uitwerking uiteenloopt. Dat laatste spreekt vanzelf. Elke prediker is uniek in zijn of haar eigenheid, zienswijze, aanpak. Bovendien verschilt ook de context waarin voorgangers werken en dat kan mede het gekozen accent bepalen.

75 MG XLIX (1962), pag. 457-466.

76 Vaker wordt Psalm 23 verbonden met de avondmaalsviering, vooral vanwege het vijfde vers. Zie o.a. de preken van J.D. Wielenga, MG XX (1930), en K.J. Cremer, MG XXX (1940).

77 MG XCV (2008,4), pag.168-176.

De opening van de preek

Van der Linden brengt de psalm als geheel meteen tot grote hoogte. Het lied is het volle leven. De taal van een vreugdevolle belijdenis vloeit hier samen met de taal van de rijkste ervaring. Ja, het is de psalm *der* psalmen. Natuurlijk, er zijn meer psalmen die we zo zouden willen duiden, maar Psalm 23 raakt ons door zijn innerlijke schoonheid, die ons al meer bekoort, hoe langer wij er op turen. 'In elken zin ligt een diepte van beteekenis. Ieder vers ademt een volheid van geestelijke vreugde.'[78]
Op deze loftuiting aan het gedicht in algemene zin, volgt er een opsomming van wat de psalm mensen heeft gedaan. Zij hebben er moed uit geput als hun levensweg door de woestijn liep, op ziekbedden heeft hij de tijd draaglijker gemaakt, aan de stervende heeft de psalm uitzicht gegeven, vervolgden vanwege hun geloof hebben er kracht door gekregen. Het lied is gezongen bij vreugde en in dagen van treurnis, door sterken en zwakken, door het kind aan het begin van zijn leven en door de grijsaard bij diens levenseinde.
Na gewezen te hebben op de schoonheid van het gedicht en op het gebruik ervan door mensen in uiteenlopende omstandigheden, begint de auteur aan de uitleg. De toon van de grootsheid van de psalm is gezet.

De opening van Van Andel is directer. In die zin dat hij in de eerste zin de tekstkeuze al uitlegt. Eigenlijk verdedigt hij zich min of meer voor die keuze. De nadruk ligt op het 'mij ontbreekt niets', terwijl zijns inziens het eerste deel van het vers, 'De Here is mijn herder', de hoofdgedachte van het vers en van de totale psalm is. De hoofdgedachte hoeft niet altijd maatgevend te zijn. Hij wil eens een andere weg volgen dan de voor de hand liggende. Dat is geoorloofd mits je het niet doet om interessant te zijn.
We zien geen verwijzing naar wat de psalm in eerste instantie oproept, geen woorden van herkenning. Enkel de motivatie van de tekstkeuze. En voor hij begint aan de uitleg van 'mij ontbreekt niets' kondigt hij de werking ervan in ons leven aan. We zullen zien dat 'ondanks de *vreemdheid* van deze woorden, toch wie het *geheim* ervan verstaat, ze als een *realiteit* beleven kan'.

'Om me heen is het een geblaat van jewelste...' – zo begint De Vroe haar preek. Uitvoerig maakt ze de hoorder getuige van haar ervaring met een

78 De predikant Joh. Meynen begint in MG XXVI (1936) op ongeveer dezelfde wijze zijn preek over Psalm 23: de grootsheid van de Psalmen, waaronder dit lied.

kudde schapen in Drenthe. *En passant* ontvouwt ze enkele kenmerken van het schaap en van de schaapskudde. Ze sluit af met de zin: 'Schapen zijn kuddedieren, hoe meer zielen, hoe meer vreugd. Je zult een schaap niet gauw horen blaten dat hij meer privacy wil.'
Van hieruit maakt ze de overstap naar mensen. Die zijn anders dan schapen: zij houden anders dan schapen van eigen ruimte en vinden privacy belangrijk. Schapen en mensen vormen min of meer een tegenstelling. Met dit in gedachte betreedt ze het landschap van de Bijbel, waar mensen vaak met schapen vergeleken worden. Het maakt ons nieuwsgierig of die bijbelse vergelijking opgaat.

Uitleg van de tekst: 1
Bescheiden leidt Van der Linden zijn uitleg in als hij die een zwakke poging noemt om de eerste woorden van het gedicht te vertolken. Hij schetst eerst David en de gemeente naast én tegenover elkaar. David leefde nota bene onder de bedeling van de schaduwen, en toch zijn vreugde en geloofskracht Davids deel. En zie ons, die leven in de bedeling van de Geest en kinderen van het licht zijn – kennen wij die vreugde en geloofskracht ook?
Hij werkt de tekst 'De Here is mijn Herder' in twee hoofdpunten uit door deze 'treffende beeldspraak te beluisteren' en door de 'volzalige werkelijkheid de gemeente voor te stellen'. God als herder is een beeld. Het Woord tekent Gods nabijheid in al de tederheid en liefde voor zijn volk in tal van beelden. God als vader die zich ontfermt over zijn kinderen, als een moeder die zorgt voor haar kleine en als een hen die haar kuikens beschermt. God en de zijnen horen bij elkaar zoals hoofd en lichaam, wijnstok en rank. De Geest stapelt namen op namen, bezigt beeld op beeld, geeft de rijkste voorstellingen om God een God van nabij te laten zijn. Zo ook het beeld van de herder.

De werkelijkheid achter dit beeld kent Israël door en door, want het was een volk van herders. Abraham, Jakob, Mozes en David waren herders. Voor David ging in dat beeld herder een wereld van licht en leven op, in dat beeld kwam God voor hem nabij. David was niet de enige die dat heeft gezien en gevoeld. Ook Asaf, de andere psalmendichter, en de profeten Jesaja en Ezechiël. En allicht de Goede Herder, die zichzelf als zodanig voorstelt in het evangelie, en naar wie Paulus en Petrus verwijzen. Uitkomend bij Christus, verschuift het beeld naar deze werkelijkheid. De overgang van God als Herder naar Christus als Herder is vloeiend en vanzelfsprekend, de Goede Herder die de Jehova uitdraagt en daarom Jehova-Jezus is.
Voor de kudde staat de Herder. Maar niet alleen voor de kudde, ook voor

elk schaap. De gemeenschap en het individu zijn even belangrijk. Hij beschermt het geheel en gaat tot het uiterste dat ene schaap erbij te halen en te houden.
Nadrukkelijk wijst Van der Linden op het woordje *mijn* in de tekst. Daarin schuilt het geheim van dit eerste zinsdeel van de psalm. Er staat niet 'de Here is de Herder' – dat zou al tot grote verwondering kunnen voeren. Maar er staat 'mijn Herder…', en daarin krijgt Davids lied 'de hoogste beteekenis en kracht. Nu bezingt hij zijn persoonlijk heil. Die Herder leeft voor hem persoonlijk. Zeer nabij is Hij hem met Zijn heil, want hem, het enkele schaap, bemint Hij evenzeer alsof het de gansche kudde ware.'
Uitvoerig beschrijft Van der Linden de geloofssituatie van David. In die belijdenis dat God zijn herder is, ontwaart de prediker veel van de gemoedstoestand van de dichter. Uiteindelijk komt David aan bij overgave en vertrouwen. Daarmee spreekt hij groots over David en die grootsheid dient weer om buitengewoon groots over Jehova (zo duidt de prediker de godsnaam) te spreken.
Van der Linden prijst Davids geloof dat hem plaatst bij de wijd geopende vensters, die hem een blik gunnen in het trouwverbond van God, zijn herder. Door die vensters ziet hij in zijn omgeving kwaad, verlies, lijden, kwellingen. En toch zingt hij dat hem niets zal ontbreken. Hoe kan dat? Omdat hij gelooft dat God zijn kracht is en hem laat delen van de rijkdom door Jezus Christus.
Tot slot getuigt hij met een beeldrijke woordenstroom van God als herder, die zijn kudde verzamelt. Met een sterke oproep tot de gemeente en het individu om zich aan die herder toe te vertrouwen. Daarin ligt onze behoudenis en toekomst, daardoor verdwijnt de donkerte (schuld, zonde) door het licht. De uitspraak 'dat niets zal ontbreken' wil niet zeggen dat er geen lijden is. 'Mij zal niets ontbreken' is eigenlijk 'Mij zal God niet ontbreken'. In Hem heeft de mens het hoogste, met Hem heeft hij álles.

Van der Linden plaatst zijn uitleg van Psalm 23 in een tweetal schema's. Het eerste is dat van de trits ellende, verlossing en dankbaarheid. Het tweede schema is dat van verlorenheid en behoudenis. Beide schema's lopen door de uitleg van de bijbeltekst.

***Uitleg van de tekst:* 2**

Van Andel wijst op de grootheid en sterkte van de woorden 'mij ontbreekt niets'. Het staat er bondig, kernachtig, kras en radicaal. Er staat niet 'mij ontbreekt weinig' of 'mij ontbreekt op dit ogenblik niets', maar hier staat heel absoluut: mij ontbreek *niets*! Dat houdt in: ik heb aan geen enkel ding gebrek, ik kom materieel en geestelijk niets tekort. 'Mij

ontbreekt niets voor mijn ziel en niets voor mijn lichaam! Niets voor mijn gezin! Niets voor mijn kinderen! Niets voor mijn zaken! Niets voor mijn arbeid! Mij ontbreekt niets – totaal niets!'
Zo'n absoluut woord, zegt hij, tref je alleen in de Bijbel aan. De Bijbel durft het aan met een woord als dit bij ons aan boord te komen, en dat met autoriteit.

Het woord is omgeven met *vreemdheid*. Het is zonderling. Onze reactie is dan ook: dit klopt niet. We hebben immers nog aan veel gebrek, dichtbij en ver weg; de prediker geeft tal van voorbeelden van dit tekort. Begrijpelijk dat we tegen dat woord van de dichter bedenkingen hebben.
Vervolgens zoomt hij in op dichter David. Wanneer het lied precies is geschreven, is onbekend. Wat we wel uit zijn leven weten, is dat hij de ups en downs van het bestaan ten volle gekend heeft. 'Hij is geen wereldvreemde optimist geweest. Evenmin een luchthartig zieltje zonder zorg! Evenmin een patertje goedleven! Maar hij heeft de spanning, de strijd, de moeite, de teleurstelling, de smart, de ontferming, de bitterheid van het leven geproefd en ervaren.' En als hij in zulke omstandigheden toch zegt dat hem niets ontbreekt, dan is dit vreemd, wonderlijk, zonderling!
Hier zit wat achter! Het bergt een *geheim* in zich. En wel dit: het geloof. Maar pas op, we moeten het niet vergeestelijken. Zo heeft David het niet bedoeld. Als oudtestamentische gelovige dacht hij aards; in het aardse, en niet alleen in het geestelijke, wordt de zegen van God zichtbaar. Het geheim van de woorden 'mij ontbreekt niets' ligt in de woorden die eraan voorafgaan: 'De Here is mijn herder'. En het geheim is dat de herder alles heeft wat het schaap in zichzelf mist. Hierbij verwijst Van Andel naar de evangelielezing, waarin Jezus zijn leerlingen eraan herinnert dat zij zonder enig bezit waren uitgezonden en aan niets gebrek hadden. Net als David wisten Jezus' leerlingen dat hun leven werd geleid door de herder.

De aanwezigheid van de herder is van levensbelang voor het schaap, de kudde. Zonder herder blijft het schaap nergens. Een verdwaald schaap is in het landschap van Israël ten dode opgeschreven. Een schaap op zich is zwak, weerloos, dom en eigenzinnig. Het heeft leiding en bescherming nodig. De beeldspraak is helder. Dat David zich vergelijkt met een schaap, is een belijdenis van nederigheid: 'In mijzelf *ben* ik niets en *heb* ik niets. Als ik op mezelf zie, dan mis ik alles wat ik nodig heb om zonder vrees en angst in vrede en veiligheid, in gerechtigheid en heiligheid te kunnen leven. (...) Als ik me echter realiseer, dat de Here mijn herder is, dan wordt het anders. Dan mag ik me als schaap van Zijn

kudde aan Zijn hoede toevertrouwen. Dan mag ik me verlaten op Zijn wijsheid en leiding, op Zijn bewaring en zorg, op Zijn geduld en trouw, op Zijn kracht en eindeloze liefde. En dan mag ik Hem bezitten, al wat ik tevoren niet had, *zodat mij nu niets meer ontbreekt.*'
Dit geheim maakt Van Andel nog sprekender door een verbinding met de goede Herder in het Nieuwe Testament te leggen. Nooit is er een herder geweest, die zich zó aan zijn schapen heeft gegeven als Jezus. Denk aan zijn liefde, zijn zorg, zijn leiding, zijn ontferming. Ja, het gaat nog verder: Hij heeft zijn leven gegeven aan het kruis, waar hij alles losliet en prijsgaf om ons te redden.

We zagen het geheim achter 'mij ontbreekt niets'. Nu is het zaak dit praktisch als een *realiteit te gaan beleven.* De prediker legt op deze plaats een verbinding met het avondmaal. Bij het aanzitten aan de tafel der gemeenschap hebben we de volheid van Christus' genade en zegen, leven en overvloed ontvangen. Om met Psalm 23 te spreken: onze beker vloeit aan het avondmaal over. In Christus hebben wij alles wat we in onszelf missen.
Vervolgens spreekt hij tegen degenen die niet aan tafel zijn gegaan. Zij hebben veel gemist, zijn blijven steken in 'mij ontbreekt alles'. 'Wie in ongehoorzaamheid Hem de rug toekeert, komt terecht in de dorre, kale steppe, waar alles leeg en kaal en verlaten is. Alleen wie volgt, waar Hij voorgaat en altijd in Zijn nabijheid blijft, die geniet veiligheid en vrede, die wordt telkens opnieuw verkwikt en verzadigd uit fonteinen des heils.'
De realiteit van het 'mij ontbreekt niets' hangt niet af van de wisselende omstandigheden. Een gelovige kan heel de psalm blijven zingen ook als de herder hem voert langs steile bergpaden of door een dal van diepe duisternis. Hij kan dat omdat hij op het 'gebrek hebben' een eigen kijk heeft. 'De dingen van ons leven komen in een heel ander licht te staan, wanneer u ze beziet *in het geloof.* Dan zegt u: "Wat mijn God mij geeft, dat is méér, dat is véél meer dan ik verdiend heb. En wat Hij mij in zijn wijsheid onthoudt, dat wil ik niet eens bezitten. Daarom: "mij ontbreekt niets".'

Van Andel werkt de tekst in eerste instantie sterk oudtestamentisch uit. Later valt het kader van Christus' verzoeningswerk daarover heen, ja, stijgt erbovenuit. Maar ook de tegenstelling tussen geloven en niet geloven: wie zich niet overgeeft aan herder Jezus mist alles, wie dat wel doet heeft aan niets gebrek. Centraal komt het Lam te staan dat in het midden van de troon van God is. Met deze woorden sluit de preek af.

Uitleg van de tekst: 3
De Vroe verbindt Psalm 23 met de gelijkenis van het verloren schaap. Je-

zus verwoordt de diepgang van de openingszin van de psalm, de Heer is mijn herder. Die herder gaat op zoek naar een schaap dat is verdwaald. Dat brengt haar tot de uitroep die tegelijkertijd haar beeld van God weergeeft: 'Wat heerlijk om in zo'n God te kunnen geloven. Een God die naar ons op zoek gaat, als wij afdwalen en de weg kwijt zijn. Geen God die hoog in de hemel aanbeden wil worden, maar een God die voor ons zorgt, als een herder voor zijn schapen.'
Dat beeld van de herder leent zich uitmuntend om de zorgende nabijheid van God uit te drukken. De herder – letterlijk – kent zijn schapen, ja, kent elk schaap. Hij weet wat er in elk schaap omgaat. Zó is God. Maar niet altijd ervaren we dat God er is en voor ons zorgt. Jezus kan wel zeggen dat God voor ons zorgt zoals een herder voor zijn schapen, maar we ervaren dat niet altijd. Hoe zit dat?
Het antwoord op die vraag zoekt zij in het verhaal van het verdwaalde schaap. Het is de weg kwijt. Eerst was het bij de kudde, toen was het alleen, weg van de rest. Ze vertelt hoe het afgedwaalde schaap op zijn afzondering reageert: bang, alleen, donker om hem heen. Die reactie veronderstelt zij, het verhaal zelf rept niet met zoveel woorden over de gemoedstoestand van het schaap. Ze vraagt: Zal de herder op zoek gaan naar het verdwaalde schaap? Is het de moeite waard om het te zoeken? Heeft de herder wel gemerkt dat het er niet meer is?
Ze voert met die vragen de spanning op. Waar blijft de herder? Die blijkt op zoek te zijn. Het schaap hoort hem roepen, het wordt gevonden. En de herder zegt: kom maar, ik zal voor je zorgen. De verbinding tussen herder en schaap komt opnieuw tot stand.

Het schaap wordt getransformeerd naar de mens, zonder dat De Vroe de overgang van beeld naar geloofswerkelijkheid noemt. Het schaap wordt vanzelf mens. Terwijl de hoorders nog staan te kijken naar het teruggebrachte schaap, gaat het ineens over hen. Wij zijn dat schaap. En God is de herder die ons tegemoetkomt.
Zij bemoedigt de hoorders door te zeggen dat God ons thuis wil brengen als we de weg kwijt zijn. We mogen weten, als we verdwalen, dat Hij ons telkens opvangt en nabijkomt. 'Hij wil je zoeken, hij geeft niet op, hij blijft je zoeken, totdat hij je vindt.'
En zij klopt aan het gehoorbeen van de luisteraar, bij wie zij de mogelijkheid legt om te kiezen: 'Wil je gevonden worden? Wil je dat hij naar je toe komt? Kun je accepteren, dat hij je de moeite waard vindt om naar jou op zoek te gaan? Of denk je: laat me maar, mij hoef je niet te zoeken, ik blijf wel in deze wildernis ronddwalen. Dat is kennelijk mijn bestemming.'
Maar ook in het laatste geval geeft de herder het niet op. Hij zal blijven

roepen, net zolang tot hij de mens gevonden heeft. Want hij vindt de mens belangrijk genoeg om naar hem op zoek te gaan.

Anders dan in de voorgaande twee preken zien we de prediker haast ongemerkt heen en weer gaan tussen de werkelijkheid van omgang van de herder met de schapen en de werkelijkheid van ons geloof. De duidelijke overgang in de vorige preken naar Christus zien we hier niet. Psalm 23 wordt niet zozeer vanuit Christus uitgelegd, maar meer vanuit Jezus' verhaal over het schaap dat de weg kwijt is en de herder die het gaat zoeken. De Heer is mijn herder, is de Heer die zoekt.

Verwijzingen naar actualiteit en levenservaringen

Bij Van der Linden treffen we geen verwijzingen aan naar de actualiteit, in de zin van gebeurtenissen die in zijn tijd speelden. Evenmin geeft hij concrete voorbeelden uit het dagelijks leven. Wel geeft hij een analyse van het geloof en de geloofsvreugde van de gemeente. Bij velen ziet hij dat zij ver beneden de stand leven waartoe de Here hen door zijn genade roept. Vergelijken we Davids geloofsvreugde en -vertrouwen met die van de christenen dan schieten de laatsten tekort. Deze analyse en het nu en dan refereren aan de moeilijkheden die mensen in hun leven kennen, geeft de preek een tijdloos karakter.

Van Andel benadrukt de absoluutheid van Davids uitspraak dat hem aan *niets* zal ontbreken. Zo spreekt alleen de Bijbel. We vinden zo'n krasse uitspraak nergens anders. Niet in winkels, niet op de beurs, niet in de krant, niet bij de commissie van beheer. Daarmee brengt hij het dagelijks leven in de preek en dus ook in de kerk. Ook beklemtoont hij de vreemdheid van Davids uitspraak door te verwijzen naar de armoede in de wereld en de bevoorrechte positie van de mens in het Westen met zijn overvloed.
Hij illustreert het bijzondere van het schaap en diens weerloosheid door de kracht van andere dieren te tekenen. Door deze dieren te noemen, sluit de prediker aan bij de beelden die mensen van dieren hebben.
De context van de preek is de avondmaalsviering. Dat brengt hem ertoe in te gaan op de avondmaalsbeleving van de gemeente, waarover hij zich kritisch uitlaat in die zin dat men veel meer kan beleven aan de tafel des Heren door niet alleen aan te gaan, maar ook door zich de diepte van de betekenis van het avondmaal toe te eigenen.

Vanuit haar eigen ervaring van een bezoek aan de schaapskudde in Drenthe, verbindt De Vroe hedendaagse beelden van herder en kudde met de beelden daarvan uit de Bijbel. Met die eigen ervaring probeert

zij de hoorders mee te nemen en nieuwsgierig te maken naar het bijbelverhaal.
Door heel de preek betrekt ze de persoonlijke beleving van geloof en werkelijkheid. De bijbeltekst fungeert als spiegel voor de hoorder. Maar evengoed andersom: wat mensen zelf beleven aan bijvoorbeeld eenzaamheid, angst en minderwaardigheid herkennen zij bij de dichter. Zo beïnvloeden tekst en werkelijkheid elkaar.

Bij alle drie treffen we hoegenaamd geen voorbeelden uit de actualiteit aan. Wel proef je iets van de geloofsbeleving van elke tijd. En ze proberen alle drie aansluiting te vinden bij de levensvragen en gevoelens van mensen.
Er zijn ook preken over Psalm 23 in onze prekenserie waar de actualiteit duidelijker wordt geprofileerd. Zoals de preek van Joh. Meynen uit 1936, met vers 4 als uitgangspunt. Over het wereldbeeld uit die tijd zegt hij kritisch: 'Het wil mij voorkomen, dat het wereldbeeld van den tegenwoordigen tijd meer overeenkomst vertoont met een leven in de schaduwen des doods dan met een leven in de schaduwen van den komenden aardschen morgen.'[79] En even later, over de dreigingen die over de mensheid hangen: 'De menschen weten het tenslotte niet meer. Uit angst voor het Communisme werpen velen zich in de armen van het Fascisme. De ontwrichting van het in principe veel gewenschter parlementarisme doet duizenden roepen om een dictatoriale macht, die, mocht ze eenmaal komen, een wreede ontnuchtering zou brengen.'

79 Zie MG XXVI (1936), pag. 579.

28 Rust

Over Matteüs 11:28-30

Op het station van Roosendaal stond een man iets uit te delen. Alle passagiers die langskwamen reikte hij een klein gedrukt kaartje aan. Dat overkwam ook mij. Beleefd nam ik het aan. Even later in de trein keek ik ernaar. Het was in blauw gedrukt met daarop een tekst uit de Bijbel. Deze tekst:

'Komt tot Mij, allen, die vermoeid en belast zijt,
en Ik zal u rust geven; neemt mijn juk op u en leert van Mij,
want Ik ben zachtmoedig en nederig van hart, en gij zult rust vinden voor uw zielen;
want mijn juk is zacht en mijn last is licht.'

Een woord van Jezus, opgetekend in Matteüs 11:28-30. We mogen aannemen dat die man op het station het goed heeft bedoeld. Vermoedelijk wilde hij de mensen onderweg een boodschap meegeven. Maar welke boodschap? Ging hij ervan uit dat de reizigers rust nodig hebben?

Deze tekst zien we vaker in het openbaar. Bijvoorbeeld in overlijdensberichten. In die context suggereert de tekst dat degene die is gestorven nu rust heeft gevonden. Vermoedelijk ging er een tijd van strijd aan vooraf en nu is het lijden voorbij. Rust, rust in en door de Heer.

Zeker, dit woord van Jezus kan in zulke situaties tot troost zijn. In dagen van onrust en gejaagdheid kan zo'n tekst een verademing zijn, een hoopvol teken in een woelige tijd. Laten we er gebruik van maken, als die tekst in zulke omstandigheden lucht kan geven. Alleen, de vraag rijst of Jezus doelde op zulke situaties toen hij dit woord sprak.

In dit hoofdstuk willen we meer inzicht in deze tekst verwerven. We doen dat aan de hand van drie preken over die tekst, verschenen in *MG*. Er is meer dan eens over gepreekt, want de tekst is geliefd, bij ons en bij anderen ver voor onze tijd. Wij laten onze keuze vallen op preken uit uiteenlopende perioden. Naast deze drie verwijzen we een enkele keer terug naar andere preken over deze tekst.

Drie preken, drie accenten

Waarover preekt u zondag? Deze vraag herkennen predikanten. Zelfs in een tijd waarin roosters de lezingen aangeven, blijft die vraag klinken. Want het volgen van een rooster impliceert niet dat er geen keuzemogelijkheden zijn. En binnen een en dezelfde tekst is het mogelijk om verschillende accenten te leggen en diverse deelthema's te kiezen. Waarover preekt u? vragen wij aan enkele predikers van vroeger en van nu. Drie van hen antwoorden: over Matteüs 11:28-30. Onze nieuwsgierigheid is gewekt. We zijn benieuwd wat zij daarover te zeggen hebben.

De eerste preek is van D. van Dijk[80], dominee (of zoals ze in die dagen zeiden: dienaar des Woords) te Groningen. Hij schreef deze in 1935, een fase in de geschiedenis waarin de onrust op het wereldtoneel al meer voelbaar werd. Hij heeft als oudtestamentische lezing Psalm 56:5-6, uiteraard in de Statenvertaling, waar de dichter schrijft dat hij op God vertrouwt en niet zal vrezen, ook al wordt hij door zijn omgeving zwaar getreiterd. De liturgie is sober, zoals toen gewoon was. Uit drie psalmen laat hij zingen: 27, 141 en 17; in totaal vijf coupletten. Het motto dat hij aan de preek geeft, luidt: 'Ik zal u rust geven.' De preek bevat ongeveer vijfduizend woorden, een gewoonlijke preeklengte in die jaren.

In 1963 gaf D.A. Zijlstra[81], predikant te Amersfoort, aan de verkondiging over onze tekst het volgende motto mee: 'Jezus roept vermoeiden, en leert hen leven.' Hij leest de tekst uit de NBG-vertaling 1951. Als achtergrond van de preektekst kiest hij een andere evangelielezing, Lucas 12:22-34. Daarin bemoedigt Jezus de leerlingen door te zeggen dat zij zich geen zorgen hoeven te maken over wat zij zullen eten en waarmee ze zich zullen kleden; God zal voor hen zorgen. De liturgie is uitgebreider dan die in de dienst van Van Dijk. Vóór de dienst van het Woord is er de bekende orde van verootmoediging, genadeverkondiging en lezing van de Wet, afgewisseld met gezang. Er worden zowel psalmen als gezangen gezongen, in totaal negen coupletten. De omvang van de preek is om en nabij achtentwintighonderd woorden.

De derde preek die we beluisteren komt van de hand van pastor M.J. van den Berg, in de dagen van verschijning pastor in Almelo. Dat Van den Berg in *MG* publiceert is uniek, aangezien hij rooms-katholiek is. De reden dat de redactie hem verzocht om een bijdrage, was dat er geregeld in verzorgings- en verpleeghuizen in die dagen oecumenische vieringen waren, en het leek de redactie juist om de breedte van die vieringen te

80 MG XXV (1935), pag. 577-592.
81 MG L (1963), pag.567-575.

honoreren door een viering van een priester op te nemen.
Tweemaal nam *MG* een bijdrage van hem op, de eerste in 1991[82], met als motto: 'Mijn last is licht. Over geloven vroeger en nu', met nadruk op vers 30; de tweede in 1997[83], waaraan het thema 'Rust vinden' is gegeven en met de gehele perikoop als uitgangspunt[84]. Beide keren nam hij Matteüs 11:25-30 als uitgangspunt voor de 'dienst van meditatie en gebed'. In zijn eerste bijdrage leest hij ook uit Zacharia 9:9-10, over de koning die in aantocht is en zijn nederigheid en vredelievendheid toont door een ezel te berijden.
De liturgie is uitgebreider dan de andere twee diensten; ook de gebeden zijn opgenomen. De meditatie uit 1991 heeft een omvang van ongeveer achthonderd woorden, de tweede uit 1997 om en nabij elfhonderd woorden; naast de meditatie voegt hij nog een paar meditatieve teksten toe.

De opening van de preek

Van Dijk leidt de eigenlijke uitleg van de tekst in door de man achter de tekst uit te tekenen. Dat doet hij op aansprekende wijze. Zonder direct aan te sluiten bij de belevingswereld en de praktijk van de hoorders, wekt hij met dit begin toch hun aandacht: 'Niet lang na het begin van onze jaartelling, stond, ergens in Palestina, een jonge man van ruim dertig jaar. De naam, waarmêe men hem noemde, was "Jezus"; Hij was afkomstig uit Nazareth; voor de menschen, die waren opgevoed in de groote steden, zoals Jeruzalem en Caesaréa, was Hij een eenvoudige jongeman van het platteland; ook behoorde hij niet tot de rijke menschen, maar kwam uit een zeer eenvoudige kring, terwijl Hij Zijn opvoeding niet had ontvangen aan een of andere inrichting van Hooger Onderwijs, maar gevormd was door Zijne ouders, door de leeraars in Nazareth en door eigen onderzoek en nadenken.'
Met deze uiterst lange zin – te lang om goed voor te kunnen dragen – brengt de prediker deze man in beeld. Hij doet dat zonder nog de verbinding met de tekst te leggen. Die komt erna: 'En daar opeens, terwijl Hij de vinger op Zichzelf richt, zegt Hij tegen de menschen, die naar Hem luisteren: "Komt herwaarts tot Mij, allen, die vermoeid en belast zijt en Ik zal u rust geven." Hoe is het mogelijk.'
De nieuwsgierigheid is gewekt: een gewone jongeman die zichzelf poneert als iemand die rust geeft. Meteen daarna getuigt Van Dijk ervan

82 MG LXXVIII,1 (1991), pag. 41-46.
83 MG LXXXIV,4 (1997), pag. 141-146.
84 MG LXXVIII,1 (1991), pag. 41-46; MG LXXXIV,4 (1997), pag. 141-146.

hoe bijzonder Jezus is: zoon van God, mens geworden, Zaligmaker, zoeker van de verlorenen. De christologische contouren zijn getekend.

Aan de uitleg van Zijlstra gaat een lange aanloop vooraf. Deze bestaat uit twee delen. Eerst brengt hij de aanwezige gemeenteleden in beeld: 'Wat zitten we hier vanmorgen als welverzorgde en rustig levende mensen. Bij het binnenkomen hebben we elkaar gegroet, hem die naast ons zit een hand gegeven, de hand van de gemeenschap; we hebben reeds enkele psalmen gezongen, waarin we onze lof en dankbaarheid de Here uitzongen; we hebben onze gaven gegeven voor allerlei arbeid in Gods Koninkrijk en voor de eredienst en de dienst der barmhartigheid [collecte voor de preek, *ps*]; en nu, nu zetten we ons ertoe om te luisteren, te luisteren naar het heilig Evangelie. Daarvoor hebben we ook gebeden, dat God, de Heer, onze harten wilde openen, en dat we zijn Woord zouden mogen ontvangen tot een zegen in ons leven.'
Deze opening is niet gerelateerd aan de tekst van de preek; zij is als inleiding in elke preek bruikbaar. Wel sluit zij aan bij wat de gemeente na binnenkomst in de kerk heeft meegemaakt. Of iedereen zich in de eerste zinnen herkent – welverzorgde en rustig levende mensen, elkaar de hand gegeven – is de vraag.
Vervolgens spreekt hij breedvoerig over hoe de gemeenteleden zich mogelijk voelen. Het eerste is slechts de buitenkant. Misschien hebben we een masker voor. Maar wat gaat er werkelijk in ons om? Aan onrust, aan zorg? Wat houdt ons bezig? Misschien zijn we bezorgd over onze gezondheid en vragen we ons daarom af of we ons werk kunnen blijven doen. Of als ouders zie je dat je kind het niet goed maakt. Of het loopt niet lekker met je werk. Als we zouden praten..., dan zou het ineens kunnen blijken 'dat heel dit rustig samen-zijn, een samenkomst was van allerlei zorgen dragende mensen, die door onrust voortgejaagd, door het leven gaan'.
Ook dit tweede deel is als opening bruikbaar in veel preken, hoewel Zijlstra met zijn voorbeelden en woordkeus enigszins anticipeert op wat de tekst heeft te melden. Onrust, bezorgdheid – wat stelt de Bijbel daar tegenover? En daarmee komt hij uit bij de tekst.

In de meditatie van Van den Berg uit 1991 wordt in de opening duidelijk tot wie hij zich primair richt: 'Velen hier zijn oud tot zeer oud en bovendien hulpbehoevend. Anderen hier zijn jonger, krachtiger en in staat om mensen te helpen. We verschillen in leeftijd, in lichaamskracht, maar ook in onze wijze van geloven. We hebben niet alleen verschillende levens, maar ook verschillende geloofsgeschiedenissen en geloofser-

varingen. Zo verschillend als we zijn, zo verschillend horen we ook de woorden "mijn last is licht". Woorden die een troost kunnen zijn voor hen die zich momenteel vooral belast voelen en zoeken naar licht en woorden die een inspirerende uitnodiging kunnen zijn voor wie zoekt naar zinvol leven.'
Het is duidelijk dat de prediker zich richt tot mensen in een verzorgings- of verpleeghuis, een huis waar mensen met uiteenlopende kerkelijke achtergrond wonen. Aan het begin, voor hij de tekst gaat verklaren, beschrijft hij de context van de viering.
Vervolgens probeert hij bij een ervaringsgegeven van de aanwezigen aan te sluiten, wanneer hij aan de ene kant mensen opvoert die zeggen dat 'geloven in onze tijd gemakkelijker is geworden' en aan de andere kant mensen die zeggen dat 'geloven in onze tijd moeilijker is geworden'. Hij vindt het niet interessant om te duiden wie gelijk heeft; waardevoller vindt Van den Berg het om te horen wat de een en wat de ander bedoelt. Voor sommigen was het vroeger zwaar om te geloven met al die regels en dat zondebesef; het was benauwend. Anderen voelden zich daarbij thuis, het was duidelijk wat je moest geloven. Vanuit deze twee geloofsbelevingen komt hij later uit bij de tekst.
In zijn meditatie van 1997 opent hij met de vraag wat vakantie met mensen doet. De context van de meditatie is duidelijk die van de vakantieperiode. 'Aan het begin van de vakantie horen we de woorden van Jezus: "Komt allen tot mij die uitgeput zijt en onder lasten gebukt."' Dat impliceert dat de uitleg straks ook gekleurd wordt door de vakantietijd. We zien – en niet alleen hier – dat de uitleg van een bijbeltekst mede bepaald wordt door de context waarbinnen de uitleg wordt gehouden. De tekst beïnvloedt de context en de context beïnvloedt de tekst. Die wederzijdse beïnvloeding is onvermijdelijk; het is goed dat we ons daarvan voortdurend bewust zijn.

Uitleg van de tekst: 1

Nadat Van Dijk groots over Jezus als Heiland en Zaligmaker heeft gesproken, gaat hij 'de boodschap van de Heiland aan vermoeiden en belasten' uitleggen. Hij kijkt daarbij naar twee richtingen: naar het adres van deze boodschap en naar de inhoud van deze boodschap.
Voor wie is de boodschap bedoeld? Voor allen die vermoeid en belast zijn. Vermoeid zijn wil zeggen: door zware en aanhoudende arbeid uitgeput raken. Belast zijn houdt in: gebukt gaan onder een last die te zwaar is om te dragen. Dat zijn de zoekers die verlangen naar het bezit en het genot van de goederen van het Koninkrijk, de vergeving van de zonden, de vrede bij en de gemeenschap met God en straks de ingang in

de heerlijkheid. Hoe proberen zij dat verlangen te stillen? Door te doen wat de godsdienstige leiders, de Schriftgeleerden, voorschrijven. En deze leiders storten talloze regels en geboden over hen uit.
Zo werd het leven van hen die probeerden die voorschriften na te leven 'een angstig zwoegen; want die geboden legden beslag op héél het leven; altijd weer moesten zij, die daarnaar wilden wandelen, zich afvragen: "doe ik nu wel goed?" Héél hun leven één angstig, vermoeiend zwoegen.' Die onvervulde geboden bleven als een last op hen drukken, wat nog verzwaard werd door het gewicht van Gods toorn, de onvrede, de vrees voor dood en oordeel.
Deze mensen zijn er niet meer, nu is datzelfde woord tegen ons gezegd. Wij die vermoeid en belast kunnen zijn; door te bouwen aan eigen gerechtigheid, het najagen van genot, het doen van zonden, het zoeken naar vrede en vreugde. Of toegespitst op de gemeente als er gelovigen zijn aan wie een grote zonde knaagt, die een ervaring hebben die minderwaardig maakt, die geen zekerheid van het heil in Christus hebben, die denken dat ze aan bepaalde voorwaarden moeten voldoen, die zich moeilijk de vrede van Boven kunnen toe-eigenen. En nu zwoegen ze voort... Mannen en vrouwen, jong en oud. Tot hen richt de Heiland zich met dit woord. Tot *allen*, zonder uitzondering.
Wat is zijn boodschap?
In de eerste plaats zegt Hij: kom tot Mij en Ik zal rust geven. Dat zegt Hij vanuit mededogen. Hij ziet hun nood. Komt tot Mij, als je gebukt gaat onder nare herinneringen, bedreven kwaad, onzekerheid, verdorvenheid. Zeg, moedigt hij aan: 'Heiland, wilt U over mijn hart heersen, neem al die last van mij.' Zoek het alleen bij Hem. Dat geeft rust.
In de tweede plaats laat Jezus weten: neem mijn juk op u. Het juk dat de trekos droeg als hij de ploeg zeulde door de aarde. Het dient hier als symbool van het volbrengen van een aan ons opgelegde taak. Hoe ziet dat juk eruit? Dat is het geloof dat Hij werkelijk helpen zal en je bevrijden zal van je vermoeidheid en last. En als tweede is dat om *volgeling* van Hem te worden, de wet te volbrengen uit dankbaarheid en niet als plicht.
Komt tot Mij... Dat is een uitnodiging en een bevel. Van Dijk roept aan het slot op dit aan te nemen; doen we dat niet dan roepen we de toorn over ons af. Is het gehoor geven aan die oproep ook niet een last? Nee, want Christus voegt eraan toe dat Hij zachtmoedig is en nederig van hart en dat zijn juk zacht is en zijn last licht. Wie in overgave bij Hem komt zal dat ondervinden. Wat Hij geeft is zo anders dan wat de Farizeeen brengen. Die zachtmoedigheid en nederigheid van Christus zien we aan zijn kruisdood. Daardoor hoeven we niet te vrezen, ook niet als wij

tekortschieten.
Van Dijk besluit zijn preek met het ultieme moment van rust, als het levenseinde is aangebroken en God zegt: 'Mijn kind, het is tijd, kom nu thuis.'

In de opbouw van de preek van Van Dijk zien we de tegenstelling tussen leven uit de wet en leven uit genade, tussen wat de godsdienstige leiders van Israël opleggen en wat Jezus aanreikt.[85] Wie wil leven, nu en later, kiest de weg van de verzoening door Christus. Wie die weg laat liggen – weer een tegenstelling – roept de dood over zich.

***Uitleg van de tekst:** 2*
Voor Zijlstra aan de bespreking van de tekst toekomt, heeft hij uitgebreid stilgestaan bij de onrust die mensen kennen. Onrust vanwege zorg over tekort op materieel vlak en onrust vanwege innerlijke roerselen. Zijn gedachten lopen uit op het onrustige hart dat wij kennen. En niet alleen wij, door de eeuwen heen is dat onrustige hart er geweest. Hij refereert aan het bekende woord van de kerkvader Augustinus: 'Ons hart is onrustig in ons, totdat het rust vindt in God.'
Welnu, die onrustige mensen waren er ook in de dagen van Jezus. Tegen hen zegt Hij: 'Komt allen tot Mij, die vermoeid en belast zijt.' De Heiland, rondtrekkend door het land, ontmoet veel mensen. Hij weet wat er in hen leeft. En op een dag raakt het Hem als Hij ziet hoe doodop de mensen zijn; door de dagelijkse zorgen van het leven. Er waren wel wetten, maar die werden onvoldoende nageleefd. Daarom was er veel onrecht en dat maakte 'de kleine man' moe, doodmoe. Ze waren niet alleen moe door de maatschappelijke wantoestanden, maar ook door alles wat de religieuze leiders aan verplichtingen op hen laadden. Zij moesten zoveel goede werken doen en o wee als het aantal zonden het aantal goede werken overtrof. Dan was de mens verloren. Het gevolg was dat er een zware last op hen rustte.
Deze oud-synagogale verlossingsleer is in feite niet anders dan de leer van de zelfverlossing. 'Helaas, die mensen met de gedachte aan de zelfverlossing zijn er vandaag nog. En je vindt ze zowel buiten de kerk als ook daar binnen. Nu, dat ze buiten de kerk gevonden worden, ik zou haast zeggen, dat is vanzelfsprekend. De mens wil zelf met God klaarkomen. En hij wil

---

85 In nog andere preken over deze tekst zien we dezelfde tegenstelling, zoals die van D. van Enk, in MG XL (1953), pag. 3-4; hij zet het zij (de Farizeeën en Schriftgeleerden) en Ik (Jezus) scherp tegenover elkaar.

er alles voor doen! Maar dat ze ook *in* de kerk worden gevonden! ook nog vandaag. Die vermoeiden en belasten. En dat ondanks de prediking van genade en genade alleen.' Uitvoerig gaat de prediker in op de gelovige mens die aanleunt tegen de zelfverlossing. Dat is de mens die denkt dat hij bij God in het rood staat en daarom niet kan sterven, de mens die van zichzelf niet al te best denkt en zich afvraagt of de genade wel voor hem is. Of de mens die twijfelt aan zijn omgang met God en diens Woord, de mens die zichzelf pijnigt met de gedachte dat hij alles doet – kerkgang, uit de Bijbel lezen, bidden, deelname aan het avondmaal – en zich afvraagt of het wel goed zit met hem.

Tot zulke mensen van zijn tijd, van alle tijden en dus ook van onze tijd roept Jezus: 'Komt tot Mij, allen die zo moe en zo belast zijn, en Ik zal je rust geven...' Wanneer Jezus zegt 'Komt tot Mij', dan valt het volle accent op dat laatste woord: Komt tot *mij*! Daarmee plaatst Jezus zich tegenover de Schriftgeleerden en Farizeeën van die dagen. Zijlstra schept een scherpe tegenstelling tussen deze godsdienstige leiders en Jezus, en daarachter tussen het vertrouwde navolgen van de wetten en het leven uit genade. Voor de hoorders in die dagen een moeilijke keuze, en dat is het ook voor ons. Maar alleen Jezus kan die onrust van ons wegnemen. 'Hij kan duizend en duizend maal meer dan de leidslieden. Zij konden alleen maar in eindeloze herhaling zeggen: dit moet je doen, dat moet je doen. En voor de rest lieten ze het volk tobben. Maar Jezus is de Zoon van God. Jezus is gekomen als de Verzoener van onze zonden. Jezus is gekomen om door Zijn lijden en sterven de eeuwige rust te verwerven voor allen, die tot Hem komen. (...) Wie tot Jezus komt ontvangt de rust om te kunnen leven en om te kunnen sterven.'
Hoeft de mens dan helemaal niets te doen? Jawel, het juk van Jezus op zich nemen. Maar let op, er is een radicaal verschil tussen het juk van de religieuze leiders en dat van Jezus. De eersten wierpen met hun juk en last alles op de mens zelf. Daar ging de mens onder gebukt. Maar het juk van Jezus is er een van zachtmoedigheid en nederigheid. Wie tot Jezus komt, is met zichzelf klaar. Hij is gered. 'Zolang ik de zelfverlossing zoek, kom ik aan de eerste en tweede tafel van de Goddelijke wet niet toe. Zolang heb ik het veel te druk met mezelf. Zo druk, dat ik er doodmoe van word. Maar zodra ik me heb overgegeven aan mijn Heiland, mijn Heiland alleen ben ik van mezelf verlost om God te dienen in dankbaarheid.' Dat is een juk dat niet belast maar verlicht.

Evenals in de preek van Van Dijk treffen we in die van Zijlstra de gedachte van de antithese aan: de leer van het Oude Testament (verwoord door Israëls godsdienstige leiders) en de leer van het Nieuwe Testament (ver-

woord door Jezus Christus). De eerste leidt tot afmatting en ondergang, de tweede brengt bevrijding en dankbaarheid.
In beide preken verbinden de predikers het 'belast en vermoeid' zijn met de opgelegde godsdienstige regels van de godsdienstige leiders; maar in de uitwerking worden last en vermoeidheid ook betrokken op maatschappelijke en geestelijke last en onrust.

***Uitleg van de tekst:* 3**
Ongeveer dertig jaar na de preek van Zijlstra verschijnen de meditaties van Van den Berg. Hoe interpreteert hij het woord van Jezus? Hij sluit aan bij de veronderstelde innerlijke onrust van mensen. Jezus spreekt over het vinden van rust voor de ziel. 'De ziel is de plaats – voorzover dat precies aan te duiden is – waar wij onze meest persoonlijke ervaringen opdoen. De ziel is ons meest persoonlijke zijn: waar jij jij bent en ik ik ben. Als iemand met een oprecht interesse vraagt: "Hoe ga jij, hoe maak jij het, hoe vaar jij" en we geven een niet ontwijkend, maar een eerlijk antwoord, een antwoord vanuit ons hart, dan spreekt de ziel.'
De ziel is ook de plaats van onze angst. Angst om afgewezen te worden, angst voor de toekomst, angst voor een persoon, ja ook angst voor God. Die angst kan al vroeg in onze ziel gelegd zijn, als gevolg van gebeurtenissen in ons leven. De ziel is ook de ruimte van ons verlangen. Verlangen naar aanvaarding, zin, vrede, verzoening. Onze ziel kan onrustig zijn. Bijvoorbeeld vanwege verdriet, onzekerheid, uitzichtloosheid.
Wie leeft met een onrustige ziel, heeft een plaats nodig om op verhaal te komen. In het evangelie wordt Jezus beschreven – en nu komen we bij de tekst – als de zachtmoedige en als de nederige van hart. Twee prachtige kwaliteiten. Dat is de mens 'die uit is op vrede en recht doen aan mensen. Niet op verre stranden, maar dichtbij hebben we plaatsen nodig waar een mens terecht kan als zijn ziel gebukt gaat onder lasten. Jezus nodigt ons uit ook zelf zachtmoedige mensen te zijn. En Hij zegt dat wij tot Hem kunnen gaan, in onze stilte, in ons innerlijk gesprek, in ons bidden: "Hij is zachtmoedig en hoort het fluisteren van onze ziel: onze pijn en ons verlangen."'
Een andere lijn in de meditaties van Van den Berg is de ervaring van de moeite en last van geloven. Ook in de zin van de vraag: heb ik het wel goed gedaan? De een vindt het vandaag moeilijker om te geloven dan voorheen. Geloven vandaag drukt dan op iemand. Vroeger was alles duidelijk en voorgeschreven; nu dat verdwenen is, kan er onrust zijn. Bij de ander is het juist andersom: hij of zij is losgekomen van een manier van geloven die als een last werd ervaren. Al die regels en voorschriften... Geloven is een deel van je leven en in dat leven gaat het ook niet altijd

vanzelf. Dat leven kan zwaar zijn. Lasten van je lichaam, de last van pijn, verdriet en zoveel meer.
Is geloven moeilijk of gemakkelijk? Er is niet één antwoord. Het woord van Jezus 'Mijn last is licht' kan de richting wijzen. Om te bemoedigen en om op die richting te attenderen besluit de pastor: 'Het leven is soms zwaar en moeilijk en verdraagt geen nieuwe lasten. Er zijn ook mensen die het leven te licht opnemen en alleen aan zichzelf denken. En er zijn mensen die het leven van anderen belasten. De woorden van Jezus richten zich allereerst tot hen die al zoveel lasten te dragen hebben, die gebukt gaan onder het leven, die zich bezwaard voelen door teveel regels en voorschriften. Jezus richt zich tot mensen die geen innerlijke vrede kunnen vinden en alsmaar zichzelf afkeuren: "Mijn last is licht". Wie de weg van de liefde gaat en zoekt, komt in het licht.'[86]

Van den Berg start vanuit de mens. Wat de mens beleeft en voelt en ervaart. Daardoor komt hij de hoorder heel nabij. Wat hij zegt is niet te hoog en niet te ver weg. Hij leest de tekst vanuit de psychologie en antropologie. Hij zoekt woorden van herkenning in de Schrift. Woorden die troostend en bemoedigend teruggegeven worden aan de hoorder.

Verwijzingen naar actualiteit en levenservaringen

Bij Van Dijk komen we geen directe verwijzingen naar de actualiteit tegen. Gelet op het jaar, 1935, waarin de tekenen van een wereld in brand al zichtbaar worden, is dat opmerkelijk. Mogelijk dat de waarschuwing voor een juk dat we ons laten opleggen een indirecte verwijzing is naar de kwade machten die zich meer en meer manifesteerden in de wereld van zijn tijd: 'Ieder juk, dat wij ons door anderen op laten leggen, of dat wijzelf op ons nemen, om door het dragen ervan heil te verwerven, is een slavendienst...'
Anders is dat in de preek, over dezelfde tekst, van A.D.R. Polman, kort na de Tweede Wereldoorlog. Hij noemt de angstaanjagende onrust van onze tijd en wereld, door de chaotische verwarring, die ook na de gewelddadige strijd nog overal voelbaar is, en door de ontzettende gruwelijkheden in Oost-Europa. Hij wijst op de brieven en geschriften[87] uit en over de concentratiekampen, waar het leed zich ophoopte.
Van Dijk sluit wel enigszins aan bij dagelijkse levenservaringen van mensen. Ervaringen die samenhangen met onrust en moeiten veroor-

86 Zie MG LXXVIII,1 (1991), pag. 46.
87 Zie MG XXXIII (1946), pag. 47v.

zaakt door ziekten, verdriet, innerlijke onrust, onzekerheid. Hoewel die van alle tijden zijn, schuurt hij daarmee toch langs de ziel van menige hoorder.

Zijlstra heeft evenmin verwijzingen naar de actualiteit van de samenleving. Wel heeft hij duidelijk oog voor wat mensen aan onrust en zorg in hun leven ondervinden, zoals de onrust omtrent de gezondheid: 'Als er wat hapert en je nog niet bij de dokter bent geweest, dan kun je daar 's nachts soms uren om wakker liggen. En dan komen er allerlei mogelijkheden voor je geest. Stel je voor dat ik mijn werk eens niet meer zou kunnen doen, dat ik afgekeurd zou moeten worden, hoe komt het dan met mijn gezin. De kinderen zijn nog jong en klein. Voor hun toekomst moet ik nog helemaal zorgen. En dan mijn vrouw: zou zij er tegen op kunnen? (...) Er moet maar eens wat aan de gezondheid van de kinderen haperen, en dat het er naar gaat uitzien dat die hapering aan de gezondheid wel eens een handicap voor het kind zou kunnen gaan betekenen voor zijn verder leven. Met zo'n zorg loop je als ouders de gehele dag in je werk rond en ook 's nachts laat het je niet met rust. En (...) wat een onrust kun je hebben in je werk: dat het niet gaat zoals je wil. En wat een onrust over één van je kinderen, dat dreigt een verloren zoon te worden.'
Dit zijn voorbeelden die wel uit het leven zijn gegrepen. Elke predikant weet ervan. De voorbeelden zijn herkenbaar voor elke gemeente, in elke tijd. Zo sluit hij aan bij de levenservaringen van mensen. Overigens vooral negatieve ervaringen. Opmerkelijk is – en dat geldt voor tal van preken – dat predikers doorgaans meer verwijzen naar het negatieve en pijnlijke dan naar het positieve en vreugdevolle.

Al eerder signaleerden we bij Van den Berg zijn aandacht voor de context van zijn hoorders: mensen in het verpleeg- of verzorgingshuis. Vermoedelijk bracht die specifieke plaats hem ertoe niet de problemen in de samenleving aan te roeren, maar aan te sluiten bij dat wat mensen daar hebben meegemaakt en in hun kwetsbaarheid nu meemaken. Zijn meditaties zijn doorspekt met kleinschalige, persoonlijke levenskwesties. Dat brengt hem er ook toe op een bijzondere taak voor de kerk te wijzen: 'Misschien is wel de eerste taak van de Kerken in deze tijd om allereerst uitnodigend te zijn, luisterend naar de levensvragen, helpend de mensen die door het leven belast zijn, een gastvrije plaats, een plek van vrijheid waar de last lichter wordt.'

29 Aangeraakt

Over 1 Koningen 19:1-8

Enige tijd geleden bezocht ik een monumentaal kerkgebouw in ons land. Ik wandelde door de kerk, over de stenen vloer, waaronder mensen van weleer lagen begraven. Het verblijf in zulk een ruimte doet vaak wat met mensen, in elk geval met mij. Je gedachten gaan eerst alle kanten op maar na een poosje verstil je. Vooral ook door het besef dat miljoenen mensen door de eeuwen hier gelopen of gezeten hebben. Er was blijdschap in feestelijke ogenblikken, er was treurnis wanneer afscheid van dierbaren werd genomen. Mensen kwamen daar om te luisteren en te zingen, en daarmee moed te verzamelen. Al die mensen...
Achter in de kerk lag een voorbedenboek. Wanneer iemand behoefte heeft kan hij of zij daar een voorbede in schrijven, die later tijdens de dienst wordt uitgesproken. Ik bladerde in het gebedenboek en mijn oog viel op een korte bede van Pia. Haar bede luidde: 'Heer, maak me een beetje sterker, ik ben zo moe en uitgeblust, geef me moed!' Ik weet niet wie Pia is. Dat hoef ik ook niet te weten. Dat weet God wel. Maar ze liet me niet meer los. Hoe is het, dacht ik, om je zo afgemat en uitgeteld te voelen? Wie of wat heeft haar dit aangedaan?

Aan deze bede dacht ik bij het nadenken over preken over 1 Koningen 19:1-8, ooit verschenen in *MG*. De hoofdpersoon is de profeet Elia. De eerste indruk die je krijgt na het lezen van dit verhaal is dat de profeet aan het einde van zijn kunnen en willen is gekomen. Na vluchtige lezing klopt een mens aan je gehoorbeen die veel is kwijtgeraakt. Kracht, hoop, moed, gedrevenheid, vertrouwen – het maakte ooit allemaal deel uit van zijn leven. Maar het is weg. Het tegenovergestelde heeft zich van hem meester gemaakt.
Dat Elia in deze hoedanigheid mensen in alle tijden aanspreekt en dat predikanten hem in preken graag aan het woord laten, komt vermoedelijk door de herkenbaarheid. Elke tijd kent zijn Elia's. Mensen die meegesleurd worden door de stroom van moedeloosheid en machteloosheid na alles wat zij hebben meegemaakt. We herkennen Elia in mensen om ons heen en soms ook in onszelf. En we vragen ons af hoe het kan dat die profeet zijn grote kracht en ongekende geestdrift kon verliezen. Hoe kon het gebeuren dat de profeet eerder tirannen ontmas-

kert, machthebbers de waarheid zegt, voor niemand terugdeinst, voor niets terugschrikt, de dood overwint, maar dat daar kort daarna niets meer van over is? Hij wil nog slechts dit ene: sterven.

Maar klopt deze eerste indruk met wat er werkelijk gezegd en bedoeld wordt in 1 Koningen 19? Misschien dat enkele preken over deze tekst het antwoord geven op die vraag.

Drie preken, drie accenten

We luisteren primair naar drie predikanten die hun preek lang of kortgeleden aan MG hebben toevertrouwd. Daarnaast nemen we een paar gedachten over van anderen die hierover ook hebben gepreekt.

De eerste preek is uit 1928, van de hand van C.J. Wielenga[88], predikant te Zaandam. Naast de tekst leest hij Psalm 103:8-18, waar God wordt bezongen als de lankmoedige, barmhartige, vergevende en genadige, die lijkt op een vader die zich over zijn kinderen ontfermt. De dienst staat in het teken van de voorbereiding van het heilig avondmaal en daar past de psalm in de toenmalige beleving van het avondmaal goed bij. Liturgisch gezien is het een sobere dienst, zoals gebruikelijk in die tijd. Het Woord staat centraal. Hij laat uit drie psalmen zingen, in totaal zes coupletten. Het motto dat hij aan de preek meegeeft, luidt: 'Door de kracht dier Spijs'. Dat hij het laatste woord met een hoofdletter schrijft, geeft aan dat het om meer dan gewoon voedsel gaat. De preek bestaat uit om en nabij drieënvijftighonderd woorden.

Als tweede preek noemen we die van Chr.W.J. Teeuwen[89], predikant te Heerde. De preek verscheen in 1938. In dat jaar namen de spanningen in de wereld toe, ook voelbaar in Nederland. Boven de preek staat: 'Profetensmart', waarin de pijn die de profeet vanwege zijn roeping ondergaat al zichtbaar wordt. De lezing naast de tekstkeuze is eveneens uit 1 Koningen, en wel 18:39-46, de verzen die voorafgaan aan hoofdstuk 19. Met die keuze legt de prediker nadruk op de context van de preektekst. Net als de preek van Wielenga, tien jaar eerder, is ook hier de liturgie karig: uit vier psalmen wordt gezongen, samen zes coupletten. Voor de preek had Teeuwen circa tweeënvijftighonderd woorden nodig.

---

88 MG XVIII (1928), pag. 609-623.
89 MG XXLVIII (1938), pag. 385-399.

De derde preek nemen we uit 1998. Hij is afkomstig van R.S.E. Vissinga[90], toen predikant te Kampen. Bij de orde van dienst zien we meteen het verschil met de diensten van Wielenga en Teeuwen: de orde is opgebouwd uit de bekende indeling: voorbereiding, dienst van het Woord, gebeden en gaven. In de voorbereiding treffen we de bekende trits verootmoediging, vergeving en leefregel aan. Er wordt rijkelijk gezongen: uit zes psalmen en gezangen, samen vijfentwintig coupletten. De preektekst en de Schriftlezing zijn gelijk: 1 Koningen 19:1-18. Het motto van de preek luidt: 'Sta op, ga weer verder!' Hij heeft ruim zeventienhonderd woorden nodig om dit thema uit te leggen.

Drie predikers die met elkaar verbonden zijn door het verhaal van de profeet Elia, in wie zij zich alle drie hebben verdiept en door wie zij zijn geraakt. Dat de uitwerking van het verhaal verschilt, is begrijpelijk, want het zijn verschillende personen in uiteenlopende contexten en tijden.

De opening van de preek

De ondertitel van Wielenga's preek luidt: 'Voorbereidingspredikatie'. De preek is bedoeld voor gemeenten die zich voorbereiden op de viering van het avondmaal op de volgende zondag. Het was lang de gewoonte in de Gereformeerde Kerken om zich op de zondag voorafgaand aan de viering van het avondmaal te bezinnen. Niet alleen zich te bezinnen op de inhoud van het avondmaal, maar bovenal op het eigen (geloofs)leven. Men ging niet 'zomaar' aan! De laatste decennia wordt die voorbereiding in veel kerken achterwege gelaten. De avondmaalsbeleving is sterk veranderd.
Wielenga opent zijn preek met de voorbereiding. Zijn eerste zin luidt: 'Het is een goede gewoonte, dat de Gemeente des Heeren, telkens als het Heilig Avondmaal staat gehouden te worden, een ure van voorbereiding houdt.' Vervolgens vertelt hij dat we ons op tal van zaken en gebeurtenissen voorbereiden, vooral als het om iets gaat wat van belang is. Dat geldt ook voor geestelijke dingen, voor het opgaan onder de dienst des Woords, voor ophanden zijnde christelijke feestdagen. Vanwege de waarde bereid je je daarop voor. En die voorbereiding is ook nodig als we worden geroepen tot de 'Disch des Verbonds'. De voorbereiding kan ons 'opwekken en aansporen, kan ons weer meer bewust maken wat ons ontbreekt en wat we noodig hebben'. Van hieruit trekt de prediker een lijn naar de tekst: wat we nodig hebben is versterking van het zwakke

90 MG LXXXV (1998,2), pag. 43-50.

geloof, opwekking van ingezonken kracht, voeding van het kwijnend geestelijk leven. Het verhaal van Elia helpt daarbij.

Teeuwen zet in bij de gemoeds- en geloofstoestand van Elia. Zijn eerste woord luidt: 'Neen'. Niet Elia in zijn kracht, niet de man met profetengeweld, niet de profeet met zijn goddelijk ultimatum, niet de man die daar tussen hemel en aarde op de berg staat. Nee, het is Elia in zijn *zwakheid*, de mens die als een verslagene onder de struik ligt, de man in de woestijn. Daarmee tekent hij de profeet, die in de voorafgaande hoofdstukken van het boek Koningen zich groots en heldhaftig had gemanifesteerd, als een mens die voor ons herkenbaar is. Iemand als wij.
Met deze schildering van Elia trekt hij de aandacht van de hoorders. Zij worden in het verhaal getrokken, juist vanwege de herkenbaarheid.
Vervolgens relativeert hij het verblijf in de woestijn en daar betrekt hij de hoorders bij. Elia heeft zowel op de berg als in de woestijn gebeden en zo bezien is de woestijn zeker niet minder dan de berg Karmel. 'Wij zijn er niet in de woestijn van ons leven erger aan toe dan op de bergtoppen van ons geloof. Gods kinderen hebben te allen tijde God méér gedankt voor hun woestijnreizen, dan voor hun bergbestijgingen.' Met die nuancering tussen hoogte- en dieptepunt gaan we luisteren naar de uitleg.

'Waar is God, als uiteindelijk blijkt dat het kwade sterker is dan het goede? Waar is God, als het donker het toch wint van het licht?'
Met deze vragen opent Vissinga zijn preek. Hij sluit daarmee aan bij de vragen van velen op de grens van de 20e en 21e eeuw. Mensen kunnen er zo slecht aan toe zijn dat ze bidden om het einde. Hij betrekt daarbij onze levenservaringen bij ziekte en stukgelopen relaties. Eerst is er misschien hoop dat het goed komt, maar dan ondervind je het tegendeel. Uitzichtloosheid en moedeloosheid nemen je in beslag.
Bij deze menselijke situaties, overal om ons heen, stelt hij nog een andere vraag. Een theologische. Je gelooft in een goede, machtige, liefdevolle God. En zie wat er nu gebeurt met je. En je vraagt: 'Waar is Hij, God? Waar is Hij nu we Hem zo hard nodig hebben? Is Hij er wel? Waar is God, als wij niet meer weten waar we het moeten zoeken?'
De luisteraars zijn door de beschrijving van deze situaties en het benoemen van deze vragen onmiddellijk betrokken bij de preek. Eenvoudigweg omdat dit alles zo herkenbaar is; menigeen is er zelf subject van. Bijna naadloos sluit dit aan bij het bijbelverhaal. De brug tussen eigen ervaringen en Elia's ervaringen is gelegd met de woorden: 'Elia komt ons vanmorgen wel heel nabij, in wat hij doormaakt...'

Uitleg van de tekst: 1

De kern van de preek is dat de Here Elia opwekt en versterkt. Puntsgewijs gaat Wielenga daar op in. Hij gaat na uit welke toestand (1), op welke wijze (2) en tot welk doel hij wordt opgewekt (3).
Allereerst beschrijft hij de toestand van de profeet. Niets is meer over van zijn hoop en moed. Die toestand hadden we niet verwacht, want in de voorafgaande hoofdstukken van Koningen zagen we hem als een geloofsheld, toonbeeld van geloofskracht en heldenmoed. 'Maar hier zien we hem: hulpeloos als een kindeke, dat zijn moeder verloren heeft, schreiend en klagend, zonder moed en zonder kracht.' Juist dat beeld getuigt van schoonheid van de Schrift. Zo zien we hem als een mens zoals wij zijn. De Bijbel laat ons dat zien, opdat 'wij zouden weten, dat de uitnemendheid der kracht is, niet uit ons, maar alleen uit God'.
Hij beschrijft eerst uitvoerig de kracht en hoop van Elia. Onvoorstelbaar hoe groots hij was. Totdat koningin Izebel na Elia's triomf op de Karmel hem met de dood bedreigt. Dan slaat de profeet op de vlucht. Hoe kon dat gebeuren met hem, hij die zoveel tegenslagen had getrotseerd? Vanwaar die angst en moedeloosheid? Elia zegt: het is uit, het is een verloren zaak, er is niets meer aan te doen.
Hij vlucht de woestijn in. Zijn stemming is troosteloos, zijn kracht raakt op. Hij kan niet meer. 'En daarom laat hij zich zoo maar neervallen onder een jeneverboom, een hooge bremstruik, die eenige beschutting biedt tegen de brandende zonnestralen. Hij heeft alle hoop en moed opgegeven.' Dan bidt hij. Niet om kracht en troost, maar om het eind van zijn leven. Wonderlijk dat hij vluchtte uit levensbehoud en nu bidt om te mogen sterven. Toch is dat geen tegenstrijdigheid. Elia wilde niet sterven door de hand van Izebel; dat zou smaad zijn voor de naam van de Here. Liever sterven in eenzaamheid, bij zijn God. De predikant suggereert hier dat Elia's wens om te sterven een geloofsdaad is, een eerbetoon aan God. Want zou hij blijven leven dan valt hij ten prooi aan de goddeloze Izebel. Nee, dan beter sterven en vallen in de handen van God.

Elia is niet de enige in de Bijbel met een geloofscrisis. Meer kinderen Gods kennen die. Wat daarvan de oorzaak kan zijn? Wielenga noemt enkele mogelijkheden. Ten eerste de moeiten van het aardse leven, wat komt er allemaal niet op mensen af. Ten tweede de geestelijke moeilijkheden, zoals de strijd tegen de zonde en de verzoekingen. Ten derde de bekommernis om het Koninkrijk van God, dat er zo kwijnend bij kan staan. Is Gods zaak geen verloren zaak?

Toch schijnt de Here ons niet verlaten en vergeten te hebben, ondanks die toestand. En dat werkt hij in twee punten uit. Terwijl wij zeggen: het is genoeg! is God nabij. Er verschijnt een engel aan Elia die hem aanraakt en oproept: 'Sta op, eet!' Aan het hoofdeinde ligt een koek en staat een fles water. Een teken dat hij niet mocht sterven. God geeft de middelen om hem te laten opstaan. In die spijze heeft God zijn kracht gelegd.
Van hieruit komt de prediker bij het aanstaande avondmaal uit, want ook in dat stukje brood en die teug wijn zit de kracht van God. Woord en Sacrament zijn ons voedsel. Daarin werkt de verborgen kracht. Wonderlijk!
Vervolgens gaat Wielenga in op onze geloofservaringen, met al hun wisselingen. Bloei en verdorring, hoogte en diepte – we weten ervan. Waarom is dat? Het antwoord geeft hij met het schema ellende en verlossing. De ellende brengt ons bij de bron van alle kracht. 'De ervaringen van geestelijke moedeloosheid en onvermogen zijn smartelijk, maar des te heerlijker zijn de vertroostingen en versterkingen die God daarop volgen laat.' Nooit laat Hij ons verhongeren. Zie naar de gekruisigde, die verzoening bracht. Deze Zoon is de spijze voor onze ziel.

In het derde deel van de preek noemt de predikant de tweede aanraking van de engel, opnieuw gevolgd door de woorden 'Sta op, eet'. Met welk doel? Om de reis voort te zetten. God heeft nog een taak voor Elia. Hij moet op weg naar de berg Horeb, verder de woestijn in, waar voor hem een nieuwe opdracht ligt te wachten, met nieuwe moeiten. Zo gaat het ook met ons. Wij zouden graag andere wegen gaan, maar het gaat telkens door lijden en strijd. Weer noemt hij God die onze weg bepaalt. 'Wij moeten gewillig zijn onzen loopbaan te loopen, het doel in het oog houden en er naar jagen.'
Aan het slot komt het avondmaal weer terug. Metaforisch zegt hij dat het avondmaal als een maaltijd in de woestijn is aangericht. Dat wil zeggen: te midden van teleurstelling en twijfel is daar de Disch des Verbonds en daar zal de Here ons sterken en onze kracht vernieuwen. Zoals bij Elia. Hij sluit af met een oproep aan het avondmaal deel te nemen: 'Verzuim het niet, gij kunt het niet missen, *want de weg zou voor u te veel zijn*.'

***Uitleg van de tekst:* 2**

Is bij Wielenga de uitleg mede bepaald door het komende avondmaal, Teeuwen kiest ervoor om het geloofsleven van de profeet in de crisis onder de loep te nemen en daarbij legt hij telkens verbindingen met het geloofsleven van de mens in zijn tijd. Ook hij geeft structuur aan zijn preek door drie hoofdgedachten uit te werken: de inzinking van Elia (1),

het gebed van Elia (2) en de bekrachtiging van Elia (3).
Evenals de inhoud van de eerste besproken preek, bevat ook deze de tegenstelling tussen berg en woestijn, hoogte en diepte, kracht en zwakte, moed en moedeloosheid. Breedvoerig vertelt Teeuwen over Elia's daden op de Karmel en zijn contacten met het koningspaar Achab-Izebel. De profeet spaart het paar niet, wat uiteindelijk niet geaccepteerd wordt door Izebel. Krachtig laat Elia zich zien. 'Ja, een geweldenaar in wiens ziel geloofskrachten ontwaken kunnen, die niemand onzer wel zóó kennen zal.'
Maar dan komt de ontgoocheling. Dat moest gebeuren. 'Dat acht God nu voor zijn laaienden dienstknecht noodig.' Waarom vindt God dat nodig? Elia heeft te veel geijverd voor de naam des Heren. God laat hem nu voelen dat er zelfs voor een Elia grenzen zijn. 'Ge zijt in uw onmetelijke ijver de grens ook voorbijgeloopen. Nu moet ge 't aan den lijve ondervinden, dat aan de overzijde van de grens de duivel zelf op de loer ligt. En dat satan onbekeerlijk is.'

We zien hier twee theologische gedachten bij elkaar. De eerste: God grijpt in door grote moeiten op iemands pad te laten komen en dat doet hij om deze mens zijn grenzen te leren trekken. De tweede: achter die tegenslagen zien we de werkzaamheid van de duivel, Gods tegenstander. Die gedachten haalt Teeuwen uit het verhaal of die brengt hij in in het verhaal. Het heeft ervan weg dat de predikant daarmee een tegenstelling creëert. Aan de ene kant wordt Elia geroemd omdat hij dwars tegen alle weerstand de naam van God hooghoudt, aan de andere kant wordt hem verweten dat hij te hoog grijpt en te actief is. En dat laatste corrigeert God. Zo komen we dicht in de buurt van het bestaan dat lijkt op een poppenspel, waarbij God met de touwtjes de poppetjes laat vieren en aantrekt. Dit gedachtegoed was in die jaren gewoon en we moeten ervoor waken dat wij, met ogen van vandaag, te snel kritiek leveren.
In elk geval werkt de prediker deze gedachten ook uit in de richting van de gemeente: 'Gemeente – en hier ligt nu het critieke punt, waarop de Heere zijn knechten en dienstmaagden tegenkomt. Dát hebben wij nu te leeren in het werk des Heeren, dat er *grenzen* zijn. En dat niemand ongestraft Gods grenspalen voorbij mag loopen. Maar wat is het moeilijk! Wat brengt het ene teleurstelling en een verdriet met zich mee! Hoe kan het onzen ijver voor den naam en de zaak des Heeren opeens met harde slag verlammen!' Nee, wij zijn geen Elia's, maar de Eliateleurstelling kan ook onder ons aanwezig zijn.
Echter, er komt ook weer een andere beweging: God gebruikt Elia's ontgoocheling om hem straks opnieuw te roepen en toe te rusten. Met de

oude woorden aangorden en ontgorden beschrijft hij die omwenteling. We moeten eerst *ontgord* worden om *aangegord* te worden. Het gaat om loslaten, het breken van de kracht. Maar met het doel opnieuw sterk te worden. 'Wij zouden nooit in Gods kracht kunnen blijven staan, als Hij het ons zoo hardhandig niet leerde, dat Zijn kracht alleen in *zwakheid* volbracht kan worden. Zoo alleen gemeente, zóó zorgt de Heere voor Zijn eigen eer.'

Teeuwen schenkt ook aandacht aan de vermelding dat hij zijn knecht of jongen daar achterliet en zelf verder trekt. Die knecht had steeds veel voor Elia betekend. Nu moet Elia alleen verder. Want God wil hem nu alleen voor zichzelf hebben. Bovendien zou de jongen het proces van Elia kunnen verstoren.
Dat gegeven past hij toe op de onderlinge band van broeders en zusters. Zeker, de geestelijke gemeenschap met elkaar is belangrijk, maar veel 'ellende komt van al dat overdrevene en overspannene juist in de verhouding van broeders en zusters tot elkaar'. Mensen die tussen onze ziel en God komen te staan.
Daar, in de eenzaamheid, zegt Elia tot God dat het genoeg is en dat hij verlangt naar het einde. Er zit een verwijt in naar God dat Hij hem te zware last op zijn profetenschouders heeft gelegd.[91] Hij voelt zich ongeschikt. Hij is niet beter dan zijn vaderen, zegt Elia. Dát is het punt: hij is ook een zondaar. Zijn profetensmart is dat hij niet tot het einde is doorgegaan en trouw is gebleven. Deze ontrouw brengt Teeuwen tot de vraag aan de gemeente of zij ook die profetensmart – die ontrouw – kent. En als wij fouten maken, wat we allemaal doen, en berouw tonen is daar de vergevende liefde van Christus. Juist dat berouw maakte Elia heldhaftig. Wat doet God? God heeft iets beters voor Elia dan de dood. God geeft hem weer terug aan het leven. De profeet moet zijn werk hervatten. Daarom raakt een engel hem aan en roept tot hem op te staan en te eten. Tot twee keer toe. Wat groot van God om terug te keren. Elia wordt gespijzigd om verder te gaan. Elia staat op, gaat en komt bij de Horeb, waar Gods gunst hem omringt.
Hij eindigt met de wens dat God ons kracht geeft om daar te komen waar de bergen eeuwig vrede dragen. Zo komt hij uit bij leven in eeuwigheid.

---

91 Vergelijk G. Laarman in zijn preek getiteld 'De klacht van Elia', die in jaargang XXIII (1933) verscheen: 'Toch, gemeente, hier is geen hartstochtelijk verwijt aan God. Hier is geen bitterheid.'

Uitleg van de tekst: 3

Evenals de vorige predikers wijst ook Vissinga op de grote verandering die zich bij Elia heeft voltrokken. Zie hem in de voorgaande perikoop staan op de Karmel, waar de vraag domineert wie het voor het zeggen heeft: de God van Israël of de machten van de afgoden, zoals deze werden belichaamd in Baäl en zijn profeten. Elia gaat de confrontatie aan met Baäls profeten. Daar laat de Eeuwige zich zien aan Elia, als de Levende die overwint. Elia deelt in die overwinning.

Daarna komen de tegenovergestelde ervaringen van uitzichtloosheid en moedeloosheid. Hij komt door alles wat hij doormaakt ons heel nabij. Misschien zouden we dit niet van hem verwacht hebben. 'Maar ook bij een profeet liggen hoogte en diepte vlak naast elkaar, momenten van grote onzekerheid en diepe twijfel, van overwinningsroes en nederlaagstemming.'

Zes jaar na het verschijnen van deze preek, heeft MG een preek over deze tekst van J.J. van Oord opgenomen. Kenmerkend in die preek is de rechtstreekse relatie tussen de vermoeidheid van mensen (opgebrand zijn, burn-out) en de ervaring van Elia. Voortdurend zoomt Van Oord afwisselend in op vandaag en toen, waardoor heden en verleden met elkaar verstrengeld raken en er een continue actualisering van de tekst plaatsvindt.[92]

Anders dan Wielenga en Teeuwen, trekt Vissinga nadrukkelijk de lijn naar het paasfeest. De opwekking uit de dood is een 'geweldige demonstratie van leven en liefde'. De macht van de dood is gebroken. Vissinga legt primair het verband met de overwinning van de Levende op de Karmel. Hoewel hij niet expliciet de verbinding maakt tussen het opstaan van Elia na de aanraking door de engel en Pasen, gaan door een eerdere associatie met Pasen je gedachten daarnaar uit. Het wonder van de overwinning op de dood is het wonder dat we elke zondag opnieuw vieren, uitleggen en bezingen.

Een beleving dwars tegen de ervaringen in die we elke dag opdoen. 'Al geloven en belijden we dat de machten die het goede leven aantasten en bederven, de machten van het kwaad en het geweld en de dood, al geloven we dat die machten zijn overwonnen in de opstanding van Jezus Christus, overal om ons heen en vaak ook in onszelf voelen we nog wel degelijk de macht van de dood en de zuigkracht van de machten.' Zulke ervaringen kunnen ons doen twijfelen en in een geloofscrisis brengen. Zo ook Elia. De geweldige ervaring op de Karmel verdampt als koningin Izebel hem

92 MG LXXXXI,1 (2004), pag. 13-20.

bedreigt. Dat leidt tot een heftige depressie. En dat doet hem zeggen tot God: 'Het is genoeg, Heer, neem nu maar mijn leven.'
De belijdenis van de kerk dat God niet laat varen het werk dat zijn hand begon, wordt bevestigd in het vervolg van Elia's verhaal. Tot tweemaal toe komt God in de gestalte van een engel hem tegemoet, raakt hem aan en geeft hem eten en drinken. Elia staat op en trekt verder.

Vissinga gaat in op twee elementen uit het verhaal die door de anderen nauwelijks aandacht krijgen. Het eerste is de rol van de engelen in de Bijbel. Zij waren er toen en zijn er nog steeds, ook al herkennen wij ze niet altijd. Met behulp van de engel wordt de ban van uitzichtloosheid en moedeloosheid voor Elia doorbroken. Het tweede is de uitdrukking 'veertig dagen en veertig nachten'; die periode is Elia onderweg om bij de Horeb aan te komen. Deze duur is meer dan een letterlijke tijdsaanduiding. Die periode symboliseert de voorbereidingstijd voor 'een beslissende ontmoeting en overgang'.
Wat is het verhaal voor ons? Wij kunnen ermee op adem komen, let wel, op de adem van Gods stem. Afsluitend: 'Met het oog op Hem, de Heer van ons leven, Die samen met Mozes en Elia boven op de berg was, met het oog op Hem vatten wij telkens weer nieuwe moed. Op hoop van zegen. Amen.'

Verwijzingen naar actualiteit en levenservaringen
De drie preken laten duidelijk verschillen zien, zo zagen we in het voorgaande. Op één aspect stemmen zij overeen: zij verwijzen niet naar de actualiteit. Dat wil zeggen, uit hun preken kunnen we niet aflezen wat er op dat moment in de wereld en de samenleving gaande was. Nu is dat in de periode van *MG* waarin de preken om de twee of drie maanden werden uitgegeven begrijpelijk (zoals de preek van Vissinga in 1998). De predikanten leverden een jaar voor de publicatie hun preek in, waardoor zij bewust de actualiteit vermeden. De twee andere preken werden gepubliceerd in 1928 (Wielenga) en 1938 (Teeuwen), en in die periode verscheen *MG* wekelijks. In die preken zouden verwijzingen naar de actualiteit meer voor de hand liggen. Het zou niet vreemd geweest zijn wanneer Wielenga had gezinspeeld op de Olympische Spelen die in Amsterdam werden gehouden of op de mijnramp in ons land met vele doden? Beide gebeurtenissen stonden immers in 1928 in de belangstelling. En zou in het jaar van Teeuwens preek een toespeling op het zich ontketenende wereldconflict uit de toon gevallen zijn? In de context van het verhaal van Elia met zijn strijd tegen de machthebbers en godenexpansie, zou dat niet opmerkelijk geweest zijn. Mogelijk hebben ze daar bewust van

afgezien en hun redenen voor gehad.
Geen aanhalingen naar de actualiteit in de preken over 1 Koningen 19.[93] In andere preken over deze tekst, zien we dat wel. Zo verbindt J.H. Overbeeke[94] Elia's moedeloosheid met de moedeloosheid die in de kerken voelbaar is door de afkalving van de kerken en door de afnemende betrokkenheid bij de kerk. Van Oord, die we al eerder noemden, legt een verband tussen Elia's strijd en het vereren van bezit, sjoemelen met gemeenschapsgelden, vertrouwen op vermogen, onrechtvaardige handel in deze tijd.

Anders is het als we op zoek gaan in de preken naar verbindingen met levenservaringen van mensen. Die komen in alle vermelde preken over Elia's gemoedstoestand ter sprake. Iedere predikant verwijst naar ervaringen van twijfel, machteloosheid, geloofscrisis, te veel last op de schouders.
Wielenga: 'Er zijn krankheden en zorgen, er is strijd om het bestaan, er zijn moeilijkheden in het huiselijke leven, de menschen vallen ons tegen en stellen ons teleur. (...) Men strijdt tegen de zonde, maar vordert niet. Er is telkens weer een onderliggen in dien geestelijken strijd. Wat een verzoekingen en aanvechtingen! (...) Als men ziet op de kerk des Heeren, wat is er een dorheid, hoe kwijnend staat het er bij!'
Teeuwen over zogenaamde Eliateleurstellingen onder ons: 'En ze wordt ook gevonden. Onze ambtsdragers kennen ze. Eén avond van hooggestemd huisbezoek – er gaat een laatste deur open: kwestie voor, kwestie na, critiek op dit, critiek op dat – broeders, wat blijft erover van uw blijden stemming: *gewisselijk de Heere is aan deze plaats?* Onze onderwijzers en onderwijzeressen kennen ze – altijd dat eene gezin, dat *nooit* meewerkt, dat zelfs tègenwerkt. Ze lezen het in de oogen der kinderen zelf. En om dan *niet* moedeloos te worden! (...) En gij ouders in uw opvoeding dan? Ge wilt en zult uw kind met *geweld* des noods bereiken, dat het zich voegt naar de vermaning en de vreeze des Heeren. En dan altijd dat gemelijke gezicht voor u, vooral des Zondags. Heel de dag des Heeren weer bedorven voor u. Ziet broeders dat is het leven.'
Vissinga, na de vraag waar God is nu zo vaak het kwade sterker is dan het goede en dat mensen daardoor zeggen dat het voor hen niet meer hoeft: 'Er zijn zoveel mensen, die zulke ervaringen hebben opgedaan en nog op-

---

93 We zien hetzelfde in preken over dezelfde tekst van o.a. G. Laarman, MG XXIII (1933), en M.A.Th. van der Kooi-Dijkstra, MG LXXVI,1 (1989).
94 MG LXXXVIII,4 (2001).

doen. We kennen ze, soms van heel nabij, soms zijn we het zelf; zoveel aan ziekte meegemaakt, telkens weer opgekrabbeld en toch weer teruggeworpen, steeds weer zich vastgeklampt aan elk sprankje hoop – en soms ging het een tijdje goed en leek zelfs de ziekte overwonnen, maar op een kwade dag, die vernietigende uitslag, hoop verloren – al verloren.'
In de eerder aangehaalde preek van Van der Kooi-Dijkstra zegt ze dat je kunt verlangen dat God, al is het maar even, een daad stelt, laat zien dat Hij er is. Daarbij aansluitend: 'Dat gevoel kun je hebben als je bijvoorbeeld door een ziekenhuis loopt en wordt geconfronteerd met pijn en ziekte en verhalen van verdriet, dan denk je soms: "wat zou het nou toch heerlijk zijn als door één gebed iedereen z'n matras op kon nemen en kon wandelen, naar huis, genezen en bevrijd".' En over Elia die niet meer wil en toch maar weer gaat: 'Als je een dierbaar mens verloren hebt wil je misschien soms ook het liefst maar liggen en niet meer verder. En dan is het een zegen als er een engel is die je gewoon maar wat brood en water aanreiken wil en je de ruimte geeft om maar wat op krachten te komen.'

Luisterend naar al die preken ontdek je dat elke predikant zowel te doen heeft met Elia en wat hem overkomt als begaan is met mensen van zijn of haar tijd die ook van alles meemaken. Die lijn verbindt de predikers met elkaar, ongeacht de tijd waarin zij preekten.

Geliefde bijbelteksten vandaag

door Piet Schelling en Aarnoud Jobsen

30 Preken in onze tijd

In de voorgaande hoofdstukken vertelden we over zogenaamde geliefde teksten van predikers. We schreven ook dat predikanten in onze tijd evengoed hun voorkeurteksten hebben. Er zijn woorden en verhalen in de Bijbel die zich steeds opnieuw aandienen. Hoe dat komt, is niet altijd te zeggen. Op een of andere manier spreken die teksten voorgangers aan, verschijnen ze op hun netvlies en nestelen ze zich in hun leven.

De hoofdstukken die nu komen zijn voorbeelden van zulke teksten. De redacteuren van deze bundel hebben elkaar gevraagd: Welke tekst uit de Bijbel spreekt jou in het bijzonder aan? Welk verhaal keert telkens weer terug in jouw leven? Op welk woord uit de Schrift heb je in de jaren van je predikantschap meer dan eens teruggegrepen? En zou je rondom die tekst een dienst voor vandaag willen uitwerken?

Het kostte beiden niet veel moeite zo'n geliefde tekst te noemen. We vonden het spannend om ons opnieuw te verdiepen in die tekst. Al eerder hadden we daarover gepreekt of gesproken, lang of kortgeleden. Nu weer. Maar vandaag ben je anders dan gisteren, en dat heeft invloed op de preek en de liturgie. Collega's zullen zeker herkennen dat de preek van vandaag er anders uitziet dan de preek van gisteren. Zelfs al blijft de exegese gelijk (maar ook die ontwikkelt zich), de inhoudelijke verwerking en de vormgeving veranderen.
Wij hopen dat deze hedendaagse preken bruikbaar zijn voor de preeklezers en dat zij bijdragen aan de opbouw van de gemeente.

Over een man aan de oever en een vrouw in de eredienst
Bij mij [*ps*] kwamen meteen twee geliefde verhalen in beeld. Verhalen die me meer dan eens hebben aangesproken en geraakt. Verhalen ook waarmee ik in uiteenlopende situaties – dienst, leerhuis, gespreksgroep, pastorale ontmoeting – gemeenteleden heb mogen inspireren en bemoedigen.

Het eerste verhaal gaat over Jakob aan de oever van de Jabbok. Onderweg naar het beloofde land waar hij zijn broer, die hij twintig jaar daarvoor een venijnige loer heeft gedraaid, zal ontmoeten. Al die jaren ver-

bleef hij in den vreemde. Er is van alles met hem in die jaren gebeurd. Nu staat hij op het punt om 'thuis' te komen. Maar ja, is hij daar klaar voor? En zal zijn broer hem willen ontmoeten nadat Jakob hem zo gekwetst heeft? Moet er met Jakob nog iets gebeuren alvorens hij de overtocht kan maken?
In dit oude verhaal komen, na enig graaf- en spitwerk, verschillende woorden en ervaringen tot spreken, bruikbaar voor vandaag. Het verhaal geeft richting aan mijn levens- en geloofsweg. We zien een mens op een kruispunt, in een grenssituatie, letterlijk en figuurlijk. Hij staat op het punt om in het heden de toekomst met het verleden te verbinden. De nacht (waar hij vandaan komt) en de zon die opgaat (waar hij heengaat) duiden en bepalen zijn leven. De tocht over de rivier naar een nieuwe omgeving en situatie symboliseert de worsteling van de mens met zichzelf om achter en los te laten, om daarmee ruimte te scheppen voor een nieuw begin.
Jakob raakt in gevecht met een vreemdeling die aanvankelijk geen gezicht heeft, maar die later in Jakobs ogen God blijkt te zijn. Mysterieus en verrassend. Hij vraagt aan die tegenstander aan de waterkant om diens zegen, terwijl hij twintig jaar eerder de zegen heeft gestolen. Ligt hier het keerpunt: van het wegnemen van de zegen naar het ontvangen van de zegen?
Elk van deze punten – er is veel meer – blijft tot me spreken en is te vertalen naar wat ik en wat mensen om me heen ervaren en meemaken. Inderdaad, een geliefde tekst.

Het tweede verhaal gaat over een vrouw die onverhoeds in de synagoge verschijnt, terwijl de liturgie gaande is. Lucas vertelt het. Zijn pen beschrijft kernachtig en beeldend de situatie van de vrouw en de reacties van de omstanders op haar. Hoewel Lucas haar naam niet noemt, blijft zij wonderlijk genoeg niet naamloos. Op een gegeven moment lezen we tussen de regels door meerdere namen van haar: vrouwe Kracht, Israël, moeder Aarde. Ja, aan het eind heeft het ervan weg dat zij jouw naam draagt. In haar gaat het om mij, om ons.
De vrouw en allen bij wie ze door haar verschijning op dat moment en op die plaats reacties ontlokt, is voor mij een belangrijk model geworden om mezelf beter te leren kennen en om met mensen om te gaan. Laat ik er een paar aspecten uitlichten. Dat zij met haar onooglijk lijf en verdonkerde geest de heilige ruimte van de synagoge binnenkomt, is gewaagd. Wat drijft haar die stap te zetten? Wat beweegt mensen om af te wijken van het gewone pad?
Terwijl Jezus de Bijbel uitlegt aan de gemeente, ziet Hij die vrouw. Dat

is het begin van elke communicatie: ‘zien’. Van zien komt het erbij roepen. Het erbij roepen leidt tot het benoemen van haar pijn. Als haar pijn een naam heeft gekregen, raakt Hij haar aan.
Zien, erbij roepen, pijn benoemen, aanraken – momenten die zo vaak een plaats hebben in pastorale ontmoetingen. En dan de vrouw die zich door die communicatiemomenten opricht. Dat laatste doet zijzelf!
Maar haar bevrijding stuit ook op tegenstand, zoals zo vaak negatief wordt gereageerd op bevrijdende wegen die mensen ontdekken. Er is niet veel fantasie nodig om vanuit dit verhaal bij onszelf en onze tijd te komen. Een verhaal waarover je nooit uitgedacht raakt.

Het laatste verhaal van de vrouw neem ik als uitgangspunt voor de preek. De gebeurtenis in de nacht bij de rivier speelt op de achtergrond mee.

Over bevrijdende woorden

Bij mij [*aj*] spelen de Tien Woorden uit Exodus 20:1-17 een grote rol. Jarenlang heb ik ze een plek gegeven in de liturgie. Nooit duidde ik deze woorden aan als Wetslezing, zoals in onze kerken lang gebruikelijk is geweest. Ik gebruikte een uitdrukking als ‘levenswoorden in de woestijn die de Heer aan Israël heeft gegeven voor het leven in het land van de belofte’. Woorden die niet als een aanklacht zijn bedoeld, maar als woorden van bevrijding en hoop. Mensen zijn erop gemaakt om ze te doen en te horen. In die woorden klinkt ook de betekenis van de Tora door. De Tora als bron van een vreugdevol en bevrijd leven, zoals ook in het Joodse feest ‘Vreugde der Wet’, *Simchat Tora*, jaarlijks wordt gevierd.

De Tien Woorden die we traditioneel als Tien Geboden kennen, hebben in onze kerkelijke traditie ook een spoor van schuldgevoel en zondebesef nagelaten. In het pastoraat heb ik lang daarvan de pijn met mensen beleefd. Vooral Exodus 20:5b is een tekst die bij mensen van deze tijd een gevoel van protest oproept: ‘want Ik de HERE, uw God, ben een na-ijverig God, die de ongerechtigheid der vaderen bezoek aan de kinderen, aan het derde en vierde geslacht van hen die Mij haten, en die barmhartigheid doe aan duizenden van hen die Mij liefhebben en mijn geboden onderhouden.’ Woorden die ook in Exodus 34:7b staan, in Numeri 14:18b en in Deuteronomium 5:9b. Het idee dat de Heer kinderen, klein- en zelfs achterkleinkinderen laat boeten voor misdadig gedrag van voorouders, roept tegenspraak en uiteindelijk verzet op. De lezing van ‘laten boeten’, ‘straffen’ wordt ondersteund door de oudste vertalingen van de Hebreeuwse tekst. In de Nieuwe Bijbelvertaling is het ‘bezoeken’ ook vertaald met ‘laten boeten’.

Steeds duidelijker werd het mij dat ik deze aloude en hardnekkige vertaaltraditie moet tegenspreken. Het Hebreeuwse werkwoord *pqd*, dat met 'bezoeken' is vertaald, heeft een breed spectrum aan betekenissen. Het kan 'tellen' betekenen, 'acht slaan op', maar zeker ook 'met zorg omzien naar'.[95] Ook al zouden volgende generaties in een bepaalde tijdgebonden opvatting over collectieve verantwoordelijkheid aangesproken kunnen worden op misdaden van het voorgeslacht, dan blijft de Heer met zorg omzien naar deze kinderen. Wanneer God niet straft, maar met passie zorgzaam omziet naar mensen, dan wordt het ook tijd om kritisch te kijken naar het woord 'na-ijverig', dat soms weergegeven is met 'jaloers'. Ook dat woord kan dan anders vertaald worden. Geen jaloerse God, die past in een wereldbeeld waar eerwraak en vendetta's worden gerechtvaardigd, maar een God die vol passie omziet naar mensen, in het bijzonder ook naar kinderen en kleinkinderen die het 'verkeerde voorbeeld' van hun ouders hebben gezien. Ze zijn niet gedoemd om in deze fouten te vervallen. Ze krijgen een eigen verantwoordelijkheid en een eigen kans en ze mogen daarbij rekenen op de bijzondere steun van God.
Angst en geweld in één adem noemen met God is een thema dat ik in mijn verkondiging wil relativeren en uiteindelijk wil ontkennen. Daarbij is het ook spannend om te zien wat 'afgoderij' betekent. Afgoderij is voor mij vooral misbruik van godsdienst, van welke godsdienst dan ook. In de preek over het 'Tweede Woord' komen deze gedachten naar voren.

95 Zie ook H. Jagersma, *Exodus 2* (Verklaring van de Hebreeuwse Bijbel), Kampen 2002, pag. 33; en A. Jobsen, *Numeri 2* (Verklaring van de Hebreeuwse Bijbel), Kampen 2008, pag. 197v.

31 Dienst 4: Gewaagd, gezien en aangeraakt

*Dienst over Lucas 13:10-17, een geliefde tekst van dr. Piet Schelling**

ORDE VAN DIENST

(De liederen komen uit *Liedboek. Zingen en bidden in huis en kerk.* Zo niet, dan wordt dit aangegeven)

Orgelspel

Voorbereiding

Woord van welkom

Eventueel aansteken van de paaskaars en tafelkaarsen

Zingen van aanvangspsalm: Psalm 113:1 en 2

Bemoediging en groet (de tekst kan ook alleen door de voorganger worden gesproken)
v: *Onze hulp is in de naam van de Heer,*
a: *die hemel en aarde gemaakt heeft.*
v: *De Heer zal bij ons zijn,*
a: *de Heer zal ons bewaren.*

Drempelgebed (de tekst kan ook alleen door de voorganger worden gesproken)
v: *God,*
Wees voor ons als een rots
die onze voeten draagt;
wees voor ons als een huis
waarin wij veilig zijn;
wees voor ons als een bron
die onze dorst lest;

* Gegevens auteur: dr. Piet Schelling, Parelduiker 24, 2681 VH Monster;
e-mail: p.schelling@kabelfoon.net; telefoon: 0174-287365.

wees voor ons als een herder
die ons zoekt en thuisbrengt.
Hier, in dit uur, en alle dagen van ons leven.
a: *Amen.*

Kyriegebed
Na elke gebedsintentie, uitgesproken door de voorganger of een gemeentelid zingen we een couplet van Lied 967 (= Gezang 313, *Liedboek voor de Kerken*)

Laten wij God aanroepen voor de nood van de wereld.

Wij bidden voor hen die in het donker leven
en die gebukt gaan onder onrecht en verdrukking.

Zingen: Lied 967:1

Voor hen die zelfverzekerd door de wereld gaan
en van wie het hart leeg is, verbitterd en kil.

Zingen: Lied 967:2

Voor hen die door tweedracht zijn verdeeld
en die zich verloren voelen, niet gekend.

Zingen: Lied 967:3

Voor hen die verstoken zijn van vrede
en gevangen zijn in de waan van de dag.

Zingen: Lied 967:4

Voor hen die geloof, hoop en liefde zijn kwijtgeraakt
en van wie de ogen met tranen zijn vervuld.

Zingen: Lied 967:5

Voor hen die geen blijdschap kennen
en het zicht op U en uw aanwezigheid zijn verloren.

Zingen: Lied 967:6

Voor hen die hun macht misbruiken
en geen taal van dankbaarheid kennen.

Zingen: Lied 967:7

O God, hoor ons gebed.
Ontfermt U zich over al uw mensenkinderen
en over de totale schepping.
Door Jezus Christus, onze Heer.
Amen.

Zingen van de lofprijzing: Lied 871 (= Gezang 218, *Liedboek voor de Kerken*)

Dienst van het Woord

Gebed bij de lezing en uitleg van de Bijbel
Here God,
Als ons zingen verstomt,
omdat de werkelijkheid te weerbarstig is;
als onze voeten niet meer gaan,
omdat de vermoeidheid toeslaat;
als onze handen verslappen,
omdat we moedeloos zijn;
als onze mond zwijgt,
omdat gebeurtenissen ons doen verstommen;
als ons hart bonst,
omdat angst zich van ons meester maakt;
als ons uitzicht verbleekt,
door alles wat ons overkomt
– kom dan zo krachtig met uw Geest in ons midden,
dat ons lied weer klinkt
en wij in beweging komen
en woorden van hoop gaan spreken.

Laten we ook die ervaring hebben
als zo meteen de Bijbel opengaat,
hier in de kerk en bij de kinderen in de nevendienst.
Geef dat wij begrijpen en verstaan,
opdat wij uitgroeien tot mensen zoals U ons hebt bedoeld.
Amen.

Voor het vertrek van de kinderen

(Als in uw gemeente de kinderen na de lezingen naar de nevendienst gaan, dan komt dit onderdeel later aan de orde.)

U kunt de kinderen naar voren laten komen voor een gesprek met hen. Bijvoorbeeld over dat werkwoord zien, een kernwoord in het verhaal en de preek. Overleg met de leiding van de kindernevendienst hoe u dit gesprek over 'zien' kunt opzetten.

Een andere mogelijkheid is het verhaal 'Wie ben ik?', afkomstig uit Meester Versteegh, *een boek met kindergesprekken voor de kerkdienst, geschreven door Inge Radstake-van Duin (pag. 62-63). Zowel in het bijbelverhaal over Jakob bij de rivier als in de tekst over de vrouw in de synagoge speelt die vraag 'Wie ben ik?'.*

Zingen bij het vertrek van de kinderen

(Er zijn gemeenten waar bij het vertrek van de kinderen een vast lied wordt gezongen. Bijvoorbeeld onderstaand lied van Gerard van Midden en Greet Brokerhof, muziek van Gerard van Amstel.)

Wij gaan voor even uit elkaar
en delen nu het licht.
Dat licht vertelt ons iets van God.
Op Hem zijn wij gericht.

Wij geven Gods verhalen door.
En wie zich openstelt
ervaart misschien en beetje licht
door wat er wordt verteld.

Straks zoeken wij elkaar weer op
en elk heeft zijn verhaal.
Het licht verbindt ons met elkaar;
het is voor allemaal.

Lezing uit het Oude Testament: Genesis 32:23-33

Zingen: Lied 834 (= Gezang 437, *Liedboek voor de Kerken*)

Lezing uit het Nieuwe Testament: Lucas 13:10-17

Zingen: 'Heer, raak ons aan' – lied bij Lucas 13:10-17 (tekst: Piet Schelling; melodie: Gezang 449 uit *Liedboek voor de Kerken*); een andere mogelijkheid is Lied 512 (= Gezang 446, *Liedboek voor de Kerken*)

Heer, kom met spoed,
laat gaan uw voet
naar uitzichtloze wegen?
Raakt u ons aan
voorbij de waan,
omring ons met uw zegen?

Een vrouw onrein,
een mens met pijn
laat zich niet buitensluiten.
Een wanhoopsdaad
voorbij de smaad,
de hoop is niet te stuiten!

Gedicht bij Lucas 13:10-17: 'Gezien' (kan ook door gemeentelid voorgedragen worden)

Vijandig keken
zij mij met hun rug aan.
Er was
voor mij
geen ruimte in de herberg.

Huivering
van verlatenheid
vervulde mij.

Totdat Hij
mij zag.
Zijn handen
heelden
de barsten van mijn leven.

Met opgeheven hoofd
liet ik het land van de dood
achter mij.

Zingen, vervolg van: 'Heer, raak ons aan'

Zij toont haar kracht
aan Hem die wacht,
in Hem schept God nieuw leven.
Hij wil er zijn
voorbij de pijn,
de toekomst haar gegeven!

Preek – met als uitgangspunt Lucas 13:10-17

Zingen: Lied 804:1 en 2; of 800:1, 2 en 3 (= Gezang 454, *Liedboek voor de Kerken*)

Kinderen komen terug uit de nevendienst

Dienst van gebeden en gaven

Gebeden

God van hemel en aarde,
God van alle leven,
God van gisteren, vandaag en morgen,
wij roepen uw naam aan.
Uw naam die bevrijdend onder ons wil zijn,
uw naam die garant staat voor de toekomst,
uw naam die in Christus helend en troostend nabij wil zijn.

God van hemel en aarde,
God van alle leven,
God van gisteren, vandaag en morgen,
wij danken U dat wij onze angsten en vertwijfeling met u mogen delen,
dat U er wilt zijn te midden van de stormen in ons leven,
dat er mensen zijn die elkaars tranen willen drogen
en zorgen mee helpen dragen.
Dank voor onze gaven om helend nabij te zijn,
voor de krachten in ons om te beminnen,
voor het werk van onze handen dat U wilt zegenen.
U maakt ons tot scheppers van het goede,
U opent ons de ogen voor wegen van geluk,
U doet ons geloven in vrede voor alle mensen.
Uw naam zij geprezen!

God van hemel en aarde,
God van alle leven,
God van gisteren, vandaag en morgen,
wij bidden:
voor allen op wie het dagelijks leven zwaar drukt
en die daaronder gebukt gaan;
voor allen van wie de geest vol is gelopen met dichte mist
en die in de greep van verwarring zijn;
voor allen bij wie angst en machteloosheid overheersen
en die zich opgejaagd voelen;
voor allen die vervreemd zijn van zachte krachten
door de hardheid om hen heen.

Wij dragen aan U op... [hier kunt u personen en situaties uit de actualiteit noemen]

Hoor ons aan, o God,
wanneer wij in stilte onze zorg en dank met U delen...

Hoor ons aan, o God,
als wij samen hardop uitspreken: 'Onze Vader...

Collecten

Wegzending en zegen

Slotlied: Lied 601

Wegzending – door te zingen Lied 810; dit lied kan bijvoorbeeld twee keer gezongen worden: a) solo, door voorganger of gemeentelid; b) allen

Zegen
v: *De genade van Jezus Christus*
en de liefde van God
en de kracht van de Geest
is met ons allen.
a: *Amen* (uitgesproken of gezongen).

Preek – met als uitgangspunt Lucas 13:10-17

Gemeente van Jezus Christus,

In de roman *Maurits en de feiten* van Gerrit Krol zegt de hoofdpersoon op een kritiek moment: Weet je hoe ik me voel? Als een propje papier dat iemand heeft weggegooid in de prullenmand, van een afstand zodat het ernaast gevallen is. Je ziet het almaar liggen. Ten slotte is er iemand die het opraapt en in de prullenmand gooit. Óf hij ontvouwt het, om het te lezen.

Soms heeft het ervan weg dat het leven een wrang spel is waarbij de een de ander wegwerpt als onwaardig.
Het gebeurt in het groot: groepen en volkeren ver weg en dichtbij die vermalen worden tussen de raderen van onmenselijke krachten. De voorbeelden liggen voor het oprapen. Eén avond tv-kijken en je hebt een hoofd vol beelden.
Evengoed komt dat in het klein voor. Het kind dat opgroeit in een sfeer van verachting en de dorpeling die zich anders gedraagt dan gebruikelijk en daardoor wordt nagewezen. De werkloze die van hot naar her wordt gestuurd en de aan de kant geschoven zieke. Mannen, vrouwen en kinderen, komend van verre, op de vlucht, verlangend naar een plek, een hand, een ontmoeting waar iemand hen opraapt.
En wijzelf, ach we kunnen ons in de stilte van het eigen hart als een prop papier voelen. Alleen, dichtgeknepen, ontgoocheld, minderwaardig, onbegrepen.

Wie raapt dan het propje papier op?
Wie vouwt het open en leest het?

In dit uur laten we ons bij de hand nemen door Lucas. Hij kan prachtig vertellen. Hij weet in een paar pennenstreken mensen en hun bestaan te tekenen. Zijn verhalen over Jezus' leven en werk lijken op toneelstukken, met hoofdrolspelers en figuranten.
Zo vertelt hij het verhaal van een ontmoeting tussen twee mensen. Zij staan voor twee werelden, twee partijen, twee geschiedenissen. Hun namen verschillen sterk: de een heet Hoop of Licht. De ander Wanhoop of Donkerte. Een stuk in twee bedrijven.

Het eerste bedrijf

De verteller neemt ons mee naar de synagoge, op de sabbat. Een groots moment in de ogen van de vromen. Want daar, in de liturgie en de Schrift, opent de hemel zich voor even. Licht en inspiratie sijpelen of stromen de synagoge binnen. Mensen ontvangen er kracht voor morgen.
Bij het spreekgestoelte staat een van de hoofdfiguren, Jezus. Hij legt de Bijbel uit.

Terwijl Hij via de oude woorden van Israël de mensen brood voor het hart meegeeft, verschijnt daar ineens de tweede hoofdfiguur. 'En zie, er was een vrouw...' Waar ze vandaan komt, God mag het weten. Eén ding is zeker: zij staat daar. Vanaf nu kan niemand meer zeggen: ik heb haar niet gezien. Nooit zullen we haar verschijning vergeten.

Vrouw, wie ben je?
Waarom verstoor je het heilige uur van de dienst?

Lucas beschrijft haar levensgeschiedenis in één zin: al achttien jaren was haar geest zwak en haar lijf was kromgegroeid.

'Vertel eens iets over je leven?' vraag je iemand.
En deze antwoordt: 'Wil je het echt weten?'
'Ja, graag.'
'Goed, mijn leven kan ik omschrijven met één zin: mijn geest is zwak, mijn lichaam krom, en dat al achttien jaar.'
'Maar is er niets meer te vertellen?'
'Nee, dat is alles.'

Geestelijk en lichamelijk is de vrouw een wrak. Zieke geest, gebogen lijf. Mogelijk is haar geest afgemat geraakt door haar verminkte lichaam. Of misschien heeft ze innerlijk zoveel te lijden gehad dat haar lijf krom is getrokken. Wat of wie heeft haar zo gemaakt? Wie zet vandaag mensenkinderen buitenspel?
Zie de vrouw daar staan. Nee, eigenlijk staat ze niet, ze hangt met haar verscheurde leven tussen hemel en aarde. De hemel schijnt niet naar haar om te zien, de aarde heeft haar verstoten.

Achttien jaar wordt die vrouw gekneveld door iets of iemand waar ze geen grip op heeft.
Achttien jaar. Maar dat is in de Bijbel de periode van onderdrukking! Als Israël achttien jaar wordt onderdrukt door Moab, stuurt God een be-

vrijder. In het achttiende regeringsjaar van koning Josia wordt het paasfeest in ere hersteld.
Het achttiende jaar... het moment waarop bevrijding kan doorbreken, waarop licht duisternis verjaagt... Zou in het leven van deze vrouw bevrijding komen? Zou zij opstaan? We kunnen het nauwelijks geloven. Zij is te ver heen.

Terwijl wij ons geen raad weten met de situatie, gebeurt er wat tussen Jezus en de vrouw.
Er gebeurt in eerste instantie vooral wat met Jezus. Haar komst tijdens de uitleg van de Bijbel, doet veel met Hem. Vier momenten volgen zich in een snel tempo op. Cruciale ogenblikken waarin de essentie van het leven bloot komt te liggen.

Eerste moment: Jezus *ziet* haar. Elke echte ontmoeting begint met zien. Terwijl Hij de Bijbel uitlegt, ziet Hij haar. Ze komt als het ware tussen de regels van de tekst binnenlopen. De Bijbel gaat open en dan verschijnt ineens de vastgelopen mens, de verscheurde wereld.
Tweede moment: Jezus *roept* haar *erbij*. Ze staat nog op afstand. Hij haalt haar in de kring. Gastvrij en uitnodigend. Heel de wereld draait even om haar. Zij zelf moet ook een stap doen. Het is haar eigen keuze om dichterbij te komen. Jezus geeft haar ruimte om nee te zeggen.
Derde moment: Jezus *spreekt* tot haar. Aan zijn spreken gaan zien en roepen vooraf. Daarin onthult Hij wie Hij is. Met zijn woorden geeft Hij de pijn van de vrouw een naam. Een wezenlijke stap in het proces naar bevrijding is het benoemen van de last die je draagt. Te vaak blijft gebrokenheid verborgen, onbespreekbaar. Uit angst. Door gebrek aan nabijheid. En dat blokkeert het heel worden.
Vierde moment: Jezus *legt* de vrouw *de handen op*. Hij raakt haar aan. In de taal van de Bijbel: Hij identificeert zich met deze mens. Hij zegt bij wijze van spreken: mensenkind, ik ben jij en jij bent ik. Mijn leven is jouw leven, jouw bestaan is mijn bestaan.

Vervolgens gebeurt er wat met de vrouw. Zij richt zich omhoog. Let wel, zij staat zélf op. Door die intense ontmoeting ontwaken onvermoede krachten in haar. Daardoor staat zij op, recht zij haar rug. Nu is zij iemand!

Zie de vrouw daar gaan.
Weg uit de synagoge.
Gebogen was zij binnengekomen, met opgeheven hoofd vertrekt zij.
Die ommekeer voltrekt zich in het verhaal in enkele minuten. Maar in

onze weerbarstige werkelijkheid verlopen bevrijdingsprocessen langzamer. Soms tergend langzaam. Lange adem is nodig om krachten bij elkaar te laten ontwaken.
Maar lang of kort, de vrouw weet zich vrij. Vrij in haar geest, vrij in haar lijf. Lovend en prijzend gaat zij haar weg.
We zien over haar schouder terug in de tijd, toen Jakob op een kruispunt in zijn leven stond. Het was nacht in zijn bestaan. Zoveel had hij verloren en verspeeld. In de nacht van zijn leven, komt hij tot ommekeer. Voor het eerst vraagt hij om gezegend te worden. Hij opent zijn hart voor de zegen van een vreemdeling, in wie hij later God herkent.

Hier zouden we moeten stoppen. Wat is mooier dan een mens vrij en vrolijk door de wereld te zien lopen! Maar helaas, het stuk is nog niet afgelopen. Er komt nog een tweede bedrijf.

Tweede bedrijf

Want de leider van de synagoge tekent protest aan. Zoals deze genezing hier tot stand is gekomen, past niet in zijn denken. Op sabbat genezen, hoort niet, past niet! Een vrouw die de orde van de liturgie verstoort? Onaanvaardbaar!
In deze godsdienstige leider hoor je al die andere protesten. Protest tegen mensen en groepen en acties die eropuit zijn levens uit hun beknelling te bevrijden. Protest als iets niet spoort met onze gewoonten of leer of opvattingen. Die kritiek is hoorbaar in vragen als: Is het niet te oppervlakkig? Gaat het niet ten koste van de boodschap? Is dat wel bijbels?

Jezus accepteert de kritiek van de godsdienstige leiders niet. Hij laat ze het tekort van hun denken zien.
Als er een dag geschikt is om bevrijding te scheppen, dan wel de sabbatdag, zegt Hij. Is dat niet de dag waarop we de bevrijding van de aarde na zes scheppingsdagen vieren? Bezingen we op deze dag niet de uittocht uit Egypte? Nou dan!

In het achttiende jaar komt er in het leven van de vrouw een radicale ommekeer. Zoals eerder in Israël in het achttiende jaar gebeurde. Steeds breekt in het achttiende jaar het licht van de Eeuwige door, hier vertegenwoordigd in Jezus.
De vrouw is meer dan een individu. Zij is beeld van Israël en beeld van moeder aarde. Jezus verbindt zich met de vrouw, de vrouw verbindt zich even later met God. Zij staat voor mensen die hunkeren naar een ander

bestaan. Zij staat voor allen die verlangen naar heelheid.
We zien haar lopen ergens op het platteland van Friesland. We herkennen haar gedaante in de binnenstad van Den Haag. We zien haar wegschuilen tussen de Westlandse kassen. Misschien komen we haar straks tegen op straat of de komende week op ons werk.

En dan, als die ene op onze weg komt?
Ach, 't is alleen een kwestie van
zien,
erbij roepen,
pijn een naam geven,
aanraken,
en blij kunnen zijn over die ene die zich opricht.
Zo simpel is het. En tegelijk zo moeilijk.

We sluiten af met een versje:

Waar is het oog dat waarlijk ziet?
Waar de stem die vrijheid biedt?

Waar is de mond die helend spreekt?
Waar 't gebaar dat openbreekt?

Waar is het lijf, gekromd, gebogen?
Waar het hart vol mededogen?

Waar vlucht de nacht voor zonneschijn.
Waar klinkt de stem: jij mag er zijn?

In godsnaam: waar?
Amen.

32 Dienst 5: Bevrijdende woorden

*Dienst over Exodus 20:4-6, een geliefde tekst van dr. Aarnoud Jobsen**

ORDE VAN DIENST

(De liederen komen uit *Liedboek. Zingen en bidden in huis en kerk*)

Voorbereiding

Begroeting en mededelingen

Drempelgebed

Heer onze God,
Met de herinnering aan de afgelopen week komen we hier bij elkaar.
Er is zo veel dat ons in beslag neemt.
Beelden van geweld en onrecht dringen zich aan ons op.
Is er een tegenstem die ons aanspreekt?
Is er ruimte voor hoop en vreugde?
We komen bij U schuilen, in het vertrouwen dat U onze Rots wilt zijn,
een God die niet loslaat het werk dat zijn hand is begonnen.

Aanvangslied: Psalm 119:31 en 34

Bemoediging (de tekst kan ook door de voorganger alleen worden gesproken)

v: *Onze hulp is in de naam van de Heer,*
a: *die hemel en aarde gemaakte heeft.*

Kyriegebed

v: *Heer, onze God,*
Wij roepen tot U vanwege de nood in deze wereld.
Wij roepen met mensen mee die de hoop niet willen verliezen, die de kracht ontvangen en behouden om vrede te stichten en recht te doen.

* Gegevens auteur: dr. Aarnoud Jobsen, Bob Marleylaan 4, 4462 LS Goes;
e-mail: ajobsen@zeelandnet.nl; telefoon: 0113-211188.

Wij roepen ook met al diegenen die zich krachteloos voelen, wanhopig en buitengesloten.
Zo roepen wij:
a: *Heer, ontferm U.*

Glorialied: Lied 117b

Dienst van de heilige Schrift

Groet
v: *De Heer zal bij u zijn!*
a: *De Heer zal u bewaren!*

Gebed bij de lezing van de Schriften
v: *Trouwe God, Barmhartige Vader in de hemel,*
Geef dat we los kunnen laten wat ons in de weg zit
om woorden van hoop en bevrijding te horen.
Verlicht ons met uw Geest.
Beadem ons met uw woorden.
Open ons zo en maak ruimte in ons denken,
in wat ons belemmert om te kunnen luisteren.
Door Jezus Christus onze Heer.
a: *Amen.*

Toralezing: Exodus 20:1-6

Zingen: Psalm 138:3

Evangelielezing: Handelingen 20:23-34

Zingen: Lied 941 (= Gezang 484, *Liedboek voor de Kerken*)

Gesprek met de kinderen
Een mogelijkheid is het verhaal 'Regels zijn regels?' te vertellen. U treft het aan in Meester Versteegh, *een boek met kindergesprekken voor de kerkdienst, geschreven door Inge Radstake-van Duin (pag. 8).*

Lied bij het vertrek van de kinderen naar de nevendienst: Lied 285

Verkondiging

Zingen: Lied 283

Dienst van gebeden en gaven

Dankzegging en voorbeden

Hemelse Vader,
We brengen onze onmacht bij U,
we blijven soms in wrok omzien naar wat ons is aangedaan.
We zien vaak geen wegen tot herstel en verzoening.
Zonder uw liefde loopt ons leven vast.
U geeft ons woorden van bevrijding en hoop.
U spoort ons aan om ons om te keren van een heilloze weg.

Wij danken U dat U blijft omzien naar mensen,
in liefde en met zorg naar mensen die kwetsbaar zijn.
We zien ze voor ons: mensen die slachtoffer zijn van geweld, mensen die langdurig ziek zijn, mensen die het vertrouwen in hun medemensen hebben verloren.
Wees aanwezig met kracht en liefde in hun leven.

Wij dragen aan U op... [hier kunt u personen en situaties uit de actualiteit noemen]

Hoor ons aan, o God,
wanneer wij in stilte onze zorg en dank met U delen...

Hoor ons aan, o God,
als wij samen hardop uitspreken: 'Onze Vader...

De kinderen komen terug uit de nevendienst

Delen van de gaven

Wegzending en zegen

Slotlied: Lied 770 (= Gezang 41, *Liedboek voor de Kerken*)

Wegzending
v: *Laten wij heengaan in de vrede van de Heer.*

Zegen
v: *De genade van Jezus Christus*
en de liefde van God
en de kracht van de Geest
is met ons allen.
a: *Amen.* (gezongen of uitgesproken)

Preek met als uitgangspunt Ex. 20:4-6

Gemeente van onze Here Jezus Christus,

Eén ding moeten we goed onthouden. De Tien Woorden staan in het teken van God als bevrijder. 'Ik ben de HEER, jouw God, die jou uit het land Egypte, uit de slavernij, heb bevrijd.' Voor deze bevrijde mensen geeft de HEER zijn Tien Woorden. Te beginnen met Israël. Uiteindelijk bedoeld om wereldwijd een menselijke samenleving, zonder geweld en onderdrukking tot stand te brengen.
Hij is de Bevrijder!

We gaan vandaag naar het Tweede Woord kijken.
Dat begint met: maak geen afgodsbeelden. In de vorige vertaling stond nog: gesneden beelden. De vertaling afgodsbeeld geeft het duidelijker aan. Daarnaast komt het woord 'afbeelding' voor. Iets vervaardigen wat sterk lijkt op het origineel. Het gaat hier niet om het produceren van kunst, maar om voorwerpen die een plek krijgen in de afgodendienst.
Een afgod is een andere god.
Wat van de HEER, de God van Israël, de Schepper van Hemel en aarde, de bevrijder van mensen, gezegd kan worden, kan soms ook bij een afgod worden gezegd. Sommige afgoden presenteren zich ook als bevrijders. Bij andere vind je de zorg voor de zwangerschap en de bevalling. Een godin kan dan als een helper in nood worden gezien. Iemand die je aanroept, iemand die je wilt dienen, iemand voor wie je op je knieën gaat, iemand van wie je de afbeelding in je slaapkamer neer wilt zetten als je geen kinderen kunt krijgen, of als je de ene miskraam na de andere hebt. Een tastbaar beeld. Iemand die je aan kunt roepen in je nood.
De godin Artemis, die we tegenkomen in Efeze, heeft ook die eigenschappen. Er is veel meer over haar te vertellen. We komen haar ook tegen als de maagdelijke godin van de jacht, die bij de Romeinen Diana heet. Ze is een echte natuurgodin. Tot die natuurgodin kunnen vrouwen en mannen zich richten als het om vruchtbaarheid, om nieuw leven

gaat. Deze godin heeft niet alleen vriendelijke kanten. Ze is licht ontvlambaar. Wie haar te na komt, krijgt te maken met vernietiging.

Bij afgoderij past dat je op alle mogelijke manieren probeert om de god of godin te beïnvloeden. Dat zij of hij jou een bijzondere gunst geeft. Je gaat daarin heel ver. In de tijd van Paulus ging het daarbij ook om magie. Met magische en occulte middelen proberen de godheid te beïnvloeden, de werkelijkheid naar je hand te zetten, macht uitoefenen over je medemens en de natuur.

Het had weinig gescheeld of Paulus was gelyncht. Wat gaat er een geweldige kracht uit van een mensenmassa. Dat geweldige spreekkoor: 'Groot is de Artemis van Efeze!' Geen enkele emotie is zo groot, als de collectieve woede van mensen die denken dat de eer van hun god of godin is aangetast.
Kom niet aan onze godsdienst.
Spot er niet mee.
Blijf ervan af.

Afgoden brengen mensenmassa's op de been. Er kan massahysterie ontstaan, veel geweld tegen buitenstaanders. Oncontroleerbaar, onbeheersbaar geweld. Met redelijke argumenten red je het niet. Afgoden maken mensen weer afhankelijk. Ze beloven vruchtbaarheid, welvaart, rijkdom, eer en succes. Ze zijn vaak de god of godin van één stad of van één land. Het 'wij'-gevoel wordt erdoor versterkt. In Efeze was een hele maand gewijd aan de godin Artemis, een hele maand.
Een afgod eist mensen op, vraagt een totale toewijding. Met een afgod kun je een haat-liefdeverhouding ontwikkelen. De eerlijkheid gebiedt, dat dat met de God van Israël ook kan gebeuren. Je kunt deze God ook misbruiken als afgod. Mensen misbruiken de naam van God. Dat komt tot uiting in het Derde Woord van de Tien Woorden.

Als je voorspoed najaagt, als je je belangen wilt laten dienen, als je veiligheid wilt, zelfs als je kinderen wilt krijgen, ben je aangewezen op de gunst van de goden. Van de 'andere' goden. Afbeeldingen van die goden vind je in hun tempel. En kopieën daarvan zijn beschikbaar voor pelgrims en gelovigen. Het kan zelfs een hele handel worden.

Afgoderij is dus ook misbruik van godsdienst.
De afbeeldingen kunnen op een magische manier worden gebruikt.
Afgoderij leidt tot nieuwe verslavingen.

Aan geld, aan seks, aan status, aan alles waar je maar aan verslaafd kan raken.

En de HERE God is juist de bevrijder!
In de Nieuwe Bijbelvertaling is iets veranderd. Er staat: Ik, de HEER, uw God, duld geen andere goden naast mij. Wie de vertaling van 1951 in gedachten heeft, komt daar tegen, 'want Ik, de HERE, uw God, ben een na-ijverig God'. Soms werd dat uitgelegd als jaloers. Maar het betekent: een God vol passie. Inderdaad, het klopt, Hij duldt geen andere goden naast zich. Maar dat heeft niets te maken met jaloezie, dat heeft te maken met zijn passie voor de bevrijding van mensen. Jij maakt mensen vrij en anderen maken ze opnieuw tot slaven. Jij maakt mensen vrij en je moet toezien, hoe ze opnieuw in de ban komen van onderdrukkende machten, dat ze dat zelfs vrijwillig doen, of dat mensen zich laten manipuleren.

De God van Israël is terughoudend in zijn beloften. En als Hij zijn beloften nakomt, dan geeft Hij een land waar zijn Woorden gestalte mogen krijgen, als bevrijdende woorden. Als Hij geeft, dan doet Hij dat niet om onze verantwoordelijkheid uit handen te nemen, integendeel. Hij geeft de mensen de mogelijkheid om op eigen benen te staan, om zelf te denken en zelf te handelen. Inderdaad, het liefst volgens de lijnen die Hij heeft uitgezet. Een heleboel poespas valt bij Hem weg. Magie, occult geloof, het bewust opzoeken van contact met overledenen, het past niet bij deze God. Je moet heel veel zelf doen. Heel veel zelf uitdenken. Je moet heel veel zelf verwerken. Je moet elkaar ook troosten. Dat in eerste instantie. Je kunt Hem aanroepen in je gebeden, maar Hij laat zich niet dwingen of manipuleren. Dan kom je al snel in de sfeer van de afgoderij. Van Hem mag je ook geen beelden maken. En de afbeeldingen die van Hem gemaakt zijn, helpen je niet echt. De middeleeuwse beelden van de God op leeftijd met de baard, die ons soms streng aankijkt, roepen soms meer angst op dan vertrouwen. Deze God liefhebben? Kan dat vanuit een gevoel van angst?

Het speelt allemaal een rol in dit Tweede Woord van de Tien Woorden. De plaats die God aan mensen geeft. De vrijheid die Hij hun geeft, het afwijzen van alle onrecht, waardoor mensen opnieuw onvrij of slaaf worden. De verantwoordelijkheid die Hij van mensen verwacht, in gewone dingen, niet in buitengewone, buitenissige en wonderlijke zaken. Nee, het gewone leven. Met beide benen op de grond. Wij zouden misschien onder de indruk zijn van de geweldige devotie van mensen die een afgod dienen. Wat lijken ze toegewijd! Elke vorm van twijfel ontbreekt. Wat hebben ze er veel voor over!

De godsdienst van Israël lijkt dan kaal.
Zonder beelden.
Zonder magie.
Zonder al te veel wonderen.
Op mensen gericht. Op hun welzijn. Op vrede en gerechtigheid. Niet op eer en status.
Bij het Tweede Woord staat nog een moeilijk te begrijpen gedeelte.
In de Nieuwe Bijbelvertaling staat:

> 'Voor de schuld van de ouders laat ik de kinderen boeten, en ook het derde geslacht en het vierde, wanneer ze mij haten; maar als ze Mij liefhebben en doen wat Ik gebied, bewijs Ik hun mijn liefde tot in het duizendste geslacht.'

Je moet goed lezen. Je moet goed vertalen en dat valt hier niet mee. Voor de schuld van de ouders laat ik de kinderen boeten. Dan volgt er een komma. Het verhaal is dus niet klaar. Alleen in het geval dat kinderen, klein- en achterkleinkinderen God blijven haten, God door en door blijven afwijzen, alleen in dat geval zal Hij hen laten boeten. Zo ver kan een geschiedenis van haat kennelijk gaan. Vier geslachten ver kan het doorwerken. En God laat het er niet bij zitten. Zo zou je het kunnen uitleggen.

Dat 'boeten' is een vertaling die al heel lang meegaat.
De Hebreeuwse tekst geeft ook een andere mogelijkheid.
De na-ijverige God is geen jaloerse God, maar een door en door op mensen betrokken God. Vol passie. En voor het 'bezoeken' uit de vorige vertalingen, wat maar al te dreigend klonk, wordt in het Hebreeuws een woord gebruikt, dat in eerste instantie betekent: vol aandacht, ja zelfs vol zorg, letten op. Vol aandacht, tot en met betrokken zijn op mensen. Dan gaat het dus iets anders betekenen. Niet: God laat het er niet bij zitten. Nee, God geeft het niet op. Hij wil erdoorheen breken, met al zijn passie en liefde, om ook deze mensen te brengen op zijn weg van bevrijding. En uiteindelijk bewijst Hij zijn liefde tot in het duizendste geslacht. Liefde staat er in de Nieuwe Bijbelvertaling. Toch gaat de voorkeur uit naar de vertaling 'barmhartigheid'. In het Hebreeuws is dat woord verwant aan baarmoeder. We komen op het spoor van de bijzondere band tussen moeder en kind. Zo geborgen en zo veilig, zo in liefde met Hem verbonden, mogen mensen Hem leren kennen.

In Jezus krijgt de bevrijdende beweging van God vlees en bloed, handen

en voeten. Samen vormen mensen die in die beweging mee willen gaan, een beweging die sterker is dan de macht van angst en schuldbesef. Paulus noemt die mensen samen het lichaam van Christus.
Lichaam van Christus.
Geen kunstig gemaakte afbeelding van Christus.
Nee, mensen van vlees en bloed, met handen en voeten, met hun hoofd en met hun hart, met alle vezels van hun bestaan, lichaam van Christus.
Met anderen verbonden. Op elkaar aangewezen, aan elkaar gegeven. Zo is Christus aan ons gegeven.
Geen beeltenis van God.
Een mens van vlees en bloed die Gods liefde en barmhartigheid belichaamt. In Jezus: God met ons. God in ons en God voor ons. God voor ons uit, als een bevrijdende God.

Dat blijft een spannend verhaal.
Het is zo makkelijk om je zekerheden ergens anders vandaan te halen. Bovendien kun je je afvragen of de God van Israël zo op zekerheden is gesteld. Bij de afgoden is dat beter geregeld. Op het eerste gezicht.

Een minimum aan zekerheden, in het Tweede Woord van de Tien.
Een maximum aan betrokkenheid van Gods kant, om ons leven tot bloei te brengen, om de goede kanten in ons bestaan tot zijn recht te laten komen. Laat je niet manipuleren. Laat je niet bedreigen. Laat je geen angst aanpraten. Vertrouw op de God die meegaat, die het er niet bij laat zitten, zelfs niet als jij uit eigen schuld de weg kwijtraakt. Hij blijft je zoeken, vol aandacht en zorg. En of jij je laat vinden? Met hoeveel passie Hij jou ook zoekt, Hij zal je niet dwingen. Zoals je God ook niet kunt dwingen om te doen wat jij wilt.
Amen.

Nawoord

We zijn aan het einde van onze mijmeringen over en reflecties op onze honderdjarige prekenserie gekomen. Uitvoerig hebben we teruggeblikt, maar ook is er een aantal nieuwe preken of diensten aangeboden. We zijn onder de indruk gekomen van al die voorgangers met goede woorden. We hebben geglimlacht bij ervaringen van de preeklezers. We zijn geïnspireerd door preken toen en preken nu.
Er is veel gepasseerd. Echter, er zou veel meer te vertellen zijn. Er ligt meer verborgen in de 'akker' van MG dat de moeite van het opdelven waard is. Wellicht dat toekomstige onderzoekers uitgebreider en minutieuzer de 'stof' van MG onder de loep nemen.

Voor een deel hebben onderzoekers MG al eens onder de loep genomen. De preken uit MG hebben eerder materiaal opgeleverd voor homiletisch onderzoek. In 1977 publiceert M.H. Bolkestein zijn onderzoek: *Zo wordt er gepreekt: verslag van een onderzoek naar de communicatievormen in 89 preken.*[96] Hij gebruikt tien verschillende bronnen. Een van die bronnen is MG, waaruit hij tien preken analyseert, verschenen tussen 29 juni en 2 december 1973. Rein Bos promoveerde in 1992 op het proefschrift *Identificatie-mogelijkheden in preken uit het Oude Testament.*[97] Hij beperkt zich tot de kring van de Gereformeerde Kerken in Nederland en bestudeert gedrukte preken. In totaal analyseert hij 493 preken uit de periode 1965-1990; een deel daarvan is gepubliceerd in MG.

Aan het begin van deze jubileumuitgave tipten we al even aan dat MG veel materiaal bevat om het gereformeerde gedachtegoed te peilen en te leren kennen. Dan denken we vooral aan de eerste zestig jaargangen. Om en nabij 1975 verdwijnt dat typisch herkenbare gereformeerde, zoals dat ook gebeurde in de Gereformeerde Kerken. De ramen van dit kerkgenootschap gingen open. Samen op Weg kreeg steeds meer vaste voet, de oecumene werd vanzelfsprekender, de verzuiling brokkelde af en de secularisatie trok diepe sporen. Het godsdienstig leven zoals we

---

96 Den Haag 1977.
97 Kampen 1992.

dat kennen uit de eerste helft van het bestaan van *MG* veranderde in de decennia daarna aanzienlijk.
Daarmee bevestigen we onze eerdere uitspraken dat de honderdjarige prekenserie een schat aan informatie in zich heeft voor onderzoekers op het gebied van kerk en theologie. Maar ook kan zij een rol spelen in de discussie in tal van gemeenten over de preek, zoals de Protestantse Kerk in Nederland stimuleert met haar handreiking *In gesprek over de preek.*[98]
Ja, de eeuweling kan ook vandaag en in de toekomst dienstbaar zijn aan kerk en theologie!

98 Een handreiking voor het gesprek over de preek in de gemeente en in de kerkenraad, Utrecht 2012; via de website www.pkn.nl te downloaden.

Overzicht redacties gedurende de honderd jaargangen

Honderd jaar *MG* impliceert dat er diverse redacties zijn geweest. Overzien we de lijst van redactieleden, dan valt ons op dat in de regel redactieleden lang zitting hadden in de redactie. Degenen die kort deelnamen aan het redactiewerk, deden dat vanwege ziekte of overlijden. Slechts twaalf personen hebben gedurende de honderd jaar de redactie gevormd. Hun namen zijn:

P.A.E. Sillevis Smitt	1911-1917 (jrg. 1-7)
B. Wielenga	1911-1949 (jrg. 1-36)
J.C. de Moor	1918-1926 (jrg. 8-36)
K. Dijk	1927-1965 (jrg. 17-52)
H.J. Hoek	1946-1970 (jrg. 33-57)
A.D.R. Polman	1946-1965 (jrg. 33-52)
J. van den Berg	1966-1978 (jrg. 53-65)
J. Thomas	1971-1973 (jrg. 58-60)
H. Mulder	1974-1989 (jrg. 61-76)
W. Bakker	1977-1987 (jrg. 64-74)
P. Schelling	1988-2013 (jrg. 75-100)
A. Jobsen	1990-2013 (jrg. 77-100)